"十三五"职业教育国家规划教材
"十二五"职业教育国家规划教材
经全国职业教育教材审定委员会审定
普通高等教育"十一五"国家级规划教材
教育部高职高专规划教材
全国普通高等学校优秀教材
高职高专法律系列教材

合同法

（第九版）

隋彭生 著

中国人民大学出版社
·北京·

出版说明

教材建设工作是整个高职高专教育教学工作中的重要组成部分。改革开放以来，在各级教育行政部门、学校和有关出版社的共同努力下，各地已出版了一批高职高专教育教材。但从整体上看，具有高职高专教育特色的教材极其匮乏，不少院校尚在借用本科或中专教材，教材建设仍落后于高职高专教育的发展需要。为此，1999 年教育部组织制定了《高职高专教育基础课程教学基本要求》（以下简称《基本要求》）和《高职高专教育专业人才培养目标及规格》（以下简称《培养规格》），通过推荐、招标及遴选，组织了一批学术水平高、教学经验丰富、实践能力强的教师，成立了“教育部高职高专规划教材”编写队伍，并在有关出版社的积极配合下，推出了一批“教育部高职高专规划教材”。

“教育部高职高专规划教材”计划出版 500 种，用 5 年左右时间完成。出版后的教材将覆盖高职高专教育的基础课程和主干专业课程。计划先用 2～3 年的时间，在继承原有高职高专和成人高等学校教材建设成果的基础上，充分汲取近几年来各类学校在探索培养技术应用型专门人才方面取得的成功经验，解决好新形势下高职高专教育教材的有无问题；然后再用 2～3 年的时间，在《新世纪高职高专教育人才培养模式和教学内容体系改革与建设项目计划》立项研究的基础上，通过研究、改革和建设，推出一大批教育部高职高专教育教材，从而形成优化配套的高职高专教育教材体系。

“教育部高职高专规划教材”是按照《基本要求》和《培养规格》的要求，充分汲取高职、高专和成人高等学校在探索培养技术应用型专门人才方面取得的成功经验和教学成果编写而成的，适合高等职业学校、高等专科学校、成人高等学校及本科院校举办的二级职业技术学院和民办高校使用。

教育部高等教育司

总　序

曾宪义

中国是一个具有悠久历史和灿烂文化的国度。在数千年传承不辍的中国传统文化中，尚法、重法的精神一直占有重要的位置。中国古代虽然崇尚“礼治”，如《礼记·礼运》所说：“圣人之所以治人七情，修十义，讲信修睦，尚辞让，去争夺，舍礼何以治之?”，但从《法经》到《唐律疏议》《大清律例》等数十部成文法典的存在，充分说明了成文制定法在中国古代社会中的突出地位，只不过这些成文法所体现出的精神旨趣与现代法律文明有较大不同而已。时至20世纪初叶，随着西风东渐，中国社会开始由古代文化文明和传统社会体制向近现代文明过渡，建立健全的、符合现代理性精神的法律文化体系方成为现代社会的共识。正因为如此，近代以来在西方和东方各主要国家里，伴随着社会变革的潮起潮落，法律改革运动也一直呈方兴未艾之势。

法律的进步和完善，一方面取决于社会的客观条件和客观需要，另一方面取决于法学研究的深入和法律教育的发展。而法制观念的普及、法治素质的培养则有赖于法学教育和法学人才的培养。

中国古代社会素有法律研究和法学教育的传统。先秦时期，百家争鸣，商鞅、韩非好“刑名之学”。逮至秦汉，律学滥觞。秦朝“以吏为师”。中国传统律学的勃兴始自汉代。自一代硕儒董仲舒开“引经注律”之先河，律学遂成为一门显学。南齐崔祖思曰：“汉来治律有家，子孙并世其业，聚徒讲授，至数百人。”(《南齐书·崔祖思传》)东汉以后，律学不限于律文的语义注释和儒经考据，领域拓展至法典名词术语和编纂体例。西晋张斐、杜预将中国古代律学发挥到私家注律之空前高度——“张杜律”为国家认可，具有法律效力。魏晋以后，律家流派纷呈，至唐而集大成。《唐律疏议》之“疏议”为传统中国律学之完备结晶。自宋至元，律学渐至衰落，直至清末西方外来法律文化的传入。

中国近代意义上的法学教育和法学研究，肇始于清代末年。清光绪二十一年（1895年）开办的天津北洋大学堂，首开法科并招收学生，是谓“开一代风气之先”，为中国最早的近代法学教育机构。三年后，中国近代著名启蒙思想家、戊戌维新运动著名领袖、自号“饮冰室主人”的梁启超先生在湖南《湘报》发表宏文《论中国宜讲求法律之学》，号召国人重视法学、发明法学、讲求法学。数年之后，清政府被迫变法修律、实施“新政”。以修订法律大臣沈家本、伍廷芳为首的一批有识之士，艰难地在固有体制中运作、推行变法修律，同时不忘培植法治之基——引介法学译著、倡导法学研究、开展法学教育。20世纪初，中国最早设立的三所大学——北洋大学堂、京师大学堂、山西大学堂均开设了法科或法律学科目，以期“端正方向、培养通才”。1906年，应修订法律大臣沈家本、伍廷芳之奏请，清政府在京师正式设立专门的法律教育机构——京师法律学堂。次年，另一所专门的法律教育机构——隶属清政府学部的京师法政学堂亦正式开科招生。

自清末以降，在外族入侵、民族危亡的紧急关头，中国人民上下求索，寻求实现民族独立和民主政治的发展道路。客观言之，政治社会变迁和长期社会动荡导致了法律建设的荒废、法律文化进步的中断。新中国成立以来，民主法制建设在艰难中曲折前进。以党的十一届三中全会的召开为标志，中国社会开始从政治阵痛中苏醒，转换思路进入法治轨道。中国的法学研究和法律教育事业迎来了春天。

回顾改革开放以来的法律建设，中国的法学教育事业取得了辉煌的成就。首先，社会主义法治理念确立并深入人心。中国法学界摆脱了“法律虚无主义”和苏联法学模式的消极影响，建设社会主义法治国家已成为国家民族的共识。1999年，第九届全国人民代表大会第二次会议通过的宪法修正案第一次确认“依法治国”的国家治理模式和“建设社会主义法治国家”的宏伟目标，从而为法学教育事业的发展奠定了稳固的思想基础和法律基石。其次，法学研究不断深入，法律科学渐成体系。老中青法学家组成了一个前后相继、以帮带进的学术群体，基础法学、部门法学和国际法学形成了较为成熟的理论体系和学术框架，边缘法学渐次成型。1997年，国家教育主管部门调整原有专业目录，决定从1999年起法学类本科只设一个单一的法学专业，按一个专业招生，研究生专业目录新定为10个二级学科（含军事法学），从而使法学学科的布局更加科学和合理。同时，确定了法学专业本科教学的14门核心课程，加上其他必修和辅修课程，形成一个传统与更新并重、基本适应国家和社会需要的教学体系。再次，法学教育规模迅速扩大，层次日趋全面，结构日臻合理。据初步统计，目前中国有300余所普通高等院校设置了法律院系和法律专业，在校学生达6万余人。除本科生外，在国内一些重点大学和全国的知名法律院系，法学硕士研究生和博士研究生已成为培养重点。高职高专法律教育日益受到教育主管部门的重视，成为高等法学教育的重要组成部分。

高职高专教育是社会经济发展和高新技术发展的必然结果，是促进经济、社会发展和劳动就业的重要途径。作为高等教育的一个重要组成部分，高职高专教育对于调整教育结构、广开成才之路、促进义务教育的普及、提高教育整体效益、全面落实教育方针、增进教育与经济的紧密结合具有重要作用。加强法律教育，除了建设一流的法学院之外，还需要实现多元化模式和拓展多角度的渠道。高职高专法律教育是高等法学教育不可或缺的重要组成部分。高职高专法律教育的培养目标应当是培养“基础理论知识适度、技术应用能力强、知识面宽、素质高的专门人才”。换言之，即培养适应社会需要的应用型人才。因此，高职高专法律教育的专业设置、办学模式和办学思想都应当主动适应区域经济和社会发展的需要。高职高专法律教育的落实，对于我国目前法制观念的普及、群体法律意识的提高以及正在进行的司法制度改革均具有非同寻常的意义。

鉴于高职高专法律教育与高等院校法律本科教育的差异，高职高专法律教育教学科目的设置、教学体系的安排以及教学层次的选定均体现了培养目标的不同。但从目前看来，不少高职高专院校法律教育借用法律本科或中专教材，教材建设滞后于高职高专法律教育的发展需要。我们编写并出版这套适合高职高专教育的专门教材，期望能够既照顾到高职高专的教学层次，又能满足“高水准”“高质量”的要求。本套教材约请全国各高等院校、科研机构的优秀学者参加，形成了颇具实力的学术阵容。在编写这套教材时，我们吸收了改革开放以来我国法学界的最新研究成果，密切关注国内外学术发展动态，力争使教材基点立足于法学前沿。为了适应高职高专教学的实际需要，我们将教材定位于“应用性”层次，强调了高职高专法学教育培养应用能力的特色。

我们期冀，经过组织者、编写者和出版者的不断努力，高职高专法学系列教材能以“高质量、高水准、应用性强”的特色满足莘莘学子的求知渴望，为中国的法学教育和法制建设略尽绵薄之力。

是为序。

第九版前言

合同法律制度是民事法律制度的组成部分，不仅与经营者的经营活动密切相关，也与民众的日常生活密切相关，因而“适用频率”极高。在法律校、院、系的教学计划中，几乎没有不设“合同法”课程的。在《民法典》通过之后，仍很有必要将其作为独立的课程来设置。

2020 年 5 月 28 日，十三届全国人民代表大会第十三次会议通过了《中华人民共和国民法典》(以下简称《民法典》)，自 2021 年 1 月 1 日起施行，《中华人民共和国合同法》同时废止。《民法典》涵盖了《合同法》的内容，对合同法律制度有所调整和增补，使合同法律制度更加完整和充实。鉴于此，《合同法（第八版)》，已经不能适应教学、自学的需要，需要大幅度地修订。

《合同法（第九版)》以《民法典》“总则编”和“合同编”为依据，参考了最高人民法院有关司法解释，系统、全面地介绍、阐释了合同法的基本原理和基本规则，侧重基本知识、基本技能的传授和训练。

《民法典》“合同编”分为三个分编：第一分编“通则”，第二分编“典型合同”，第三分编“准合同”。本书基本依据法典的体例，按章、节撰写。

本书追求准确和简洁，采取压缩饼干式案例和小段落叙述的写法，以强化读者对法律的直观了解和提升读者的阅读兴趣。每章末以二维码的方式呈现“即测即评”的内容，学完每一章的内容后，扫描二维码，即可测试对本章知识的掌握情况。

本书既可以作为高职高专法律专业的教材，也可以作为各类职业培训的教材或教学参考书。

欢迎教师、读者到我的微博（隋彭生民商法）就本书的观点、案例分析进行探讨，也欢迎大家提出批评和建议。

中国政法大学合同法研究中心主任、教授　隋彭生

2020 年 6 月

本书采用的缩略语和条文引注

一、缩略语

1.《中华人民共和国民法典》——《民法典》

2.《最高人民法院关于审理买卖合同纠纷案件适用法律问题的解释》——《买卖合同解释》

3.《最高人民法院关于审理商品房买卖合同纠纷案件适用法律若干问题的解释》——《商品房买卖合同解释》

4.《最高人民法院关于审理民间借贷案件适用法律若干问题的规定》——《民间借贷规定》

5.《最高人民法院关于审理城镇房屋租赁合同纠纷案件具体应用法律若干问题的解释》——《城镇房屋租赁合同解释》

6.《最高人民法院关于审理融资租赁合同纠纷案件适用法律问题的解释》——《融资租赁合同解释》

7.《最高人民法院关于审理建设工程施工合同纠纷案件适用法律问题的解释（一）》——《施工合同解释（一）》

8.《最高人民法院关于审理技术合同纠纷案件适用法律若干问题的解释》——《技术合同解释》

二、条文引注

部分引用条文注明引自何部法律或司法解释，其他采用尾注方式未注明来源的条文均引自《民法典》，分为加引号和不加引号两种情况。

1. 加引号的情况。

例：“依法成立的合同，受法律保护。依法成立的合同，仅对当事人具有法律约束力，但是法律另有规定的除外”（第 465 条）。

2. 不加引号的情况。

例 1：出卖人依据《民法典》第 642 条第 1 款的规定取回标的物后，买受人在双方约定或者出卖人指定的合理回赎期限内，消除出卖人取回标的物的事由的，可以请求回赎标的物（见第643条第1款）。

例2：《民法典》将要约定性为“意思表示”（见第472条），而将要约邀请定性为“表示”（见第473条）。

目　录

第一章　合同法概述

【本章引例】

银行付款由建筑公司为其盖办公楼；建筑公司向水泥制品公司购买水泥楼板；水泥制品公司出图样由服装公司制作劳保用品；服装公司向银行借 10 万元；服装公司委托工业公司为自己提供担保；工业公司向银行承诺保证服装公司按时偿还借款。

请问：当事人之间有哪些合同?

【本章学习目标】

通过学习本章，你应该能够：

1. 掌握合同的概念和分类。
2. 了解合同法的含义及合同法与《民法典》适用的关系。
3. 了解非典型合同的法律适用。
4. 了解非因合同产生的债权债务关系对“合同编”通则的适用。
5. 了解解决合同争议的途径。
6. 理解合同适用的法律原则。
7. 了解合同解释的规则。

第一节　合同的概念、分类和法律约束力

一、合同的概念

《民法典》“合同编”（第三编）第 464 条第 1 款规定：“合同是民事主体之间设立、变更、终止民事法律关系的协议。”第 2 款规定：“婚姻、收养、监护等有关身份关系的协议，适用有关该身份关系的法律规定；没有规定的，可以根据其性质参照适用本编规定。”

《民法典》第 464 条第 1 款所说的合同，是作为平等民事主体的自然人、法人、非法人组织之间设立、变更、终止债权债务关系的协议。即“合同编”所规定的合同，是债权合同，本书是对债权合同的介绍、讲解。

（一）合同是平等民事主体之间的协议

合同当事人的法律地位平等，不存在从属关系、强制关系。比如，某国家机关与某供销公司签订了买卖合同，双方的主体资格是平等的。合同的主体有自然人、法人、非法人组织。自然人是依照自然规律出生的、具有自然生命形式的人。中国人、外国人和无国籍人都可以成为合同的主体。法人是具有民事权利能力和民事行为能力，依法独立享有民事权利和承担民事义务的组织。法人是独立的民事主体，包括营利法人、非营利法人和特别法人。非法人组织是不具有法人资格，但是能够依法以自己的名义从事民事活动的组织。非法人组织包括个人独资企业、合伙企业、不具有法人资格的专业服务机构（如律师事务所、会计师事务所）等。中国法人、非法人组织和外国法人、非法人组织都可以成为合同主体。

（二）合同是双方或多方法律行为

“民事法律行为可以基于双方或者多方的意思表示一致成立，也可以基于单方的意思表示成立”（第 134 条第 1 款）。法律行为以意思表示为要素。双方的意思表示一致成立的是双方法律行为，多方的意思表示一致成立的是多方法律行为，单方的意思表示成立的是单方法律行为。单方法律行为只有一个意思表示，不可能成立合同。

《民法典》上的合同，绝大多数是双方法律行为，双方法律行为基于对立的两个意思表示一致而成立。比如，甲对乙发出要约：“这台电脑 1 万元卖给你。”乙表示同意（承诺）。甲和乙的意思表示内容相同、方向相反、取得一致，即构成了双方法律行为。

《民法典》上的合同，也可以基于多方的意思表示一致而成立。比如，甲、乙、丙订立了合作开发技术的合同，意思表示一致即构成多方法律行为。

双方或者多方的意思表示一致，构成合意。

（三）合同作为双方或多方法律行为，可以设立法律关系，也可以变更或终止既有的法律关系

合同是为设立、变更、终止民事法律关系的法律行为。分解来看，可以是设立法律关系的行为，如甲、乙订立 2 万元的买卖合同；也可以是变更既有的法律关系的行为，如甲、乙协商一致将价款 2 万元的买卖合同变更为 1.8 万元；还可以是终止既有的法律关系的行为，如甲和乙协商一致解除了上述 2 万元的买卖合同。

（四）合同是当事人法律行为创设的债权债务法律关系

《民法典》“合同编”所说的合同，是债权合同，是当事人通过实施法律行为创设的债权债务法律关系。债权债务关系是民事法律关系的一种。身份合同（如监护协议、收养协议等）不是债权合同。

我们有时说合同是双方、多方法律行为，有时说合同是债权债务法律关系，这是从不同角度而言的。

二、合同的分类

（一）典型合同与非典型合同

法律为常见合同类型赋予特定的名称并设定具体规则，这种合同称为典型合同，也称为有名合同。《民法典》“合同编”和其他编（如“物权编”）所规定的合同都是典型合同，其他法律及行政法规所规定的合同也是典型合同。非典型合同（无名合同）是法律（《民

法典》和其他法律、行政法规）没有冠以名称、未为其设定具体规则的合同。典型合同与非典型合同的区别主要在于法律的适用不同，如买卖合同，《民法典》为其设置了一套完整的规则，而非典型合同只能参照适用有关典型合同的规则。《民法典》第 467 条第 1 款规定："本法或者其他法律没有明文规定的合同，适用本编通则的规定，并可以参照适用本编或者其他法律最相类似合同的规定。"

（二）诺成合同与实践合同

诺成合同是当事人双方意思表示一致即成立的合同。如买卖合同、供用电合同、赠与合同、租赁合同、中介合同、保证合同等都属于诺成合同。实践合同又称为要物合同，是除当事人双方意思表示一致外，尚须交付标的物才能成立的合同。如自然人之间的借款合同就是实践合同，李某向张某借款 1 000 元，张某同意出借，双方意思表示一致，但借款合同并未成立，当张某将 1 000 元交给李某时，合同才成立。诺成合同与实践合同的区别在于合同成立的要件不同。本章引例中的合同，都是诺成合同。

（三）要式合同与不要式合同

"要"是要件，"式"是形式、方式。要式合同是法律、法规要求必须具备特定形式才能成立的合同。不要式合同是法律未特别要求具备特定形式即可成立的合同。如李某到商店买一台电视，无须使用具备特别形式的合同书，无须经过特别的手续，交钱就可提货。李某与商店之间的买卖电视的合同就是不要式合同。要式合同与不要式合同的区别在于合同成立的要件不同。

（四）双务合同与单务合同

双务合同是当事人双方相互享有权利、负有义务的合同。单务合同是指一方只负担义务而不享有权利，另一方只享有权利而不负担义务的合同。区分二者的主要意义在于以下三个方面。

1. 确定义务的履行顺序

双务合同的同时履行、先履行和后履行，可以产生履行抗辩权。没有约定或者没有规定履行顺序时，应当同时履行。单务合同因是一方履行义务，因此没有履行顺序的问题。

2. 确定对价关系

双务合同之双方的给付，构成对价关系。双务合同的对价，要求对应、充分，差距过大可构成显失公平的合同。比如，一方收取的货款应与其交付货物的价值大体相当。单务合同不存在对价关系。

3. 确定风险的负担

双务合同一方因不可抗力不能履行时，无权要求对方履行；如对方已经履行，则应将其所得返还给对方。比如，卖方因不可抗力不能发货，应当将收取的货款退还给买方。单务合同一般不发生返还的问题。

（五）有偿合同与无偿合同

根据合同当事人取得权利有无代价，可将合同分为有偿合同和无偿合同。有偿合同是指一方须给他方相应的利益才能取得自己利益的合同。给予他人利益而自己不取得相应利益的合同为无偿合同。本章引例中的建设工程合同、买卖合同、承揽合同、借款合同都是有偿合同；保证合同是无偿合同；委托合同可以是有偿的，也可以是无偿的。有偿合同是双务合同，如买卖合同就是双务、有偿合同；无偿合同是单务合同，如赠与合同就是单务、无偿合同。二者的区别在于以下三个方面。

1. 对当事人行为能力的要求不同

有偿合同要求当事人具备相应的行为能力，如限制行为能力人订立的与其年龄、智力、精神状况不相适应的合同，经法定代理人追认后，该合同有效，但纯获利益的合同（无偿合同之一种）不必经法定代理人追认。

2. 当事人的责任不同

有偿合同，债务人的责任较重；无偿合同，债务人的责任较轻。比如，有偿保管合同的保管人因过失造成保管物灭失、毁损的，应赔偿损失；而无偿保管合同的保管人轻过失可以免责。

3. 对善意取得的意义不同

如果无处分权人通过有偿合同将不动产、动产转让给第三人，第三人若为善意时，可以取得标的物的所有权；通过无偿合同不能善意取得。

（六）主合同与从合同

根据合同的从属关系可以将合同分为主合同和从合同。确立当事人之间交易关系的合同为主合同。以主合同为存在前提，不能独立存在的合同是从合同。从合同一般是为了保证主合同确立的交易关系的实现而订立的，其独立存在没有意义或者根本不能独立存在。比如，一份买卖合同又设置了定金条款。这个定金条款实际上就是定金合同，是买卖合同的从合同。“主从”是相联系、相对应的概念。没有主，也就无所谓从；反之亦然。区分二者的意义在于说明它们之间的从属关系以及由此而产生的效力关系、命运关系。主合同无效，从合同也无效，法律另有规定的除外。本章引例中的保证合同就是从合同。

参考案例 1－1

甲公司卖给乙公司一批走私手表，甲先交货，乙后付钱，为乙提供担保的是丙，甲和丙之间的合同为从合同，甲和丙约定主合同无效，从合同继续有效。后丙拒绝承担担保责任，主张从合同无效。甲则主张：“主合同无效，从合同也无效，但当事人另有约定的除外。我们双方另有约定，因此从合同有效。”

——这个关于从合同有效的约定本身是无效的，因为它所担保的是一个买卖走私物品的合同。法律另有规定时，从合同才能单独发生效力。

应当指出的是，有关联的合同不一定是主从合同关系。比如，《商品房买卖合同解释》第 20 条规定：“因商品房买卖合同被确认无效或者被撤销、解除，致使商品房担保贷款合同的目的无法实现，当事人请求解除商品房担保贷款合同的，应予支持。”其中，商品房买卖合同和商品房贷款合同就是两个独立的合同，但是，它们在效力上存在着关联的关系；而商品房贷款合同与为该合同设立的担保合同则是主从合同关系。

（七）预约合同与本合同

预约合同也称为预约。预约是指当事人约定于将来某一时间订立某一合同的合同。预约是以订立另一合同（本合同）为内容的。本合同又称为本约，是依照预约订立的合同。或者说，对预约的履行，就是订立本约。本约和预约合同不是主从合同关系。

区分二者的意义在于说明它们之间的履行关系。比如，甲、乙双方于 1 月 1 日订立了

一份合同，约定于同年 4 月订立买卖皮衣的合同，甲方为了向乙方保证自己 4 月份将与其订立合同，还向乙方交了定金（立约定金）。后来，双方履行了 1 月 1 日的约定，在 4 月 1 日订立了买卖皮衣的合同。1 月 1 日的合同就称为预约，4 月 1 日的合同就称为本约。

"当事人约定在将来一定期限内订立合同的认购书、订购书、预订书等，构成预约合同。当事人一方不履行预约合同约定的订立合同义务的，对方可以请求其承担预约合同的违约责任"（第 495 条）。违反预约的责任，是违约责任，不是缔约责任。

三、合同的法律约束力

"依法成立的合同，受法律保护。依法成立的合同，仅对当事人具有法律约束力，但是法律另有规定的除外"（第 465 条）。合同的约束力，来源于法律的强制力，来源于法律对当事人合意的认可。对依法成立的合同，法律承认当事人追求的效果；对于违反合同者，予以追究；对于受到损失者，给予救济。在特定意义上，合同对当事人而言，有相当于法律的效力。合同当事人是"为自己立法的人"。合同法律约束力的体现，是要求当事人按照约定履行自己的义务。合同的履行效力，是法律保障的效力。任何一方无约定或法定事由，不得擅自变更或者解除合同。合同是当事人意思表示一致的产物，当然也可以协商一致变更、解除合同。协商一致变更合同或解除合同，是以第二个合同变更第一个合同或者以第二个合同解除第一个合同。

合同具有相对性，因此仅对合同当事人有法律约束力，依据法律规定第三人享有合同权利、承担合同义务的，该合同也约束第三人。例如，买房人与房地产开发公司订立的商品房买卖合同中的物业管理条款，也约束物业管理人。

第二节 合同法的含义、适用及争议的解决

一、合同法的含义

合同法是民事法律制度的重要组成部分。本书所说的合同法，在广义上是指调整民事合同关系的法律规范的总称。合同法律规范，包括《民法典》"总则"的有关内容、《民法典》"合同编"、最高人民法院的有关司法解释及其他具有法律效力的规范。

2020 年 5 月 28 日，第十三届全国人民代表大会第三次会议表决通过了《中华人民共和国民法典》，自 2021 年 1 月 1 日起施行，1999 年 3 月 15 日第九届全国人民代表大会第二次会议通过的《中华人民共和国合同法》同时废止，至此，独立的"合同法典"不复存在。

合同法确立了市场交易的规则，对引导和规范市场交易活动具有重要意义。

二、合同法的适用

（一）合同法不调整具有身份性质的民事合同

本书所说的合同法，调整平等主体之间由合意产生的债权债务关系。不论是涉外关系还是非涉外关系，合同法都予以调整。但婚姻、收养、监护等有关身份关系的协议，不适

用《民法典》的“合同编”，而适用其他有关法律规定。没有规定的，可以根据其性质参照适用“合同编”的规定。

（二）非因合同产生的债权债务关系对“合同编”通则的适用

《民法典》第468条规定：“非因合同产生的债权债务关系，适用有关该债权债务关系的法律规定；没有规定的，适用本编通则的有关规定，但是根据其性质不能适用的除外。”非因合同产生的债权债务关系，如《民法典》第七编规定的“侵权责任”、第三编（“合同编”）第三分编规定的“准合同”（无因管理、不当得利）等，它们适用自身的规定，没有规定的，适用“合同编”第一分编“通则”的有关规定。比如，债权人代位权、债权人撤销权、债权转让、债务转移、债务抵销、债务免除、债权债务混同等都可以适用“合同编”通则的规定。“合同编”通则有类似于债法总则的作用。有些非因合同产生的债权债务关系按性质不能适用“合同编”通则的规定，例如，故意侵权人不能适用抵销的规定，将自己侵权的债务通知被侵权人抵销。

（三）涉外合同的法律适用

合同一方或双方当事人是外国人或无国籍人的，属于涉外合同。对于涉外合同，其法律适用可以从以下几个方面说明：

（1）按照意思自治原则，涉外合同的当事人可以选择处理合同争议所适用的法律，但法律另有规定的除外。当事人可以选择适用中国的法律，也可以选择适用外国的法律。这种选择必须是明示的、合法的。

（2）涉外合同的当事人没有选择处理合同争议所适用的法律，可以适用与合同有最密切联系的国家的法律。最密切联系的因素，有卖方营业所所在地、贷款银行或担保银行所在地、保险人营业所所在地、承揽人营业所所在地、技术受让人营业所所在地、工程所在地等。

（3）在中国境内履行的中外合资经营企业合同、中外合作企业合同、中外合作勘探开发自然资源合同，适用中国的法律。上述三种合同的法律适用，当事人没有选择的余地，即使选择了也是无效的。

参考案例1-2

外商A与中国的企业B签订了中外合资经营企业合同，决定在天津设立一家中外合资经营企业。双方在合同中约定，如果发生争议，任何一方有权到设在外国某地的某仲裁机构申请仲裁。

——这种约定是有效的，因为选择解决争议的法律与选择仲裁机构是两个不同的问题。合营各方根据有关仲裁的书面协议，提请仲裁，可以由中国国际贸易促进委员会中国国际经济贸易仲裁委员会仲裁，按该会的仲裁程序规则进行。如当事各方同意，也可以由被诉一方所在国或第三国的仲裁机构仲裁，按该机构的仲裁程序规则进行。

（4）中国法律和中国缔结或者参加的国际条约没有规定的，可以适用国际惯例解决涉外合同的争议。国际惯例，是在国际贸易的长期实践中逐步形成的通用的习惯做法。

（5）中国缔结或者参加的国际条约同中国的民事法律有不同规定的，适用国际条约的规定，但中国声明保留的条款除外。国际条约，是主权国家为确定相互之间在经济贸易等

方面的权利义务而缔结的具有法律效力的书面协议。

（四）合同法在时间上的效力

《民法典》自2021年1月1日起施行，《中华人民共和国民法总则》《中华人民共和国合同法》《中华人民共和国担保法》等法律同时废止。

《民法典》将《民法总则》作为自己的“总则编”，“合同编”吸收了《合同法》的绝大部分内容和《担保法》的部分内容。《民法总则》自2017年10月1日起施行，《合同法》自1999年10月1日施行，《担保法》自1995年10月1日起施行。《民法典》与《民法总则》《合同法》《担保法》相同的内容，在适用上实际是有连续性的。《民法典》新增加的内容，原则上不具有溯及既往的效力。

三、合同争议的解决

（一）合同争议解决的途径

解决争议的途径有和解、调解、仲裁和诉讼。和解是指当事人自行协商解决争议。这里所说的调解是指诉讼、仲裁程序以外的由第三人主持的调解。和解和调解都是当事人以自治的方式解决争议的方法，这两种方法成本比较低。

仲裁，是指仲裁机构根据当事人的申请，通过仲裁程序依法作出裁决，以解决当事人纠纷的活动。当事人将争议提交仲裁，必须依据仲裁协议。仲裁协议是排除诉讼管辖的依据，也是仲裁机构受理的依据。有了仲裁协议，当事人不能到法院提起诉讼。仲裁有国内合同仲裁和涉外合同仲裁。涉外合同的当事人可以根据仲裁协议向中国的仲裁机构或其他仲裁机构申请仲裁。对发生法律效力的仲裁裁决，一方拒不履行的，对方可以请求人民法院执行。仲裁实行一裁终局的制度，且一般不实行公开审理。当事人没有订立仲裁协议或者仲裁协议无效的，可以向人民法院提起诉讼，要求人民法院解决合同争议。

参考案例 1－3

甲、乙签订的技术合同中有一条解决争议的条款：“发生争议，任何一方可向有管辖权的仲裁机构提起仲裁，或者向有管辖权的法院提起诉讼。”后来，双方就合同履行发生了争议，甲方向仲裁机构提起了仲裁，乙方则提出仲裁机构无权审理。请问：可仲可诉的约定是否有效?

——《最高人民法院关于适用〈中华人民共和国仲裁法〉若干问题的解释》第7条规定：“当事人约定争议可以向仲裁机构申请仲裁也可以向人民法院起诉的，仲裁协议无效。但一方向仲裁机构申请仲裁，另一方未在仲裁法第二十条第二款规定期间内提出异议的除外。”《仲裁法》第20条第2款规定：“当事人对仲裁协议的效力有异议，应当在仲裁庭首次开庭前提出。”

乙方提出仲裁机构无权审理，等于提出了异议。因此，甲、乙双方可仲可诉的约定无效。

（二）诉讼时效

《民法典》第188条第1款规定：“向人民法院请求保护民事权利的诉讼时效期间为三年。法律另有规定的，依照其规定。”《民法典》第594条规定：“因国际货物买卖合同和技术进出口合同争议提起诉讼或者申请仲裁的时效期间为四年。”“三年”是普通诉讼时效，“四年”属于特殊诉讼时效，也是仲裁时效。《仲裁法》第74条规定：“法律对仲裁时效有规定的，适用该规定。法律对仲裁时效没有规定的，适用诉讼时效的规定。”

第三节　合同适用的法律原则

合同适用的法律原则，是《民法典》规定的有关原则。

一、平等原则

《民法典》第4条规定：“民事主体在民事活动中的法律地位一律平等。”合同是平等主体之间的法律关系。市场经济的客观规律决定了合同当事人必须是相互独立的，具有法律上的平等地位。无论当事人“身份”、经济力量、所有制有何差别，在合同关系中的地位都是对等的，他们之间不存在强制关系和从属关系。任何一方不得强迫或采用其他非法手段使对方服从自己的意志。合同自由，是双方当事人的自由，一方的自由不能侵犯另一方的自由。合同自由，要求双方的意思表示真实和一致，真正达成合意。

平等是自由的基础，没有平等，就不可能真正实现合同自由。在平等的基础上，当事人可根据自己的具体情况和对利益的追求，自主地决定合同的订立及相关行为。法律地位的平等，可以使当事人在权利义务的分配上平等地协商，实现利益的平衡。平等原则要求当事人：

（1）在订立合同时，任何一方无权强制他人服从自己的意志。

（2）合同依法成立后，对当事人双方产生平等的约束力，不允许任何一方享有特权。

（3）合同发生纠纷时，当事人平等地受法律的保护。

（4）合同当事人没有单方处罚或惩罚对方当事人的权利。应当指出的是，合同约定违约金等，不属于“单方处罚或惩罚”。

参考案例1－4

甲到某联通营业厅办理宽带上网，约定好3日内上门安装，甲屡次催促，联通均以人手不够为由，让甲再耐心等几天。半个月后，联通派人上门，此时甲已在他处办理了宽带上网，甲主张早已解除合同。联通主张二者不是平等主体，因此不是合同关系，不适用合同解除，而且声称要按照规定处罚甲。

——联通为客户提供宽带安装服务，双方之间形成的是平等的合同关系，联通不能将自己的单方的规则强加于甲，更无权处罚甲。但甲要解除合同，应该事先通知对方。与此相似的有电力公司、自来水公司等与客户之间的服务关系，均是合同关系。

二、合同自由原则

《民法典》第5条规定：“民事主体从事民事活动，应当遵循自愿原则，按照自己的意思设立、变更、终止民事法律关系。”该自愿原则，落实到合同领域，可称为合同自由原则。合同自由原则反映了市场经济的本质要求。在我国市场经济体制下，确立合同自由原则的地位尤为重要。它的重要作用在于解放市场主体。给予当事人以何等程度的自由，反映了公平竞争的程度，也是衡量市场经济发达程度的标准。合同自由原则，排斥不正当竞争和非法垄断，为市场经济注入了活力。合同自由不是一个空泛的概念，它的基本内容有以下几个方面：

（1）当事人可以自主地决定是否订立合同，除非为了公共利益，法律并不强制当事人缔约。

（2）当事人可以自主地决定与谁订立合同，当事人可以根据需要选择交易对象或伙伴。

（3）当事人可以自主地决定合同条件，在意思表示真实的条件下，当事人可以订立对价不充分的合同，这并不妨碍合同法对整个社会交易的公平性要求。

（4）当事人可以选择合同的形式，也可以自主决定合同的类型，既可以缔结典型合同，也可以缔结非典型合同。

（5）从合意与法律的关系来看，当事人的合意，具有排除某些法律规范适用的效力，即按照合同自由原则，形成了“约定大于法定”的规则。当然，当事人在合同中排除法律规范的适用，只能排除任意性规范而不能排除强行性规范。

（6）从争议的解决来看，当事人可以自主地决定解决争议的途径。当事人可以通过协商解决争议，也可以提交仲裁。如果当事人之间没有约定仲裁条款，可以起诉到法院，以解决争议。

三、公平原则

《民法典》第6条规定：“民事主体从事民事活动，应当遵循公平原则，合理确定各方的权利和义务。”公平原则落实到合同法领域，主要是规范当事人之间有偿合同的交易关系，它要求合同当事人的权利义务要对等，不得显失公平。在有偿合同中，任何一方当事人既要享有权利，也要承担相应的义务；取得利益的同时，要付出相应的代价。不能取之太多，付出太少。对相互独立的主体，法律禁止无偿平调或强迫进行不等价交换，而提倡和保障公平交易。权利义务对等，要求双方当事人所承担的权利义务大体相当，不是指绝对等值，价格可以围绕价值变动。公平，不仅体现在两相对待给付的平衡上，还体现在对免责条款的限制、违约责任的承担和风险的承担上。免责条款指出现约定免责事由时，免除、限制当事人责任的条款。免责事由由当事人约定，法律一般承认其效力。但以下责任不得事先免除：（1）因故意或重大过失所致责任；（2）人身伤害的责任；（3）《中华人民共和国消费者权益保护法》禁止免除的责任。当违约情况出现时，令违约人承担的违约责任应当公平合理，因违约产生的赔偿责任要受法定规则的限制（如合理预见规则等）。对与损失不符的约定违约金，当事人可以请求法院或者仲裁机构予以调整。当风险出现，造成财产损失，法律对损失的承担没有规定，当事人对损失的承担也没有约定时，应按公平原则要求当事人合理地承担或分担损失。

四、诚实信用原则

《民法典》第7条规定：“民事主体从事民事活动，应当遵循诚信原则，秉持诚实，恪守承诺。”诚实信用最早是市场活动中形成的道德规范，以商品交换的存在为根据。通过立法将诚实信用的道德规范上升为一种法律规范，用以指导人们的民事行为，加强了对社会经济关系的调整。总的来说，诚实信用原则要求当事人以善良的态度和善意的方式签约和履行合同义务，不滥用权利，在获得利益的同时充分尊重他人的利益和公共利益。同时，诚实信用原则为法院解决合同纠纷赋予了很大的裁量权。诚实信用原则追求合同的公平，从诚实信用原则在合同法的地位和作用来看，它兼顾了自由与公平的要求，在二者之间起到了平衡作用。

（1）合同自由，不是哪一方当事人的自由。诚实信用原则要求一方当事人在行使自己自由的时候，充分尊重他人的自由。双方自由，才是合同正义所要求的真正合同自由。按照诚实信用原则，当事人在订立合同时，要以诚相待，如实陈述自己的情况，包括身份（主体资格）、履约能力、财产状况、标的物有无隐蔽瑕疵等；对与成立合同有关的重要事实负有揭示义务；不得采用胁迫、欺诈等方式订立合同；不利用他人危难订立合同；不恶意串通订立危害他人和公共利益的合同。遵循上述要求，才能达到公平、公正的结果。

（2）合同依法成立后，具有相当于法律的效力。当事人以合意的方式，将自己锁在债权债务的链条之中，只有通过履行，才能以正常的方式解开这个链条。诚实信用原则要求当事人正确对待合同这个双方自由意志的产物，信守诺言，严格履行合同义务，不随意毁约。

（3）双务合同的履行，需要双方的配合。诚实信用原则除要求一方当事人严格履行自己的义务外，还要求为对方的履行创造条件，不随意拒绝对方的履行。占有对方财产时，要尽善良管理人的注意义务。发现有危及合同目的实现的情况时，有及时通知的义务和采取合理措施减少损失的义务。遵循上述要求，可以降低缔约成本和履约成本，实现最大效益。

（4）双务合同中，当事人既享有权利又承担义务。诚实信用原则的内容之一，就是权利不得滥用。如在行使解除权和履行抗辩权的时候，要出于善意，不得恶意使对方处于不利的境地。

（5）当存在合同条款不清、矛盾的情况时，应依诚实信用原则解释合同条款、履行合同义务。

（6）在双务合同中，当事人的利益是对立的，但诚实信用原则要求当事人在发生争议时如实陈述事实和自己的真实意图，这可以视为对自己利益的保护，也可以视为对对方利益的尊重。在这里，诚实信用要求的是一种品格。这种品格的展现，意在维护和追求公正的结果。这种品格，还要求当事人不利用对方违约获得非分利益。

总之，诚实信用对于合同正义，是一种维护。当事人遵循诚实信用原则，才可能使合同自由得到真正体现，才可能达到公平、公正的结果。

五、守法与公序良俗原则

《民法典》第 8 条规定：“民事主体从事民事活动，不得违反法律，不得违背公序良俗。”合同行为应当在法律框架内施行。合同所追求的目的和实施结果，都不得违背公序良俗。公序，是指社会公共秩序（生活秩序和市场秩序），是社会公共利益的体现。良俗，是指善良风俗。应当注意的是，善良风俗可因地域的不同而有所区别，会因时代的发展而发生变化。

（1）该项原则落实到合同行为上，要求当事人在合同订立、履行、变更、解除、解决争议等各个环节都遵守法律、法规的规定，不得违背法律、法规强行性的规定。

（2）该项原则体现了对合同自由的适度限制。其一，当事人有自主决定是否订立合同、与谁订立合同、如何确定合同内容的基本自由，但为了执行国家计划、维护社会公共利益，法律强制当事人订立某些合同或强制要求合同内容的除外（见第 494 条）。其二，从保护社会整体利益出发，公益单位的缔约资格受到限制。如《民法典》第 683 条第 2 款规定："以公益为目的的非营利法人、非法人组织不得为保证人。"

（3）该项原则要求当事人订立的合同不能具有社会危害性，不能过失或故意地危害社会公共秩序和善良风俗。合同是当事人之间的关系，具有相对性，但毕竟不能脱离社会而存在，要受公序良俗的制约。比如，当事人不得利用合同进行不正当竞争、偷逃税款或恶意串通危害第三人的利益。再如，当事人不得订立赌博合同、卖淫合同、传播淫秽物品的合同等。

六、绿色原则

《民法典》第 9 条规定："民事主体从事民事活动，应当有利于节约资源、保护生态环境。"该条规定的原则，被称为绿色原则。绿色原则贯彻了宪法保护环境的要求，是改善人与环境关系的倡导性原则，体现了天地人和、建设生态文明、实现可持续发展的理念。合同行为，也应遵循绿色原则。

第四节　合同的解释

一、合同解释的含义和有关学说

合同解释是对有争议的合同内容及合同行为含义和意义的理解和确认。具体地说，合同的解释，既包括对合意的解释，也包括对要约邀请、要约、承诺、解除、撤销等一方意思表示的解释。

合同解释是合同法理论中具有普遍意义的问题，也是实务中经常面对的问题。

《民法典》第 466 条第 1 款规定："当事人对合同条款的理解有争议的，应当依据本法第一百四十二条第一款的规定，确定争议条款的含义。"第 142 条第 1 款规定："有相对人的意思表示的解释，应当按照所使用的词句，结合相关条款、行为的性质和目的、习惯以及诚信原则，确定意思表示的含义。"据此，对有相对人的意思表示的解释采取表示主义，此种解释方法学理上也称为规范解释，这是通过对表示行为的解释确定"意思表示的含义"，即这种解释要探究并确定符合规范的表示行为的客观意义，而不是探究表意人内心的真实意思①。合同是有相对人的意思表示，因而合同的解释适用该款规定。

表示主义认为：合同本质不是当事人的内心意思，而是当事人的表示意思。在表示意思与内心意思不一致的情况下，以外部表示为准，从而保护相对人的信赖利益。

---

① 与之对照的是《民法典》第 142 条第 2 款："无相对人的意思表示的解释，不能完全拘泥于所使用的词句，而应当结合相关条款、行为的性质和目的、习惯以及诚信原则，确定行为人的真实意思。"据此，对无相对人的意思表示的解释采取意思主义，学理上也称为自然解释。这种解释要探究、确定行为人的"真实意思"，即表意人有权要求按真实意思发生效力。

有相对人的意思表示的解释规则和原则，包括文义解释规则、整体解释规则、按合同性质和目的解释规则、按习惯解释规则及诚实信用原则。

二、合同解释的规则、原则

（一）文义解释

文义解释是指依据合同条款所使用词句的通常含义进行解释。对合同应当首先进行文义解释。通常含义，要结合合同的类型和背景等来确定，比如，日常生活中所使用的词句的通常含义与某技术领域所使用的词句的通常含义背景是不同的。

参考案例1-5

甲（发包人）与乙（承包人）签订了建设工程合同，由乙为甲建造一座桥梁。该合同就一笔专款写道："甲提供该笔款项，用于购买钢筋、木材、水泥等。"后来，乙不但用这笔专款购买了钢筋、木材、水泥，还购买了40台小彩电给施工工人使用。甲指责乙用款不当，乙辩解说："这40台小彩电就是'等'里面的，即'等'包括小彩电。"

——此案合同中的"等"，可以适用文义解释规则、目的解释规则。文义解释：钢筋、木材、水泥是建材，因此"等"是指钢筋、木材、水泥以外的建材。目的解释：合同的目的是乙为甲建造桥梁，购买小彩电与合同目的的实现没有直接关系，故"等"不包括小彩电。

（二）整体解释

整体解释又称体系解释，是指对有争议的条款、词句进行解释时，要考察其与整体的关系。合同的条款要互相解释，以确定每一条款从整个行为所获得的意义。如果不把有争议的条款或词句与上下文和其他有关联的条款联系起来考察，而是孤立地去探究它的一般意思或可能具有的意思，则很容易走入歧途。

（三）按合同性质和目的解释

（1）合同性质可以从多方面来看，比如，是有偿合同还是无偿合同，是给付财产的合同还是提供劳务的合同，等等。合同性质不同，权利义务自有所不同。解释合同不能脱离合同的性质。例如，无偿合同应作对债务人一方有利的解释或作对债务人义务最轻的解释。有偿合同双方互负义务（存在对待给付），解释的时候要平衡双方的利益。

参考案例1-6

甲（赠与人）与乙（受赠人）签订了一份赠与合同，赠与金额用阿拉伯数字书写。乙主张赠与30 000元，甲主张第一个数字不是"3"，而是"2"，即赠与的是20 000元。在无法辨别第一个数字是"3"还是"2"的前提下，应当作有利于债务人（赠与人是债务人）的解释，即应当解释为赠与20 000元。

（2）解释合同时，应当考虑当事人的缔约目的。合同使用的文字或某个条款可以作两种解释时，应采用最适合合同目的的解释；当合同可以作有效与无效两种解释时，应当采用使合同有效的解释。

按合同性质、目的解释还适用于采用两种以上文字订立合同产生争议的情形。“合同文本采用两种以上文字订立并约定具有同等效力的，对各文本使用的词句推定具有相同含义。各文本使用的词句不一致的，应当根据合同的相关条款、性质、目的以及诚信原则等予以解释”（第 466 条第 2 款）。目的解释的结果可以用来印证文义解释、整体解释的结果。

参考案例1－7

甲公司是复印器材经销商，欲从在美国注册的乙公司处购买一批大型复印机，指定张三、李四为代理人。张三未经与李四商量，就自己代理甲公司与乙公司用中、英文两种文字签订了合同。但两种文本条款有矛盾，若全部按英文文本履行，甲公司将无利可图，合同双方争议到人民法院。

——本案中法院不应根据文义解释合同，而应当根据合同目的对争议条款予以解释。

（四）按习惯解释

习惯分为生活习惯和交易习惯。对合同主要按交易习惯进行解释。

交易习惯是指人们在长期反复实践的基础上形成的，在某一地域、某一行业或某类交易中普遍采用的做法、方法。交易习惯实际上也是一种规则。当事人对合同条款的理解不一致时，应当考虑当事人交易的背景，考虑交易背景中实际为当事人所依据的交易习惯。

参考案例1－8

某日，一家陕西烧饼店开张了。大红标语写道：“开张当天，买二送一。”刘某买了三个，要求烧饼店送一个半。烧饼店老板说：“没有这样送的，只能送一个。”烧饼店老板是依据什么进行解释的？

——烧饼店老板是按交易习惯进行解释，刘某的解释是文义解释。本案应当采用烧饼店老板的解释。

（五）按诚实信用原则解释

按诚实信用原则解释合同，要求以善意为出发点，以公平为结果。诚实信用原则是其他解释规则的指导性原则，它们不是并列的关系。对有争议合同条款进行解释，有具体解释规则时，应在诚实信用原则指导下进行解释，不能直接适用诚实信用原则；没有具体解释规则时，才能直接适用诚实信用原则解释。

【引例分析】

引例中那些由当事人根据自己的需要，按照自己的意志建立的交易关系，就是合同关系，包括：银行与建筑公司之间的建设工程合同；建筑公司与水泥制品公司之间的买卖合同；水泥制品公司与服装公司之间的承揽合同；服装公司与银行之间的借款合同；服装公司与工业公司之间的委托合同；工业公司与银行之间的保证合同。

【本章小结】

合同是当事人设立、变更和终止民事权利义务关系的合意，是当事人意思一致的产物。可以说，合同是当事人自由意志的交汇。根据不同标准，对合同有不同的分类。合同法原则是强行性规范，体现了合同法的价值目标，对人们应用合同法具体规则具有指导意义。关于合同争议的解决，要了解解决争议的四种途径。本章所说的合同解释是指阐释性解释，不同于《民法典》第510条规定的补缺（补充性解释）。

即测即评

第二章　合同的订立

【本章引例】

A公司给B公司发出订单（要约）购买电器，B公司在回信中表示完全接受订单，但其又附了一张纸，这张纸记载了B公司提出的免责条款，A公司看后，未予理睬。B公司到期就发货了，A公司认为货还不错，就收了。

请问：

1. A公司与B公司之间的书面合同是否成立，为什么？
2. A公司与B公司之间的合同是否最终成立，根据是什么？
3. 如果合同成立，合同成立之时、合同成立之地为何？

【本章学习目标】

通过学习本章，你应该能够：

1. 掌握要约与承诺的一般规则。
2. 了解要约与要约邀请的区别。
3. 了解法律对合同形式的要求。
4. 了解合同应当具备的最基本的内容。
5. 掌握格式条款的订立规则。
6. 掌握缔约责任的适用。

第一节　要约与承诺

要约和承诺，是达成合意的方式，是合同成立的一般方式、主要方式。《民法典》第471条规定："当事人订立合同，可以采取要约、承诺方式或者其他方式。"合同作为关于债的合意，需要当事人相互交换意思表示，以求相互取得一致。订立合同的过程，一般就是双方当事人采用要约和承诺方式进行协商的过程，往往是一方提出要约，另一方又提出新要约，反复多次，最后有一方完全接受了对方的要约，这样才能使合同得以成立。

应当注意，一方提出要约，受要约人可能有四种应对方式：第一，为承诺而成立合同。第二，提出新要约。第三，提出要约邀请，希望对方重新发出要约。第四，予以拒绝。

当事人成立合同也可以是“要约和承诺”以外的方式，例如，双方以“交叉要约”的方式成立合同。

一、要约

（一）要约的概念

要约是希望和他人订立合同、具有经承诺而成立合同之效力的意思表示。具备一定的效力才能构成要约，这种效力表现为两点：其一，要约人不得任意撤销要约；其二，一经受要约人承诺，合同即成立。

要约，在许多场合又称为发价、发盘。要约一般向特定的当事人发出，向不特定多数人发出的广告，也可以构成要约。《民法典》第473条第2款规定：“商业广告和宣传的内容符合要约条件的，构成要约。”

（二）要约的要件

根据《民法典》第472条的规定，作为要约的意思表示应当符合下列条件：内容具体确定；表明经受要约人承诺，要约人即受该意思表示约束。具体而言，要约应当具备以下要件。

1. 要约须是特定当事人以缔结合同为目的的意思表示

所谓特定当事人，是指要约人能为外界所确定。要约还必须是向相对人作出的订立合同的意思表示。相对人，一般是指特定的相对人。要约一般是向特定的相对人发出的，也可以是向不特定的相对人发出的。例如，正在工作的自动售货机、自选市场标价陈列的商品等，都是针对不特定当事人发出的要约。没有相对人，也就没有受领要约的人，要约也就失去了它的意义。要约还应以订立合同为直接目的，这是要约与要约邀请的一个重要区别。

2. 要约应包含被接受时就受其约束的意旨

要约以追求合同的成立为直接目的。要约是为了唤起承诺，并接受承诺的约束。要约在获得承诺后，当事人双方之间成立合同，进入债的锁链（法锁）。若一项提议没有这样的法律效果，那么这项提议可能是要约邀请，而不可能是要约。

参考案例2-1

甲公司给乙公司去信，提出要把一台电机卖给乙公司，该信件内容具体、清楚。信件中提到，双方须签订确认书。乙公司回信，表示接受甲公司的一切条件。请问：甲、乙两公司之间是否成立了合同？

——甲公司的信件不构成要约。要约效力的体现，是把成立合同的最终权利交给了对方，而甲公司提出要签订确认书，并没有把这种权利交给乙公司。乙公司回信，表示接受甲公司的一切条件，并不产生合同成立的结果。

3. 要约的必要内容应当确定，能够在当事人之间建立起债权债务关系

合同的内容是以条款表现出来的，要约中应包含足以使合同成立的全部必要条款。哪些是必要条款，应当根据合同的性质和当事人的合同目的来确定，不可一概而论。标的条款是所有合同应当具备的条款，但只有标的条款尚不能构成合意，还需要设定其他条款。例如，买卖合同除标的条款外，还应有数量、价金条款。如果没有对数量、价金的具体约定，而有确定数量、价金的方法，合同也可以成立。如果有合理补救的基础和机会，合同中的某些条款可以暂付阙如。

（三）要约的方式

要约一般采用通知方式。通知，可以采用口头方式，也可以采用书面方式。口头方式可以当面提出，也可以用打电话的方式提出。书面方式，一般是通过寄送订货单、书信以及发送电子邮件、传真等形式提出。

一方当事人也可以向相对人发出加盖公章或者签名的合同书作为要约。如果当事人未在发出的合同书上签名、盖章，说明当事人不愿受其约束，因此只能认为发出合同书为提出要约邀请。

（四）要约的效力

1. 要约生效的时间

要约是有相对人的意思表示。有相对人的意思表示，分为对话意思表示和非对话意思表示，前者能直接、即时交换意见，后者不能直接、即时交换意见。

（1）对话方式要约的生效时间。

对话方式要约采取了解主义。“以对话方式作出的意思表示，相对人知道其内容时生效”（第 137 条第 1 款）。以当面交谈、哑语、打旗语、打电话、在线视频等方式发出的要约，在受要约人了解其内容时生效。例如，甲给乙打电话提出要约，乙听了甲的所述所求后，要约生效。如果甲说的是外语或地方方言，乙不解其意，要约不能生效。

（2）非对话方式要约的生效时间。

“以非对话方式作出的意思表示，到达相对人时生效。以非对话方式作出的采用数据电文形式的意思表示，相对人指定特定系统接收数据电文的，该数据电文进入该特定系统时生效；未指定特定系统的，相对人知道或者应当知道该数据电文进入其系统时生效。当事人对采用数据电文形式的意思表示的生效时间另有约定的，按照其约定”（第 137 条第 2 款）。据此，以信件、邮件、数据电文等方式发出的要约，在到达受要约人时生效。所谓到达，是指意思表示进入对方可支配的范围（可控制的范围），处于对方可随时了解其内容的客观状态。比如，以寄信的方式发出要约，对方的传达室或法定代表人的秘书收到了信件，就算送达，至于对方或对方法定代表人是否看到、隔了多长时间看到，都不影响其效力。例如，甲以信件方式向乙发出要约，3 月 1 日发出，3 月 5 日送达，3 月 10 日乙看到该信件。该要约在 3 月 5 日生效。

非对话方式中，以数据电文方式为意思表示，又可分为相对人指定特定系统和相对人未指定特定系统两种情况。数据电文方式，是以电子传输的方式传达信息，取代了以往纸质单证的邮寄和递送，提高了效率，传真、电子邮件、手机短信、微信、微博私信等都属于数据电文方式。

参考案例2-2

(1) 2月1日，甲按乙留下的邮箱地址给其发出了一封电子邮件，提出了自己的要约，乙2月5日才看到要约。

——该要约在进入对方系统时（2月1日邮件发送成功时）为到达，到达时要约生效。乙给甲留下了邮箱地址，就是指定了特定系统。

(2) 甲有电子邮箱、微信、手机短信等多种联系方式，但是没有给乙指定。5月1日，乙用手机短信给甲发出要约，写明要约有效期为10天。5月20日，甲回复短信表示承诺，乙表示反对。甲解释回复迟延的原因是："手机虽然天天用，但经常忘记看短信。"合同是否成立？

——甲没有给乙指定特定系统，要约在甲应当知道该数据电文进入其系统时生效，即要约应当在5月1日生效，要约的有效期到5月11日截止。超过有效期的承诺无效，合同不能成立。

2. 要约对双方当事人的效力

(1) 对要约人的效力。对要约人的效力又称为形式约束力。要约生效后，要约人就丧失了撤回的机会。要约生效后，在特定情况下，要约人可以撤销。

(2) 对受要约人的效力。对受要约人的效力又称为实质约束力。要约生效，即意味着受要约人获得了承诺的资格，也意味着受要约人有承诺权。此时，能决定合同是否成立的一方是受要约人。

(五) 要约的失效

《民法典》第478条规定："有下列情形之一的，要约失效：(一) 要约被拒绝；(二) 要约被依法撤销；(三) 承诺期限届满，受要约人未作出承诺；(四) 受要约人对要约的内容作出实质性变更。"

1. 要约被拒绝

受要约人在要约规定的承诺期之前，就明示予以拒绝，此时要约在拒绝通知到达时提前失去效力。

2. 要约人依法撤销要约

在符合撤销条件时，要约人可以撤销要约，被撤销的要约是一个已经生效的要约，被撤回的要约是尚未生效的要约。因此，撤销发生要约失效的问题，撤回不发生要约失效的问题。

3. 承诺期限届满，受要约人未作出承诺

具体来说，采用口头方式发出的要约，受要约人没有立即承诺，要约即失效；如果要约采用书面方式，要约人规定了承诺期限的，受要约人没有在规定的期限内送达承诺，要约即失效。

4. 受要约人对要约的内容作出实质性变更

作出实质性变更，说明受要约人提出了新要约，新要约意味着对原要约的拒绝，使原要约失去效力。作出实质性变更后，双方当事人的主体地位发生变化，原受要约人成为要约人，原要约人成为受要约人。

（六）要约的撤回

要约的撤回，是指要约人阻止要约发生效力的意思表示。撤回要约的通知应当在要约到达受要约人之前或者与要约同时到达受要约人。要约撤回，有两种情况：其一，撤回通知先于要约到达受要约人，此时不会给受要约人造成任何损害，自应允许撤回要约，要约不发生效力。其二，撤回通知与要约同时到达受要约人，此时受要约人也不会因信赖要约而行事，不会产生损害，撤回通知也足以消灭要约。

在要约生效前对发送的要约的修改，其效果等于旧要约撤回、新要约产生。比如，甲方对乙方发出要约，要以每吨 2 万元的价格出卖 100 吨矿石，在要约生效之前，甲方又发出通知把每吨 2 万元改成每吨 1.8 万元。这就等于以新要约撤回了旧要约。

（七）要约的撤销

1. 要约撤销的含义

要约的撤销，是要约人消灭要约效力的意思表示。要约到达受要约人后，要约对要约人产生拘束力，此时不发生撤回的问题，但要约人尚有可能撤销要约。要约的撤销采用通知的方式。在要约生效后、承诺生效前对要约的修改，其效果等于旧要约撤销、新要约产生。“撤销要约的意思表示以对话方式作出的，该意思表示的内容应当在受要约人作出承诺之前为受要约人所知道；撤销要约的意思表示以非对话方式作出的，应当在受要约人作出承诺之前到达受要约人”（第 477 条）。

要约撤销和要约撤回的区别是：目的上，要约的撤销在于消灭要约的效力；要约的撤回在于阻止要约生效。时间上，要约的撤销是在要约生效之后、承诺生效之前；要约的撤回是在要约生效之前。如果承诺生效，则合同成立，要约既不能撤回，也不能撤销，否则就等于允许当事人撕毁合同。

2. 不得撤销的情形

要约撤销，是撤销一个已经生效的要约，为保护受要约人的信赖利益，对要约的撤销应当有所限制。依据《民法典》第 476 条的规定，有以下情形之一的，要约不得撤销：

（1）要约人以确定承诺期限或者其他形式明示要约不可撤销。

1）要约人以确定承诺期限的方式明示不可撤销。即意味着要约人在要约期限内等待受要约人的答复。也就是说，要约规定了承诺期限，就等于要约人作出在承诺期限内不撤销要约的诺言。规定承诺期限是要约人放弃撤销权的表示。

实践中对于承诺期限的表达方式多种多样。比如，有的要约中这样规定：“6 月 7 日后价格及其他条件将失效。”要约中的“6 月 7 日”就是承诺期限的最后一天。这种要约是不可撤销的。“请按要求在 3 天内将水泥送至工地”“请在 15 天内答复”“3 个月内款到即发货”等都属于规定了承诺期限。

2）要约人以其他形式明示要约不可撤销。下列情形都可以认为是明示要约不可撤销：“我方将保持要约中列举的条件不变，直到你方答复为止”“这是一个不可撤销的要约”。如果当事人在要约中称“这是一个确定的要约”，仅仅这样表述不能认为该要约不可撤销，因为要约本身就是确定的。明示要约不可撤销，并不等于要约永远有效，如果受要约人在合理的时间内未作答复，要约自动失效（见第 481 条）。

（2）受要约人有理由认为要约是不可撤销的，并已经为履行合同做了合理准备工作。

一般来说，要约中要求受要约人以行为作为承诺的，受要约人就有理由认为要约是不可撤销的。如“款到即发货”“如同意，请尽快发货”等。除了受要约人有理由认为要约是不可撤销的以外，还有一个并列的条件，就是受要约人已经为履行合同做了必要的准备。比如，购买原材料、办理借贷筹备货款、购买车（船、机）票准备到要约人指定的地点去完成工作等。

二、要约邀请

（一）要约邀请的概念和表现形式

要约邀请又称为要约引诱。“要约邀请是希望他人向自己发出要约的表示。拍卖公告、招标公告、招股说明书、债券募集办法、基金招募说明书、商业广告和宣传、寄送的价目表等为要约邀请”（第 473 条第 1 款）。要约邀请可以对不特定多数人发出，如上述拍卖公告、招标公告、招股说明书等；也可以“一对一”地发出，如甲给乙发短信、打电话提出要约邀请。

1. 拍卖公告、招标公告

这两种公告不包括价格条款等合同的必要条款，因而不能构成要约，而只能是要约邀请。

2. 招股说明书、债券募集办法、基金招募说明书

上述三种文件不可能包含购买者将要购买的数量等合同的必要条款，因而不能构成要约，而只能是要约邀请。

3. 商业广告和宣传

商业广告的主要职能是商品经营者和消费者在最大、最有效的时空领域中建立直接或间接的商品交换关系。而合同法以调整商品交换关系为己任。在我国，对广告的规制，主要是由《广告法》和《反不正当竞争法》来承担的。由于广告与合同的成立有密切关系，故广告也成为合同法所调整的对象。

我国《广告法》所说的广告是指商业广告，商品经营者或者服务提供者通过一定媒介和形式直接或者间接地介绍自己所推销的商品或者服务的商业广告活动，适用该法。“直接介绍”和“间接介绍”，强调了商业广告是传播商业信息的工具。

所谓“宣传”，包括商业广告以外的广告（比如对丢失的物品发布悬赏广告）和其他向特定和不特定的他人传递订立合同的有关信息的行为。

商业广告和宣传一般是要约邀请。《民法典》第 473 条第 2 款规定：“商业广告和宣传的内容符合要约条件的，构成要约。”例如，某商家在商业广告中对欲出售的某种商品的规格、价格、质量等作出了明确规定，除买卖的数量以外，广告包含了足以使合同成立的全部必要条款。广告还注明“款到即发货”，即把确定买卖数量的权利交给了买受人。此广告就不是要约邀请，而是要约。

参考案例2－3

某商店清仓查库，在报纸上刊登广告，称处理某某牌床垫，原价 800 元，现价 280 元，售完为止（没有规定承诺期限）。齐某在合理的时间内赶到商店，要求购买两个床垫。商店经理说，该床垫质量很好，最低价为 400 元。齐某提起诉讼，商店辩称：“广告不是要约，只是要约邀请。”

——商店的广告因包含足以使买卖成交的条件，同时也有受其约束的表示（售完为止），应认定构成要约。

4. 寄送的价目表

邮寄、派发的价目表，虽然包含了商品名称、服务的类型和价格、酬金，而且包含行为人希望建立交易关系的意图，但邮寄、派发价目表，不能确定行为人受其约束，即不包含一经相对人承诺即接受承诺后果的意图。寄送、派发的当事人把成立合同的最终权利留给了自己，只是向相对人提供有关信息，希望相对人向自己提出要约。因此，该行为是要约邀请，而不能构成要约。

价目表或者价目标签置于陈列并准备出售的商品之前或相关位置，可构成要约。在自选市场就是如此。价目表或者价目标签置于商品之前，其与寄送的价目表有明显不同之处：其一，寄送的价目表没有实物展示，受领信息的人不能以受领标的物的方式承诺。而超市的价目表、标签列于实物之前，受领信息的人可以受领实物而为承诺。其二，寄送的价目表不具有数量条款，缺少要约具体明确的要求。价目表、标签列于实物之前，有标的物、价格，没有数量条款，但有确定数量的方法，即由购买者自行确定，符合要约具体明确的要求。因此，超市中对实物表示价格的价目表或者标签，为现物要约。

5. “一对一”口头和书面的要约邀请

要约邀请不一定都针对不特定的多数人，“一对一”的口头和书面要约邀请是很常见的。比如张甲要出国定居，就给李乙写了一封信，表达了要出卖房屋的意向。因为仅仅表达了“意向”，这封信只能是要约邀请，不能是要约。

（二）要约和要约邀请的区别

要约和要约邀请都包含当事人订立合同的愿望，但两者又有很大区别。

1. 定性不同

《民法典》将要约定性为“意思表示”（见第 472 条），而将要约邀请定性为“表示”（见第 473 条）。“意思表示”之意思，是发生法律效果的意思，该意思包括受约束的意旨。“表示”只是传达一种信息，不包含受约束的意旨。

2. 效力不同

要约对要约人具有约束力，即要约送达，要约人就不得撤回，如果撤销也要符合法定的条件，受要约人承诺送达，合同即告成立。要约邀请对邀请人没有撤回的限制，邀请人可以任意撤回，要约邀请不存在撤销的问题。但要约邀请也可能构成缔约责任和反不正当竞争法、广告法上的责任。

3. 目的不同

要约以订立合同为直接目的，一旦相对人作肯定答复，则合同成立；要约邀请，则不是以订立合同为直接目的，它只是邀请别人向自己作出要约表示或使自己能向别人发出要约。

4. 内容不同

要约必须包含能使合同得以成立的必要条款，或者说，要约必须能够决定合同的内容，而要约邀请不要求包含使合同得以成立的必要条款。要约邀请一般只是笼统地宣传自己的业务能力、产品质量、服务态度等。

（三）容纳规则

容纳规则是指要约邀请的内容可以被要约所承继，要约的内容可以被反要约所承继，最终成为合同的内容。

参考案例 2-4

某杂志社发布征稿启事，在征稿启事中表明，对选中刊登的稿件一律按千字 80 元支付稿酬，这是要约邀请。张某投稿，这是要约。杂志社选中刊登，这是承诺。杂志社应当按千字 80 元支付稿酬。

——这千字 80 元的稿酬是在要约邀请中规定的，按照容纳规则，这个规定就成为双方合同中的条款。

《商品房买卖合同解释》第 3 条规定："商品房的销售广告和宣传资料为要约邀请，但是出卖人就商品房开发规划范围内的房屋及相关设施所作的说明和允诺具体确定，并对商品房买卖合同的订立以及房屋价格的确定有重大影响的，构成要约。该说明和允诺即使未载入商品房买卖合同，亦应当视为合同内容，当事人违反的，应当承担违约责任。"上述规定，是容纳规则的体现。

三、承诺

（一）承诺的概念

"承诺是受要约人同意要约的意思表示"（第 479 条）。承诺是对要约的接受，是指受要约人接受要约中的全部条款，向要约人作出的同意按要约成立合同的意思表示。承诺与要约结合，方能构成合同。要约是一个诺言，承诺也是一个诺言，一个诺言代表一项债务，两个诺言取得了一致，就构成了一个合同。

（二）承诺的条件

1. 承诺是对要约同意的意思表示

承诺必须针对要约进行，而不能针对要约邀请进行。没有要约的存在，承诺也就是无的之矢了。

2. 承诺必须是受要约人向要约人作出答复

承诺人是获得承诺权的人。非受要约人向要约人作出的接受的意思表示不是承诺，要约人并不因此与其成立合同。比如，甲向乙发出要约，丙知道后表示的"承诺"不能发生效力。承诺权是要约人给予的，受要约人向非要约人作出接受的意思表示也不是承诺，非要约人并没有成立合同的意图，一方的意思表示不能强加给无关的人。

3. 承诺必须是不附条件的同意要约的各项条款

如果受要约人对要约中的某些条款提出实质性的修改意见，这样的答复不能视作承诺，而是受要约人提出的反要约。

4. 承诺应当在要约确定的期限内到达要约人

受要约人在承诺期限届满后作出的答复都不是承诺，而应视为新要约。"承诺应当在要约确定的期限内到达要约人。要约没有确定承诺期限的，承诺应当依照下列规定到达：（一）要约以对话方式作出的，应当即时作出承诺；（二）要约以非对话方式作出的，承诺应当在合理期限内到达"（第 481 条）。

（1）要约中规定了承诺的期限的，承诺应当在此期限内作出并到达要约人才能视为有效承诺。例如，以信件发出承诺，应当在承诺期内发出信件并到达要约人指定的地方或者

要约人能够有效控制的地方。

（2）要约未确定承诺期限的，应当依照法律的规定到达要约人。这里又分为两种情况：

第一种情况：要约以对话方式作出，如面对面提出要约或者打电话提出要约，受要约人应当即时（当时）作出承诺，否则要约立即失效。当然，即时承诺，并不排除受要约人在接到口头要约时在当时场景中的犹豫。要求受要约人即时承诺，是为了保护要约人的利益。在口头要约中，要约人规定了承诺期限的，受要约人当然可以在规定的期限内将承诺的意思表示送达。

第二种情况：要约以非对话方式作出，如以邮寄信件、发送短信等方式作出，承诺应当在合理的期限内到达。

参考案例2－5

李某4月1日打鱼3 000千克，当日以发送手机短信的方式要求王某以每500克3元的价格前来购买保鲜鱼。要约中没有规定承诺的期限。王某第二天持币前来购买，不料李某已经将鱼转卖他人。

——4月份的保鲜期是2天，因此在第二天来购买，属于在合理的期限内承诺。李某转卖他人，应当在王某承诺之前发出撤销通知。李某转卖他人，属于违法撤销要约的行为，应当承担缔约责任。

（三）承诺期限的起算

承诺期限是在要约中规定的。要约有对话方式和非对话方式，方式不同，承诺期限的起算也有所不同。

（1）对话方式要约，在对方了解时生效，要约生效时开始计算承诺期限。比如，3月1日甲给乙打电话发出要约，并说："请在三天内答复。"则乙应在3月4日前承诺，否则要约失效。

（2）非对话方式要约，承诺期限起算又分为两种：

1）要约以信件或者电报作出的，承诺期限自信件载明的日期或者电报交发之日开始计算。信件未载明日期的，自投寄该信件的邮戳日期开始计算。

2）要约以电话、传真、电子邮件等快速通信方式作出的，承诺期限自要约到达受要约人时开始计算。比如，甲1月1日以电子邮件向乙指定的邮箱发出要约，要求乙在10天内答复，则自电子邮件发送成功的1月1日起计算承诺期限，期限最后一天为1月11日，即乙应当在1月11日前送达承诺。

（四）承诺的方式

"承诺应当以通知的方式作出；但是，根据交易习惯或者要约表明可以通过行为作出承诺的除外"（第480条）。

1. 以通知的方式作出承诺

承诺的方式应当符合法律的规定或者要约的规定。要约没有规定承诺方式的，应依交易习惯、交易的性质确定承诺的方式。一般情况下，承诺的方式是通知方式。

通知是明示的方式。在实践中，有的当事人在要约中规定沉默视为承诺。这种规定对受要约人不具有约束力。例如，甲方向乙方以信函方式提出要约："……如不同意，请在7天内答复，否则视为接受。"对含有这种规定的要约，受要约人保持沉默，仍构成拒绝。理由很明确：要约人不能把自己的意志强加给受要约人。

2. 积极的行为可以构成承诺

积极的行为可以构成承诺。例如，某建筑公司急需水泥，向甲、乙两家水泥厂发出要约，要求购买300吨水泥，甲水泥厂回电报承诺，乙水泥厂为解建筑公司的燃眉之急，直接将水泥送至建筑公司。建筑公司以已经与甲成立合同为由拒收。此案中，乙的行为构成有效承诺，双方成立了合同，建筑公司无权拒收。

3. 消极的行为可以构成承诺

在双方有约定或者存在交易习惯的情况下，消极的行为（单纯的沉默）也可以构成承诺。例如，甲、乙双方事先约定："如果甲方向乙方发出要约，乙方在15天之内保持沉默，视为对要约的承诺。"依合同自由原则，此约定自然有效。

（五）承诺的生效

承诺生效，合同成立。承诺与要约一样，是有相对人的意思表示。承诺的方式，分为通知方式和行为方式，它们生效的时点不同。

1. 通知方式的生效

通知方式又分为对话方式和非对话方式，分别适用《民法典》第137条第1款和第2款。

（1）对话方式承诺的生效时间。

以对话方式作出的承诺，要约人了解（知道）时生效。例如，甲给乙打电话提出要约，要求乙最迟第二天答复，乙第二天回电话，表示同意甲的一切条件，甲接听后，承诺生效。如果乙回电话时，刚接通，乙的电话就断线了，甲不知乙说什么，第三天乙又打电话表示承诺，甲表示反对，则承诺不能生效。

（2）非对话方式承诺的生效时间。

以非对话方式作出的承诺，到达要约人时生效。例如，6月1日，甲公司给乙公司用特快专递发了一份要约，要求乙公司在当月20日之前答复，乙公司当月19日将承诺信件用特快专递寄回，当月20日甲公司的收发室签收。甲公司的法定代表人21日看到承诺信，表示反对，理由是承诺晚了一天。本案承诺生效，因为承诺在20日已经到达。

以非对话方式作出的采用数据电文形式的承诺，要约人指定特定系统接收数据电文的，该数据电文进入该特定系统时生效；未指定特定系统的，要约人知道或者应当知道该数据电文进入其系统时生效。当事人另有约定的除外。

参考案例2-6

甲用手机短信给乙发出一个要约，要以一万元的价格出卖一对文玩核桃（特定物），要求乙10天内答复。乙见过这对文玩核桃，觉得价钱合适，在收到要约第9天时，找出甲多年前给的电子邮箱地址，发了一封邮件，表示接受要约。又过了一周，乙打电话给甲，要持现金到甲家中取货。甲说，电子邮箱虽未销号，但多年未用，过了10天未见到乙答复，便将文玩核桃卖给了第三人丙。乙表示要追究甲的违约责任。

——甲未向乙指定特定系统，乙的回复的通信方式应与甲一致。乙向甲多年不用的电子邮箱发送承诺，虽然进入了甲的数据电文系统，但不属于要约人知道或者应当知道该数据电文进入其系统的情形，故承诺无效，双方的合同不成立，甲对乙不构成违约责任。顺便指出，一方未指定特定系统的，回复一方原则上应使用相同的系统，例如，甲给乙发手机短信提出要约，乙一般应以手机短信回复；如果甲给乙用电子邮件发出要约，乙一般应以电子邮件回复。

2. 行为方式的生效

"承诺不需要通知的，根据交易习惯或者要约的要求作出承诺的行为时生效"（第 484 条第 2 款）。例如，甲向乙发出订单（要约）要求购买货物，每次乙都是以发货的方式承诺，双方之间已经形成了交易习惯。一次甲又向乙发出订单，乙发货后甲拒收，理由是乙没有承诺。甲的理由不能成立，因为乙发货时合同买卖成立。再如，甲向乙发出书面要约，要求乙将 100 吨某种标号的水泥直接送往自己的工地，乙按要求送到工地时，甲不得拒收，因为，乙按要求将货物送到工地时，合同成立。

（六）承诺的撤回

承诺可以撤回。承诺的撤回，是阻止承诺发生效力的意思表示。撤回承诺的通知应当在承诺通知到达要约人之前或者与承诺通知同时到达要约人。

承诺可以撤回，但不能撤销。也就是说，承诺尚未生效时，可以取消承诺；承诺于到达要约人时生效，如果承诺已经生效，则不能取消，即不能撤销。因为承诺生效，合同成立，如果允许撤销承诺，等于赋予承诺人任意撕毁合同的权利，要约人的利益就得不到保护，交易安全就得不到保护。

（七）迟到的承诺

1. 因迟发而迟到的承诺

《民法典》第 486 条针对"因迟发而迟到的承诺"规定："受要约人超过承诺期限发出承诺，或者在承诺期限内发出承诺，按照通常情形不能及时到达要约人的，为新要约；但是，要约人及时通知受要约人该承诺有效的除外。"

承诺的表示应当在承诺的期限内发出并到达要约人，否则不能构成有效的承诺，而只能构成新要约。但是，要约人希望成立合同，及时发出了对"因迟发而迟到的承诺"的承认通知，则该承诺为有效承诺，这样符合双方的利益。对于因迟发而迟到的承诺可以用这样一句话来概括：以新要约为原则，以承诺为例外。即要约人发出承认通知，承诺才有效。

2. 未迟发而迟到的承诺

《民法典》第 487 条针对"未迟发而迟到的承诺"规定："受要约人在承诺期限内发出承诺，按照通常情形能够及时到达要约人，但是因其他原因致使承诺到达要约人时超过承诺期限的，除要约人及时通知受要约人因承诺超过期限不接受该承诺外，该承诺有效。"

迟到的承诺又称为承诺迟延，是指承诺在发出时虽然不构成迟延，但由于传递故障等原因，到达要约人时超过了承诺的期限。迟到的承诺与迟发的承诺不同。迟发的承诺，发出承诺时就已经超过了期限；迟到的承诺在发出承诺时尚未超过规定的期限。

参考案例2－7

北京到南京一般信件的传递时间是3天。北京的甲方以信件向南京的乙方发出要约，发出信件的邮戳日是1月1日，承诺期限是15天，但按照信件无法确定起算日期。乙方接到要约信的时间是1月4日，经过考虑，乙方于14日向甲方邮寄接受要约的信件。表示承诺的信件本应于承诺期限的最后一天即1月16日到达甲方，但由于邮局人员的工作失误，1月17日承诺的信件才送达甲方。

——要约生效的时间是1月4日。承诺期限是15天，自1月1日起算，最后一天是1月16日（计算公式是1+15）。甲方如果不接受迟到的承诺，必须发出否认通知，否则承诺生效、合同成立。

对于迟到的承诺可以用这样一句话来概括：以承诺生效为原则，以承诺不生效为例外。即要约人及时发出否认通知，承诺才无效。为什么要求要约人发否认通知呢？因为受要约人（承诺人）不知道承诺陷于迟延。

（八）承诺的内容

1. 对承诺内容的要求

承诺的内容应当与要约的内容一致，即承诺应当是对要约的接受。承诺与要约相一致的要求，被称为镜像规则。镜像规则要求承诺就像对着镜子反射一样与要约取得一致。这种规则不能完全适应现代市场条件下的交易需要。《民法典》第489条规定："承诺对要约的内容作出非实质性变更的，除要约人及时表示反对或者要约表明承诺不得对要约的内容作出任何变更外，该承诺有效，合同的内容以承诺的内容为准。"

2. 实质性变更

所谓变更，是指受要约人在对要约的答复中对要约的内容作出了扩大、限制或者增删。所谓实质性变更，是指这种变更提出了不同于要约的权利义务。"承诺的内容应当与要约的内容一致。受要约人对要约的内容作出实质性变更的，为新要约。有关合同标的、数量、质量、价款或者报酬、履行期限、履行地点和方式、违约责任和解决争议方法等的变更，是对要约内容的实质性变更"（第488条）。

上述规定采用列举的方式指明了哪些是实质性变更，失之于宽泛。由于列举的事项过多、过于原则化，使受要约人提出的任何改变都可能"触雷"，都可能被认为是改变了实质性条款。最具有实益的标准是：增加了要约人义务的为实质性变更。此外，变更了违约责任、变更了解决争议的方式以及变更了合同成立的时间、地点，都是实质性变更。

3. 非实质性变更

非实质性变更，是指虽有表面上的变更，但这种变更没有实质改变要约的内容，即没有提出新的权利义务的设计或者虽有变更但没有增加要约人的负担。非实质性的变更主要有以下几项：

（1）在承诺中提出了要约人的法定义务。

法定义务，是在当事人没有明示排除的情况下当事人必须承担的义务。在承诺中提出或者强调了要约人的法定义务，并没有实际上改变要约的内容，也没有增加要约人的义务。法定义务本来就是要约人必须遵守的。比如，受要约人在承诺中加了这样一句话：贵方出卖的标的物必须是没有设定抵押的物。这就是一种非实质性的变更，因为如果出卖的是抵押物，出卖人应当告知买受人，如果没有告知，那么出卖人就应担保该物是没有设定

抵押的物（权利瑕疵担保义务）。这种担保是出卖人的法定义务。受要约人在要约中强调了要约人的法定义务，并没有增加要约人的额外负担。尽管如此，要约人也可以表示反对，要约人及时通知受要约人自己将要出卖的标的物权已经设立了抵押，那么受要约人这种非实质性变更的承诺就不构成有效的承诺。

（2）在承诺中增加了说明性条款。

说明性条款使当事人之间的权利义务关系更加明确，但不会改变要约人意图创立的权利义务关系，更不会增加要约人的负担，因此是非实质性变更。如果要约人对这种说明性条款不能认同，就必须及时表示反对，否则承诺产生预期的效力。

（3）承诺在授权范围内对要约作了修改。

这种修改仍然在要约人设计的权利义务关系的范围之内，因此也是非实质性的变更。如果要约人认为这种修改违背了自己的意图，仍可及时表示反对，阻止这种承诺的生效。如果受要约人确实是在承诺的范围内作了修改，要约人的反对应为无效。

参考案例 2-8

甲公司向乙公司发出要约，要卖给乙公司50吨枣庄小枣。要约中条款齐全，乙公司表示接受，同时提出，甲公司发货时应附有产地证明书。请问：乙公司在表示接受的同时增加了附产地证明书的要求，是实质性变更还是非实质性变更？

——附产地证明书是甲公司应当承担的义务，此要求未增加甲公司的负担，因此，乙公司的变更是非实质性变更。如果甲公司不同意，必须及时表示反对，否则以承诺的内容为准成立合同。

第二节　合同的成立

一、合同成立的含义

一般意义上的合同成立，是指当事人就合同的必要内容达成合意的法律事实。成立必须有内容，即合意是关于当事人债权债务关系的合意，不是空洞的合意。但当事人就必要之点达成合意即可，欠缺的某些内容还可以由当事人协商一致填补，发生争议时可以由法院、仲裁机构依据法律的规定填补。

严格意义上的合同成立，是指合同法律关系成立，即在当事人之间建立起他们所追求的法律关系。依法成立的合同，对当事人具有法律约束力。当事人应当按照约定履行自己的义务，不得擅自变更或者解除合同。

合同成立与合同订立不同。合同订立，强调的是订约的过程，即强调的是要约和承诺的过程。订立所追求的目标，就是成立合同，合同成立是订立的结果。当然，有订立行为，合同不一定成立。

二、合同成立的时间

（一）一般规定

“承诺生效时合同成立，但是法律另有规定或者当事人另有约定的除外”（第483条）。

承诺生效是合同成立的实质要件，也是判断合同成立时间的标准。承诺是对要约的接受，承诺生效，当事人意思表示取得一致，合同成立。为什么不规定“承诺生效时合同生效”呢？因为合同成立不一定生效，如附生效条件的合同成立时尚未生效。确定合同成立时间的意义，主要在于判断当事人受约束的时间。

承诺生效时合同成立，是一般规则，但法律可以作出特别规定。如《民法典》第 491 条第 1 款规定：“当事人采用信件、数据电文等形式订立合同要求签订确认书的，签订确认书时合同成立。”当事人也可特约合同成立的时间，例如当事人可以约定合同在一方上级批准后成立。再如，1 月 1 日，张甲要买李乙的一幅画，双方就价款等必要条款协商取得了一致，买卖合同是不要式合同，本来双方达成合意合同即成立，但双方为稳妥起见，约定 1 月 2 日签订书面合同时成立。

（二）采用合同书形式、其他书面形式及履行方式时合同成立的时间

《民法典》第 490 条规定：“当事人采用合同书形式订立合同的，自当事人均签名、盖章或者按指印时合同成立。在签名、盖章或者按指印之前，当事人一方已经履行主要义务，对方接受时，该合同成立。法律、行政法规规定或者当事人约定合同应当采用书面形式订立，当事人未采用书面形式但是一方已经履行主要义务，对方接受时，该合同成立。”

（1）合同书形式是书面形式之一种，各方当事人签名、盖章或者按手印，是当事人达成合意的外在标志，是合同成立的标志。

合同当事人的签名、盖章有其一即可，合同当事人的代理人签名、盖章的，要看其有没有代理权。自然人在合同书上按指印的，应当认定其具有与签名或者盖章同等的法律效力。但我国对自然人名章没有备案制度，因此不签名而只盖章存在不安全因素。

（2）合同书不是唯一的书面形式，比如，双方通过信件往来成立合同，也是采用书面形式。依法或依约应采用书面形式，当事人没有采用，但债务人履行了主要债务，合同在债权人受领时成立。比如，法人之间的借款合同应当采用书面形式（见第 668 条第 1 款），当事人没有采用，出借人提供了借款，借款人收款的时候，借款合同成立。

（三）要求签订确认书的合同成立的时间

“当事人采用信件、数据电文等形式订立合同要求签订确认书的，签订确认书时合同成立”（第 491 条第 1 款）。

签订确认书是当事人附加的程序。签订确认书，不排除当事人在同时、同地签订的可能，但当事人采用签订确认书，一般是在异地分别签订。

参考案例 2-9

甲方 1 月 1 日发传真给乙方提出要约，在要约中提出如乙方接受要约，应在确认书上签名或者盖章。甲方在发传真的同时，又将已经签名、盖章的一式两份确认书邮寄给乙方。乙方在 1 月 1 日回传真表示接受要约。乙方在 1 月 4 日收到确认书，并于 1 月 4 日在确认书上签名、盖章，1 月 5 日将确认书邮回。1 月 8 日邮局将确认书送达甲方的传达室。1 月 10 日甲方的负责人看到确认书。

——此合同于 1 月 8 日成立，即承诺送达要约人时成立。

应当注意：要求签订确认书须在合同成立之前。合同成立之后，一方当事人要求签订

确认书，实际上是要否定或者推翻已经产生约束力的合同，对这种做法当然不能予以支持。

（四）通过网络进行要约、承诺时合同成立的时间

“当事人一方通过互联网等信息网络发布的商品或者服务信息符合要约条件的，对方选择该商品或者服务并提交订单成功时合同成立，但是当事人另有约定的除外”（第491条第2款）。日常生活中的“点外卖”，就是采用“下单”的方式成立合同的。“下单”，就是提交订单，提交成功就是送达承诺。

三、合同成立的地点

确定合同成立地，对于合同纠纷的诉讼管辖、交易习惯的适用、价格的确定、有关费用的承担以及涉外合同的法律适用等，具有重要意义。合同的成立地，是当事人达成合意的地点。很多人把合同的签订地等同于合同的成立地，这是不准确的。因为合同成立地只有一个，而当事人分处异地的时候，合同签订地可以有两个，两个合同签订地点中，只能有一个是合同成立地，也可能合同成立地在第三地。

（一）确定合同成立地点的基本依据

合同成立，是通过要约、承诺的程序实现的。承诺生效，则合同成立。因此，“承诺生效的地点为合同成立的地点”（第492条第1款）。这是确定合同成立地点的基本依据，不论是采用数据电文形式订立合同，还是采用合同书形式订立合同，或者是以行为成立合同，合同的成立地点都不能摆脱这一规则的制约。

（二）采用数据电文形式订立合同时合同的成立地点

“采用数据电文形式订立合同的，收件人的主营业地为合同成立的地点；没有主营业地的，其住所地为合同成立的地点。当事人另有约定的，按照其约定”（第492条第2款）。条文所说的收件人是承诺收件人，即收到承诺的人。

1. 对成立地没有约定时合同的成立地点

采用数据电文形式订立合同，当事人对于合同的成立地点或者收件地点没有约定时，收件人的主营业地为合同的成立地点。主营业地是收件人进行主要经营活动的主要基地和中心。

有些从事经营活动的自然人（如个体工商户、农村承包经营户），亦应以其主营业地为合同成立地点。

没有主营业地的，收件人住所地为合同成立的地点。不从事经营活动的法人、非法人组织和自然人，没有经营地，也就无所谓主营业地，其合同成立的地点是住所。“自然人以户籍登记或者其他有效身份登记记载的居所为住所；经常居所与住所不一致的，经常居所视为住所”（第25条）。经常居住地即经常居所。

参考案例2-10

天津甲公司以电子邮件方式向贵阳乙公司发出要约。贵阳乙公司回了一封电子邮件表示接受。请问：合同成立地是在天津还是在贵阳？

——在天津。因为天津是承诺到达地，也是承诺收件人的主营业地。

2. 对成立地或者收件地有约定时合同的成立地点

采用数据电文形式订立合同，当事人对于合同的成立地点有约定时，自应从其约定。

有时当事人没有明确约定合同成立地点，只是约定了收件地点，此种情况应当视为约定了合同成立地，即收件地为合同成立地。

（三）以合同书形式订立合同时合同的成立地点

“当事人采用合同书形式订立合同的，最后签名、盖章或者按指印的地点为合同成立的地点，但是当事人另有约定的除外”（第 493 条）。各方当事人都在合同书上签名、盖章或者按指印，才是达成合意，即合同才能成立。

（四）以行为成立合同时合同的成立地点

行为可以构成承诺。承诺生效时，合同成立。承诺生效的地点，即为合同成立的地点。以积极的行为（作为）为承诺的，要约人接受该行为的地点可为成立的地点。比如，甲公司急需水泥，要求乙公司三天内将水泥送到甲公司作为承诺，乙公司在第三天将水泥送到甲公司，则甲公司所在地就是合同的成立地。以消极的行为（不作为）为承诺的，承诺人为该行为的地点为合同的成立地点。比如，甲公司要求乙公司以停止发布某种广告为承诺，则乙公司停止发布广告的地点为合同成立地。

第三节　合同的内容与形式

一、合同的内容

合同的内容表现为合同的条款。“合同的内容由当事人约定，一般包括下列条款：（一）当事人的姓名或者名称和住所；（二）标的；（三）数量；（四）质量；（五）价款或者报酬；（六）履行期限、地点和方式；（七）违约责任；（八）解决争议的方法”（第 470 条第 1 款）。

合同应当包含足以使合同成立的必要条款。也就是说，欠缺必要条款，合同不能成立。当事人对合同是否成立存在争议，人民法院能够确定当事人名称或者姓名、标的和数量的，一般应当认定合同成立。但法律另有规定或者当事人另有约定的除外。实际上，价金或报酬条款也很重要。比如，对一个买卖合同而言，应当包括标的、数量和价金条款。如果没有数量和价金条款，但有确定数量和价金的方法，也可以使合同成立。标的是任何合同都应当具备的条款，否则合同不能成立。

当事人可以参照各类合同文本（比如市场监督管理部门制定的合同文本）订立合同。合同的示范文本与格式合同有本质区别。合同示范文本，是由无利害关系的第三方拟定的；格式合同是由一方当事人事先拟定的。

二、合同的形式

合同的形式，是合意的外在表现方式。合意是当事人表示意思的结合，是当事人思想意志的结合。这种结合，不能只停留在脑海之中，需要通过外在的形式表现出来。这种外在的表现形式，就是合同的形式。“当事人订立合同，可以采用书面形式、口头形式或者其他形式”（第 469 条第 1 款）。据此，合同的形式可以分为口头形式、书面形式和其他形式。

（一）口头形式

口头形式是指以口头语言表达合意。口头语言是作用于听觉的，即以听觉进行信息交换。口头形式多用于即时清结的合同。即时清结的合同，是指订立与履行同时完成的合同。口头形式的优点是迅速、简便，能够提高交易的效率；缺点是发生纠纷的时候举证困难，不易分清是非，不利于交易安全的保护。我们常用的成语“空口无凭”，就是对口头形式合同弱点的概括。口头形式的运用具有局限性。比如，进行不动产交易的时候，要办理过户手续，只有口头协议，没有书面形式的合同，主管登记的部门不予办理过户手续。

（二）书面形式

1. 合同书等书面形式

“书面形式是合同书、信件、电报、电传、传真等可以有形地表现所载内容的形式”（第469条第2款）。其特点是：第一，通过视觉交换信息（盲文例外）；第二，一般以纸面方式负载、固定信息（布帛、竹片等较少见）。书面形式的合同是一种书证。

合同书是规范的书面形式，它可以由当事人同时、同地签订，也可以由当事人在异地分别签订。其他书面形式包括信件、电报、电传、传真等，比如，甲方以信件的方式给乙方发出要约，乙方以信件的方式承诺，双方成立的是书面合同。

2. 数据电文视为书面形式

“以电子数据交换、电子邮件等方式能够有形地表现所载内容，并可以随时调取查用的数据电文，视为书面形式”（第469条第3款）。上述数据电文所反映的信息，是以电子介质为载体的，与纸面形式一样，是作用于视觉的。

（三）其他形式

1. 默示形式

以行为表示意思而成立的合同，为默示形式的合同。行为可以构成要约，也可以构成承诺。这里所说的行为，主要是指成立合同的履行和受领行为，也包括成立合同的哑语、旗语等。

默示合同是与明示合同相对应的概念。用语言、文字为意思表示的合同为明示合同。当事人未以书面形式或者口头形式订立合同，但从双方从事的民事行为能够推定双方有订立合同意愿的，可以认定是以“其他形式”订立的合同。

2. 混合形式

混合形式是明示与默示形式的混合，如一方以书面通知的方式发出要约，另一方以行为承诺。这种情况在实践中也比较常见，它并不影响合同的成立。

学生提问

在自动售货机上购买饮料，合同成立的形式应当如何看待？

——正在工作的自动售货机，属于现物要约（也称为实物要约），是一种特殊的书面形式。投币购买的行为是承诺。这种合同是混合形式。

第四节　强制缔约义务、格式条款、悬赏广告

一、强制缔约义务

（一）强制缔约义务的含义

强制缔约义务，是指合同的订立或者合同的内容不能自由决定，须按法律要求成立合同或者决定合同内容的义务。强制缔约义务，一是为保证国家计划的执行和实现，二是为维护社会公共利益。

（二）强制缔约义务的要求

1. 为完成指令性任务、国家订货任务的强制缔约义务

"国家根据抢险救灾、疫情防控或者其他需要下达国家订货任务、指令性任务的，有关民事主体之间应当依照有关法律、行政法规规定的权利和义务订立合同"（第 494 条第 1 款）。

2. 为维护社会公共利益的强制缔约义务

"依照法律、行政法规的规定负有发出要约义务的当事人，应当及时发出合理的要约。依照法律、行政法规的规定负有作出承诺义务的当事人，不得拒绝对方合理的订立合同要求"（第 494 条第 2 款和第 3 款）。这是法律对公用、公共企业规定的强制缔约义务。如供用电合同、供用水合同、供用气合同、旅客运送合同、储蓄合同的供应人、服务提供人等有强制缔约义务。强制缔约义务实际上取消了这些人不订立合同的自由和任意选择对方当事人的自由。

订立合同通常是通过要约和承诺的程序完成的。如公共汽车到站停车开门，是发出要约的行为，乘客上车是承诺行为。公共汽车公司应当"按时按点"发出要约，不得拒绝乘客上车（承诺），不得选择乘客。

二、格式条款

（一）格式条款的概念

"格式条款是当事人为了重复使用而预先拟定，并在订立合同时未与对方协商的条款"（第 496 条第 1 款）。可能合同中的全部权利义务条款都是格式条款，也可能合同中的部分权利义务条款是格式条款，它们都可以称为格式条款合同。格式条款合同中经常有一些空白条款由当事人填写，如保险合同就是如此。

格式条款一般是针对不特定的多数人反复使用的，这样可以降低交易成本。格式条款涉及社会公共利益，因而法律对格式条款有着更严格的要求。

格式条款是事先拟定、事先设计的，而且相对人不能更改。这种不能更改的格式条款被称为"锅炉钢板条款"，相对人的合同自由受到了限制。

非格式条款合同是当事人自由协商一致而订立的合同，未采用事先拟定的固定条款。

（二）格式条款的订立规则

"采用格式条款订立合同的，提供格式条款的一方应当遵循公平原则确定当事人之间的权利和义务，并采取合理的方式提示对方注意免除或者减轻其责任等与对方有重大利害

关系的条款，按照对方的要求，对该条款予以说明。提供格式条款的一方未履行提示或者说明义务，致使对方没有注意或者理解与其有重大利害关系的条款的，对方可以主张该条款不成为合同的内容”（第 496 条第 2 款）。

（1）提供格式条款的一方应该按照公平原则来确定当事人的权利义务，不能只顾一己之利。

（2）提供格式条款的一方有免责条款等重大利害关系条款的提示、说明义务。格式条款制作人要向相对人提示免责条款，使对方注意到免责条款等重大利害条款的存在，能够理解其内容。免责条款是免除或者限制自己责任的条款。

提示的合理方式，应区别一般提示义务和特殊提示义务分别确定。所谓一般提示义务是指以社会一般人的认识水平为判断标准。如免责条款用黑体字、大号字，或者在免责条款下面用横线标注等。免责条款必须“引人注目”或“显而易见”。所谓特殊提示义务是指对因老、弱、病、残而认知事物受到影响的人士要尽特殊提示义务。特殊提示义务要求格式合同提供人明确向对方指出免责条款。

提供格式条款一方对已尽合理提示及说明义务承担举证责任。

（3）未履行提示或者说明义务，致使对方没有注意到重大利害关系条款的存在，或者没有理解重大利害关系的意义的，对方可以主张该条款未进入合同。

有时格式条款提供人将打印好的合同书交给对方签名，没有作提示，只是要对方自己看，对方出于对提供人的信任，没有阅读或者没有仔细阅读合同书就签了字，没有发现合同书中对自己的重大不利条款，尽管合同书中有这个条款，尽管在合同书上签了字，仍可认为该条款未进入合同，即没有构成合同内容。

虽然提示了重大利害关系条款，但没有按对方的要求作出必要的说明，对方没有理解该条款意义的，也可认为该条款未进入合同。

主张“未进入合同”，是一项独立的权利，这与无效不同。无效的条款是合意的内容，且不管当事人是否主张，均无效。

（三）格式条款的无效

“有下列情形之一的，该格式条款无效：（一）具有本法第一编第六章第三节和本法第五百零六条规定的无效情形；（二）提供格式条款一方不合理地免除或者减轻其责任、加重对方责任、限制对方主要权利；（三）提供格式条款一方排除对方主要权利”（第 497 条）。

1. 格式条款无效的一般情形

（1）格式条款具有《民法典》第一编第六章第三节无效的情形。

《民法典》第一编第六章第三节是“民事法律行为的效力”。这里，主要是指具备第 153 条规定的情形的格式条款无效，该条规定：“违反法律、行政法规的强制性规定的民事法律行为无效。但是，该强制性规定不导致该民事法律行为无效的除外。违背公序良俗的民事法律行为无效。”

（2）格式条款违背免责条款的一般规定。

“合同中的下列免责条款无效：（一）造成对方人身损害的；（二）因故意或者重大过失造成对方财产损失的”（第 506 条）。该规定既适用于以格式条款形式出现的免责条款，也适用于以非格式条款出现的免责条款。

2. 不合理地免除或者减轻自己的责任、加重对方责任、限制对方主要权利的格式条款无效

利用格式免责条款“不合理地”免除、减轻自己责任的无效，“不合理”地加重对方责任的无效，“不合理”地限制对方主要权利的无效。“不合理”，是对各类行为的定性，不能理解为“提供格式条款一方不合理地免除或者减轻其责任的无效”“加重对方责任的无效”“限制对方主要权利的无效”。

是否“不合理”，要根据合同法原则结合个案进行综合判断。

学生提问

我经常看到商店有这样的告示：“本店商品售出后概不负责，不退不换。”这种格式条款是否有效？

——这种格式条款无效，因为商店利用格式条款“不合理”地免除了自己的瑕疵担保责任。如果是药品，非质量问题可以不退、不换。

3. 提供格式条款一方排除对方主要权利

主要权利包括对价请求权、索赔权、支付违约金、违约解除权、提起诉讼权等，主要权利不容剥夺。例如，甲方在事先打印好的格式条款合同中规定，如果甲方违约，乙方只能协商解决，不能起诉。尽管乙方在合同上签名、盖章，该“不能起诉”的规定仍然无效。

“排除对方主要权利”不同于“限制对方主要权利”。“排除”，一概无效；“限制”，不合理的才无效。

（四）格式条款的解释规则

“对格式条款的理解发生争议的，应当按照通常理解予以解释。对格式条款有两种以上解释的，应当作出不利于提供格式条款一方的解释。格式条款和非格式条款不一致的，应当采用非格式条款”（第 498 条）。

1. 按通常理解的解释规则

通常理解是以一般人的正常理解为衡量标准。通常理解是格式条款解释的第一步。例如，甲公司与乙公司约定，乙公司在 7 月 2 日到甲公司提货，按照通常解释，提货时间应当是在甲公司上班时间，而不应当延续到 24 时。

2. 不利于表意人的解释规则

对格式条款有两种以上解释的，应当作出不利于提供格式条款一方的解释，这是不利于表意人的解释规则的体现。格式条款提供人应当承担条款含义不明的风险。这两种解释可能都是通常的解释，或者孤立地看都有合理性。如果一种解释合法，另一种解释不合法，当然应当采取合法的解释。

3. 采用非格式条款的解释规则

格式条款与非格式条款不一致的，应当采用非格式条款。据此，手写体优于印刷体。非格式条款（包括手写体）是在后填写的，它们可以修正、改变格式条款。

三、悬赏广告

“悬赏人以公开方式声明对完成特定行为的人支付报酬的，完成该行为的人可以请求其支付”（第499条）。悬赏的“悬”是征求，“赏”是给赏金。悬赏是指对不特定人征求完成特定的行为。悬赏广告按内容可以分为悬赏广告和优等悬赏广告。对于悬赏广告，一种观点认为是单方法律行为，另一种观点认为是要约，本书采要约说。悬赏广告作为要约，作出相应行为即构成承诺，即可请求报酬。优等悬赏广告是要约邀请，把报酬（赏金）分成等级，按等级支付报酬，需有人提出要约。

学生提问

我的手机丢了，我在学校内网发了一条信息说：“谁给我送来，我给谁3 000元。”某杂志社发布征稿广告，一等奖一名，奖励5 000元；二等奖6名，每人奖励3 000元；三等奖20名，每人奖励1 000元。我得了二等奖。我发的信息和杂志社发布的征稿广告都是悬赏广告吧？

——你发的信息是悬赏广告，是要约，某人把手机送来是承诺。杂志社发布的征稿广告是优等悬赏广告，是要约邀请，你投稿是要约，确定你是二等奖是对你的承诺。

第五节　缔约责任

一、缔约责任概述

（一）缔约责任的概念

缔约责任又称为缔约过失责任。“缔约过失”是翻译过来的词，过失实际上讲的是过错，也就是说，缔约责任是一种过错责任，既可因为故意也可因为过失造成缔约责任。如欺诈就是一种故意。缔约责任是指当事人因故意或者过失违反先合同义务致使合同不能产生效力，应当承担的民事责任。这种民事责任主要表现为赔偿责任。

（二）缔约责任与违约责任的区别

1. 发生的阶段不同

缔约过错是于合同缔结之际发生的。缔约责任主要发生于四种情况：第一，因过错致使合同未成立；第二，因过错签订了无效合同；第三，因过错致使合同成为可撤销的合同，而合同被撤销；第四，因过错使成立的合同不能生效。

违约责任是在合同缔结之后发生的，是对有效成立合同的违反而承担的责任。

学生提问

合同无效，还能要求对方支付违约金吗？

——不能。支付违约金是承担违约责任的一种方式，而违约责任只能产生于有效合同。合同无效，只能追究缔约责任。

2. 违反的义务不同

责任是违反义务的后果。缔约责任是违反先合同义务、法定义务的后果；违约责任是违反合同义务、约定义务的后果。

3. 救济的利益不同

缔约责任主要救济的是信赖利益。通说认为，缔约责任不保护履行利益。违约责任救济的主要是履行利益，包括可得利益。

4. 适用的归责原则不同

缔约责任只能是过错责任，违约责任主要是过错责任，但也存在没有过错而承担违约责任的情况。

5. 责任形式不同

缔约责任是赔偿责任，而违约责任多种多样，包括赔偿、支付违约金、强制实际履行等。

二、构成缔约责任的要件

（一）当事人违反先合同义务

先合同义务是基于诚实信用原则、合法原则产生的法定义务。如不欺、不诈，不违反法律的强行性规定，不侵犯对方合法权益等。当事人违反先合同义务，是指缔约行为违反先合同义务。

参考案例 2－11

某银行下有一个证券公司，按照中国人民银行发布的文件的精神，银行要和证券公司脱钩。该银行找到广东的A公司，A公司组织了30多家公司共同来购买证券公司，经过半年的磋商和可行性研究，合同文本起草完毕准备签字的时候，银行突然说不卖了，因为银行的领导说要卖给B公司。A公司损失50万元可行性调查等缔约费用。A公司可以起诉银行，要求赔偿，但不能要求银行强制履行把证券公司卖给它。因为没有签名，合同没有成立，尚未建立起交易关系。

——双方随着谈判的深入产生了一种信用关系，一方当事人基于这种信用关系作出了一定的付出，如果由于对方对信用的违反而使付出的一方受到了损失，这个损失应该由违反信用的一方来承担，这种信用、信任就是合同法给缔约当事人附加的先合同义务。先合同义务随着缔约双方的接触而产生并且逐渐发展。银行违反了先合同义务，构成缔约责任。

（二）当事人有过错

当事人有过错是指当事人于缔结合同之际有故意或者过失。缔约责任是过错责任。该过错导致合同不成立、无效、不生效或者被撤销。

（三）当事人有损失

承担缔约责任的方式主要是赔偿，因此要求受害一方有损失。“无损害则无责任。”

三、缔约责任的适用

“当事人在订立合同过程中有下列情形之一，造成对方损失的，应当承担赔偿责任：

（一）假借订立合同，恶意进行磋商；（二）故意隐瞒与订立合同有关的重要事实或者提供虚假情况；（三）有其他违背诚信原则的行为”（第500条）。

（一）假借订立合同进行恶意磋商

所谓假借也是一种故意。比如，张某找李某订立合同，张某并没有成立合同的真实意思，他找李某协商订立合同，只不过是为了不正当竞争或者其他违法目的。这就构成缔约责任。

（二）故意隐瞒与订立合同有关的重要事实或者提供虚假情况

与订立合同有关的事实，分为重要事实和一般事实（次要事实）。重要事实是足以影响决策的事实。故意隐瞒与订立合同有关的重要事实或者提供虚假情况是欺诈行为。订立合同时的欺诈构成缔约责任。履行中的欺诈构成违约责任。

（三）有其他违背诚信原则的行为

（1）违反强行性规定以及胁迫、乘人之危、恶意串通、重大误解、显失公平等都可以构成缔约过错责任。一物双卖，也可构成缔约责任。

（2）当事人在缔结合同过程中有可能接触到对方的商业秘密，如经营信息和技术信息，应承担保密义务，否则可能构成缔约责任，也可能构成违约责任。违反保密义务也是一种侵权责任。

四、缔约责任的赔偿范围

承担缔约责任的方式主要是赔偿损失。一般认为，缔约责任制度主要保护当事人的信赖利益，因此赔偿范围不包括履行利益（合同履行后可以获得的利益）。也就是说，赔偿损失的范围原则上不超过实际损失。具体的赔偿内容包括：

（1）缔约费用，包括可行性调查费用、差旅费等。

（2）为准备履行合同产生的费用。当事人有理由信赖合同能够有效成立而为履行合同做了必要的准备，由此发生的费用。

（3）履行合同而发生的费用。当事人签订了合同，有理由信赖合同有效而履行了合同，但合同被撤销、被确认无效，一方履行合同发生的费用，过错方应当赔偿。

（4）丧失合同机会产生的损失。基于赔偿范围原则上不超过实际损失的原则，丧失合同机会带来的损失一般不予赔偿。当事人可以通过另行寻找交易伙伴而重新创造机会。如果机会是唯一的，或者是难以替代的，过错方对相对人丧失合同机会产生的损失应当予以赔偿。这时赔偿的数额可以与违约的数额相等。

【引例分析】

1. A公司与B公司之间的书面合同没有成立，因为B公司的回信构成了实质性变更，是新要约。对该新要约，A公司并未承诺。

2. A公司与B公司之间的合同最终成立。因为B公司的发货为现物要约，A公司的收货是承诺，双方以行为成立了合同。

3. A公司收货时，为合同成立之时；A公司收货地，为合同成立之地。

【本章小结】

本章重点介绍了要约和承诺的规则，对合同的成立、格式条款合同、缔约责任等内容作了简要分析。判断合同是否成立及格式条款的效力状态，是重中之重。

即测即评

第三章　合同的效力

【本章引例】

甲公司派张某采购1 000吨螺纹钢，授权书中明确载明须购买A型号螺纹钢。张某以甲公司名义与乙公司签订了1 000吨B型号螺纹钢的买卖合同。张某在合同中注明："需回去与领导商量，若过30天不与乙公司接触，就算了。"至最后一天，甲公司派人带钱去乙公司取货。但乙公司在第25天时已将所有的B型号螺纹钢出售。

请问：下列关于该合同的说法哪一种正确？

A. 该合同是附延缓期限的合同。

B. 该合同是附生效条件的合同，甲公司派人带钱去乙公司取货的行为使条件成就，合同生效。

C. 该合同名为合同，实为乙公司的要约，甲公司派人带钱去乙公司取货的行为构成承诺，自此时起合同成立。

D. 对于购买B型号螺纹钢，张某没有代理权，所以张某代理签订的合同效力待定，需要得到甲公司的追认，甲公司派人带钱去取货的行为表示该合同受到了追认。

【本章学习目标】

通过学习本章，你应该能够：

1. 了解合同效力的含义。
2. 掌握附条件、附期限合同的规则。
3. 掌握效力待定合同的种类、效力。
4. 掌握因表见代理、表见代表订立合同的效力。
5. 了解合同的无效事由。
6. 了解合同的撤销事由。

第一节　合同效力概述

一、合同效力的含义

合同的效力，又称合同的法律效力，是指依法成立的合同对当事人具有的法律约束力。合同的效力，是法律赋予的。合同有效，则当事人应按合同约定履行债务，实现债权，合同具有履行效力。如果无效，法律认定其不能产生当事人追求的法律后果，当事人不能按合同的约定履行债务、实现债权，故无效合同为不发生履行效力的合同，法律对当事人意图设立的债权债务关系不予认可和保护。

合同有效，则合同是当事人履行义务、主张权利的依据，也是人民法院、仲裁机构解决当事人之间纠纷的依据。换言之，合同的内容是判断、确定当事人权利义务关系的依据。这与无效合同不同，无效合同虽然可作为诉因之一，但当事人的权利义务关系直接依法律规定而产生。无效合同约定的权利义务只能作为某种证据，不能作为判决和裁决的依据。

二、合同的成立要件与有效要件

（一）成立要件和有效要件

当事人就民事权利、义务达成一致意见，形成合意，合同即为成立。所以，合意是合同的成立要件。法律对当事人的合意，符合有效要件的，按当事人的合意赋予法律效果；对不符合有效要件或欠缺有效要件的，则根据具体情况分别按无效、可撤销和可追认处理。

合同的有效要件是法律评价当事人合意的标准。按照《民法典》第 143 条的规定，合同有效的一般要件有三项：（1）行为人具有相应的民事行为能力；（2）意思表示真实；（3）不违反法律、行政法规的强制性规定，不违背公序良俗。

（二）成立与生效的关系

合同生效，是指已经成立的合同生效，所以合同成立是合同生效的前提。《民法典》区分成立和生效，一般认为，前者是事实问题，后者是法律评价问题。一般情况下，合同成立即生效。但有时，合同成立，尚未生效。

“依法成立的合同，自成立时生效，但是法律另有规定或者当事人另有约定的除外。依照法律、行政法规的规定，合同应当办理批准等手续的，依照其规定。未办理批准等手续影响合同生效的，不影响合同中履行报批等义务条款以及相关条款的效力。应当办理申请批准等手续的当事人未履行义务的，对方可以请求其承担违反该义务的责任”（第 502 条第 1 款和第 2 款）。

一般情况下，依法成立的合同，自成立时生效。这类合同，成立的同时即生效，成立和生效在同一环节同时发生。比如，一般性买卖合同在依法达成合意后，成立并生效。

法律、行政法规对一些合同设置了批准等手续，并规定履行这些手续才能生效。这些合同，尽管当事人就合同内容达成了一致意见，形成了合意，但只是成立，尚须履行规定

的手续才能生效。

三、合同效力与解决争议条款的效力

《民法典》第 507 条规定："合同不生效、无效、被撤销或者终止的，不影响合同中有关解决争议方法的条款的效力。"合同不生效包括生效条件未成就、始期未届至、应办理批准手续的合同未办理批准手续等。

合同不生效、无效、被撤销，合同约定的实体权利义务不发生效力，而解决争议方法的条款属于程序上的合意，达成的是程序性合同。程序性合同具有独立性，不受合同不生效、无效、被撤销的影响，当然，程序性合同本身也要合法。合同终止，终止的是实体权利义务关系，解决争议方法的条款并不随之终止。

学生提问

甲与乙订立的融资租赁合同中有仲裁条款，甲提起仲裁，请求乙支付违约金。仲裁过程中发现甲、乙订立的合同是无效合同。违约金条款、仲裁条款还有效吗？

——因为违约金条款是实体条款，所以无效。仲裁条款是解决争议的程序性条款，不受融资租赁合同无效的影响，因此是有效的。

第二节　附条件的合同和附期限的合同

一、附条件的合同

当事人对合同效力可以约定附条件。附条件，是指当事人选定某种成就与否并不确定的将来事实，作为控制合同效力发生与消灭的附款。附生效条件的合同，自条件成就时生效。附解除条件的合同，自条件成就时失效。比如，甲与乙约定，当甲的弟弟考上外地大学，甲的房屋就让乙来居住（租赁合同产生履行效力），这就是附生效条件的合同。再如，丙与丁约定，当丙的弟弟大学毕业从外地回到北京工作，丁就从丙的房屋中搬出（解除租赁合同），这就是附解除条件的合同。

条件的构成要件是：

（1）须属于将来发生的事实，既成的事实不能被设定为条件。

（2）须属于成就与否不能确定的事实，必成的事实和根本不能发生的事实，都不能被设定为条件。

（3）须属于合法的事实，违法的事实不能被设定为条件。

（4）须被设定为控制合同效力的条件，否则，该合同不是严格意义上的附条件的合同。

当事人为自己的利益不正当地阻止条件成就的，视为条件已成就；不正当地促使条件成就的，视为条件不成就。

参考案例 3-1

甲、乙为同学，甲将从乙处借来的价值 200 元的自行车丢失，双方遂约定：甲在 3 日内若不能找到送还该车，将支付给乙 50 元赔偿金。甲在校园内找到该车，在推回宿舍的过程中看到校内修车铺的收购二手自行车的广告，就问修车师傅愿意多少钱回收他推的这辆车，对方愿意出价 70 元，于是，甲将该车卖与对方，回去后谎称没有找到车，支付乙 50 元。后乙路过修车铺，碰巧看到自己的自行车，经打听，得知正是甲将车出卖，遂找甲赔偿 200 元。

——按约定，“3 日内不能找到送还该车”为支付 50 元赔偿金的条件。甲是通过不正当手段促进该条件成就的，所以应当视为条件不成就，即车已被找回，乙的主张应予支持。

二、附期限的合同

当事人对合同的效力可以约定附期限。附生效期限的合同，自期限届至时生效。生效期限，称为始期。附终止期限的合同，自期限届满时失效。终止期限，称为终期。比如，甲、乙双方 2 月 1 日签订合同，约定该合同自 10 月 1 日起生效，这是附始期的合同；甲、乙双方 2 月 1 日订立合同，约定该合同 10 月 1 日终止，这是附终期的合同。

附条件合同和附期限合同的主要区别在于，期限为将来确定要发生的事实，而所附条件将来可能发生，也可能不发生，是不确定的事实。

第三节　效力待定的合同

效力待定的合同，又称为可追认的合同，是指合同订立后因当事人欠缺能力或权利而未生效，须权利人追认才能生效的合同。

一、限制民事行为能力人订立的与其年龄、智力、精神健康状况不相适应的合同

《民法典》第 145 条规定：“限制民事行为能力人实施的纯获利益的民事法律行为或者与其年龄、智力、精神健康状况相适应的民事法律行为有效；实施的其他民事法律行为经法定代理人同意或者追认后有效。相对人可以催告法定代理人自收到通知之日起三十日内予以追认。法定代理人未作表示的，视为拒绝追认。民事法律行为被追认前，善意相对人有撤销的权利。撤销应当以通知的方式作出。”

订立合同是实施民事法律行为的一种表现。限制民事行为能力人订立的合同有两类：一类是不需要其法定代理人（其监护人为其法定代理人）追认就可有效的合同。纯获利益以及与其年龄、智力、精神健康状况相适应而订立的合同，不必经其法定代理人的追认。另一类是须经其法定代理人追认才可产生效力的合同。限制民事行为能力人订立的与其年龄、智力、精神健康状况不相适应的合同，须经法定代理人的追认才可产生效力。例如，某 15 岁的少年买了一双普通的球鞋，不必经追认就有效；但如果是买了一台空调，就须

经追认，未经追认不产生效力。

对需要追认的合同，相对人（与限制民事行为能力人缔结合同的人）可以催告法定代理人自收到通知之日起 30 日内予以追认。法定代理人未作表示的，视为拒绝追认。合同被追认前，善意相对人有撤销的权利。撤销应当以通知的方式作出。所谓“善意”，是指相对人在订立合同时不知道，也没有义务知道与其订立合同的人欠缺相应的民事行为能力。

参考案例3－2

甲（17 岁，无业）用自己继承的钱买了一套 100 万元的商品房，其父母主张合同无效。出卖人则主张：甲看起来像是 30 岁，自己并不知道他的实际年龄，故自己的善意应当得到保护，合同应有效。孰是孰非？

——限制民事行为能力人制度虽然对善意相对人的善意进行保护，但仅限于其在法定代理人追认之前享有撤销权，善意相对人并没有单方使合同生效的权利。既然甲的父母不愿意追认，则合同无效（确定地不生效）。

二、无权代理订立的合同

无权代理订立的合同，是指无代理权的人代理他人与相对人订立的合同。行为人没有代理权、超越代理权或者代理权终止后以被代理人名义订立的合同，未经被代理人追认，对被代理人不发生效力，由行为人承担责任。相对人可以催告被代理人自收到通知之日起 30 日内予以追认。被代理人未作表示的，视为拒绝追认。合同被追认之前，善意相对人有撤销的权利。撤销应当以通知的方式作出。此处所谓“善意”，是指相对人在与无权代理人订立合同时，不知道同时也没有义务知道无权代理人没有代理权。

对无权代理行为的追认，追认的意思表示自到达相对人时生效，合同自订立时起生效。合同是双方或多方行为，追认的意思表示是单方法律行为，两个行为生效的时间点是不同的。例如，无权代理人甲在 3 月 1 日与乙订立了效力待定的合同，被代理人丙的追认通知在 4 月 1 日送达乙，则追认通知 4 月 1 日生效，合同自 3 月 1 日生效。

“无权代理人以被代理人的名义订立合同，被代理人已经开始履行合同义务或者接受相对人履行的，视为对合同的追认”（第 503 条）。以行为追认的，与明示追认一样，合同自订立时起生效。

三、自己代理和双方代理订立的合同

（一）自己代理订立的合同

代理人以被代理人的名义与自己订立合同，这种情况称为“自己代理”，代理人与被代理人是合同的双方当事人，合同的内容实际上是由代理人一人决定。这种只表现一人意志的合同，在法律上不能构成双方当事人的协议。这种合同如果经被代理人追认，视为表现了双方的意志，仍可有效，因此是一种效力待定的合同。

《民法典》第 168 条第 1 款就“自己代理”作出规定：“代理人不得以被代理人的名义与自己实施民事法律行为，但是被代理人同意或者追认的除外。”“同意”是事先的同意；

“追认”是事后的同意。被代理人同意或追认时，则被代理人与代理人之间构成了合意。

（二）双方代理订立的合同

一个代理人以双方被代理人的名义订立合同，这种情况称为“双方代理”。双方代理实际上也是由一人决定合同的内容，不能反映当事人双方协商一致的真实意思表示。这种合同如果被双方被代理人许可或追认，视为表现了双方被代理人的意志，合同可以有效，因此这也是一种效力待定的合同。

《民法典》第168条第2款就“双方代理”作出规定：“代理人不得以被代理人的名义与自己同时代理的其他人实施民事法律行为，但是被代理的双方同意或者追认的除外。”两个被代理人都同意或追认时，则两个被代理人之间构成了合意。

第四节　因表见代理、表见代表订立的合同

一、因表见代理订立的合同

（一）表见代理的含义和意义

表见代理，是指代理人虽不具有代理权，但具有代理关系的某些表面要件，这些表面要件足以使无过错的相对人相信其有代理权，因此法律规定被代理人须对之负授权责任的无权代理。

传统民法理论根据无权代理的法律后果的归属不同，将其分为狭义的无权代理和表见代理，它们共同构成广义的无权代理。狭义的无权代理非经被代理人承认或追认，被代理人不承担代理行为的法律后果；表见代理因相对人属善意的相对人，故后果直接归属于被代理人。法律设立表见代理的意义在于保护善意第三人的利益，维护人们对代理制度的信赖，维护交易安全，也有鼓励交易和倡导效率的作用。

参考案例3-3

甲是某公司的总经理，曾多次向乙个人借钱，并加盖本公司的公章。某日，甲又向乙借5万元，加盖了公司公章，但这笔钱实际上是为自己借的。事后，甲也承认是为自己借的钱。甲所在公司董事长（法定代表人）出面，要求确认借款合同无效，由甲自己还款，乙则要求公司还款。

——从已知的条件看，甲的行为构成表见代理，故应当由公司还款。

（二）表见代理的法律后果

被代理人对第三人承担授权责任。表见代理一旦成立，在效果上如同有权代理，即代理行为有效。

“行为人没有代理权、超越代理权或者代理权终止后，仍然实施代理行为，相对人有理由相信行为人有代理权的，代理行为有效”（第172条）。代理行为有效，只是发生代理的效果，不等于合同有效。因表见代理订立的合同如无其他导致合同无效的原因，合同有效。被代理人承担有效代理行为所产生的责任后，可以向无权代理人追偿因代理行为而遭受的损失。

（三）表见代理产生的原因

1. 因授权不明产生的表见代理

如代理权定有期间、条件（如价格限制）或限于特定委托事项，本人（被代理人）未在授权委托书中予以载明，又未采取适当方式告知第三人。

2. 因授权表示而产生的表见代理

因授权表示而产生的表见代理有作为和不作为两种情况。

（1）作为。如被代理人以语言或行动表示授予他人代理权，但实际上没有授予。

（2）不作为。如被代理人知道他人以自己的名义从事活动而不作否定的意思表示。

3. 因代理关系终止但未采取必要措施而产生的表见代理

如被代理人撤回代理权时，未采取适当的方式告知第三人。

参考案例3-4

甲公司委托李乙购买10吨铝材，给了李乙一份加盖合同专用章的空白授权书，李乙擅自在授权委托书上填写授权购买10吨水泥，并以甲公司的名义与丙公司签订了一份买卖10吨水泥的合同，丙公司订立合同时不知李乙无代理权，善意且无过失。后来，甲公司主张李乙无权代理，并对其行为不予追认。丙公司认为是“表见代理”，主张合同有效。

——本案中，加盖合同专用章的空白授权书是甲公司交给李乙的，甲公司因其行为，使李乙有代理权存在的表征（权利外观），丙是善意的相对人。因此，本案成立表见代理，发生代理的效果，合同有效。

二、因表见代表订立的合同

（一）表见代表的含义和意义

表见代表，是指代表人有超越代表权的行为，而其行为足以使善意相对人相信其有代表权，因此法律规定由代表人所在单位负责任的无权代表。或者说，表见代表是指法人的法定代表人或者非法人组织的代表人超越权限订立合同，因相对人属善意相对人，故代表行为的后果由该法人或组织承受的无权代表行为。

代表人包括法人的法定代表人（1个自然人）和非法人组织的代表人（1个或者数个自然人）。《民法典》第61条第1款规定：“依照法律或者法人章程的规定，代表法人从事民事活动的负责人，为法人的法定代表人。”第105条规定：“非法人组织可以确定一人或者数人代表该组织从事民事活动。”

法律设置表见代表制度的意义与设置表见代理制度的意义类似，是为了保护善意相对人的利益，维护对整个交易制度的信赖，保护交易安全，同时也是为了提高交易的效率。

（二）表见代表的法律后果

《民法典》第61条第3款规定：“法人章程或者法人权力机构对法定代表人代表权的限制，不得对抗善意相对人。”第504条规定：“法人的法定代表人或者非法人组织的负责人超越权限订立的合同，除相对人知道或者应当知道其超越权限外，该代表行为有效，订立的合同对法人或者非法人组织发生效力。”如果合同没有其他无效事由，则表见代表产生的合同有效。

第五节　无效合同

一、无效合同的概念

无效合同，是指虽经当事人协商成立，但因违反法律而不被法律承认和保护的合同。无效合同自始无效，在法律上不能产生当事人预期追求的效果。合同部分无效，不影响其他部分效力的，其他部分仍然有效。

无效合同不发生效力，是指不发生当事人所预期的法律效果。成立无效合同的行为可能具备因侵权行为、不当得利、缔约过错要件而发生损害赔偿、返还不当得利的效力。

无效合同从一开始就不发生效力。如甲、乙双方 1 月 10 日订立了一份合同，该合同当年 10 月 10 日被法院判决确认为无效，则合同不是从 10 月 10 日失去效力，而是从 1 月 10 日订立时起就没有效力。这是因为无效原因自始就存在。对无效合同，当事人不能通过同意或追认使其生效，这一点与无权代理人、限制民事行为能力人订立的合同不同，后者可以通过当事人的追认而生效。

无效合同的无效性质具有必然性，不论当事人是否请求确认无效，人民法院和仲裁机构都可以确认其无效。这与可撤销的合同不同，对于可撤销的合同，当事人请求撤销，人民法院或仲裁机构才予以撤销。

二、合同无效的事由

《民法典》第 144 条、第 146 条、第 153 条、第 154 条规定了民事法律行为无效的事由，合同是民事法律行为的一种，适用上述规定。

（一）无民事行为能力人签订的合同

18 周岁以上的自然人为成年人，不满 18 周岁的自然人为未成年人。不满 8 周岁的未成年人和不能辨认自己行为的成年人为无民事行为能力人。无民事行为能力人不能亲自实施法律行为，当然也就不能亲自签订合同，可由其法定代理人代理签订合同。无民事行为能力人签订的合同无效，无民事行为能力人不能作为合同的签订主体，但可以作为合同主体。合同的签订主体是亲自签订合同的人，合同主体是享有合同权利、承担合同义务的人。

参考案例 3－5

张甲的儿子张乙 3 岁，张甲代理张乙（买受人）与房地产公司（出卖人）签订了一份商品房买卖合同。合同是否有效？

——有效。张乙虽然不能作为合同的签订主体，但可以成为合同主体。

（二）虚假意思表示合同

虚假意思表示合同，也称为虚假通谋合同，是指当事人通谋，掩盖真实法律行为的假合同。该假合同无效。虚假意思表示合同的特点是，它隐藏着真实法律行为，被隐藏的真实行为，简称为隐藏行为。隐藏行为是对第三人隐瞒的行为。对假合同，通谋人不欲使其

发生效力；对隐藏行为，通谋人欲使其发生效力。在法律上，隐藏行为的效力应具体分析，可能有效，也可能无效。

参考案例3－6

(1) 甲有两个儿子，欲将一套房屋赠送给小儿子乙，但怕大儿子丙翻脸不赡养自己，就与乙签订了房屋的买卖合同，办理了过户登记手续，用以掩盖赠与的事实。后丙发现真相，主张房屋所有权移转无效。

——本案的买卖合同无效，隐藏的赠与合同有效，应认定依赠与合同房屋所有权移转给了乙。

(2) 甲卖给乙一套二手房，在中介机构的帮助下签订了阴阳两份房屋买卖合同。"阴"合同约定的真实价格为1 200万元；"阳"合同写的价格是500万元，是为少缴税而商定的假价格。

——本案的"阳"合同是假合同，无效；"阴"合同是隐藏行为，有效。因此应按"阴"合同纳税。

(三) 违反法律、行政法规的效力性强制性规定

法律由全国人大和全国人大常委会颁布；行政法规由国务院颁布，不包括国务院部门规章、地方政府规章及地方法规。

强制性规定，又称为强行性规范，是任意性规范的对称。关于权利能力、行为能力的规定，关于保护国家利益、社会公共利益的规定等，属于强制性规定。

具体来说，强制性规定分为效力性强制性规定和管理性强制性规定，违反效力性强制性规定的行为，才为无效。违反效力性强制性规定，私法（民法）效果不得保留；违反管理性强制性规定，私法（民法）效果可以保留。例如，《民法典》第505条规定："当事人超越经营范围订立的合同的效力，应当依照本法第一编第六章第三节和本编的有关规定确定，不得仅以超越经营范围确认合同无效。"国家限制经营、特许经营、禁止经营的规定，是效力性强制性规定，若违反，必须确认合同无效，否则将危害社会公共利益。

(四) 违背公序良俗

违背公序良俗的合同无效。公序良俗，是指公共秩序和善良风俗。公序良俗是社会公共利益的表现。强行性规范保护公序良俗，但不可能面面俱到，每一项都作出具体规定，故法律把对公序良俗概括性的保护单列出来。需要注意的是，善良风俗是随时代的变化而变化的。

参考案例3－7

张某（男）与李某（女）约定，由张某包养李某3年，到期张某送李某房屋一套。

——二人的协议违背了善良风俗，无效。

(五) 恶意串通，损害他人合法权益

恶意串通、损害他人合法权益的合同无效。恶意串通，是指合同当事人或代理人在订立合同的过程中，为谋取不法利益与对方当事人、代理人合谋实施的违法行为。比如，出

卖人的代理人为了获取回扣，将出卖人的标的物价格压低，买受人和代理人都获得了好处，而出卖人（被代理人）却受到了损失。恶意串通的行为，行为人出于故意，而且合谋人是共同的故意。

恶意串通是为损害他人的合法权益。“他人”，包括自然人、法人、非法人组织。

参考案例3－8

甲公司（买受人）与乙公司（出卖人）签订了巨额买卖合同，收货后，甲公司未按照合同约定付款，甲公司预估乙公司将起诉自己，为防止乙公司胜诉后强制执行自己的财产，甲公司与丙公司签订了假的土地使用权转让合同，将自己的土地使用权过户登记（产权变更登记）到丙公司的名下，后乙公司起诉甲公司，发现甲公司已经没有值钱的财产。

——甲公司与丙公司恶意串通签订的土地使用权转让合同无效，办理过户登记不影响合同效力的确认。

三、合同部分无效

合同部分无效，不影响其他部分效力的，其他部分仍然有效。

（1）在给付（义务）可分割时，可发生部分无效的情形。例如，一份合同给付合法但定金超标（超过20%），超过的部分无效。再如，一份租赁合同除租期超长（超过20年）外，其他合法，则租期超过20年的部分无效。

（2）同时存在实体和程序性条款的情况下，可发生部分无效的情形。例如，甲与乙签订了建设工程合同，约定了仲裁条款。由于甲缺少相应的资质，该合同实体部分无效，但仲裁条款有效。

（3）在给付（义务）不可分割时，合同的无效，只能是全部无效，不可能是部分无效。例如，甲作坊把用工业原料做的有毒粉条卖给食品超市，由于给付违法，买卖合同无效，不存在部分无效的问题，该买卖合同的担保及约定的违约金等一概无效。

（4）由于双务合同两个给付（双方的义务）的牵连性，一方的给付无效，另一方的给付也必然无效。例如，甲与乙签订金融业务合同，甲违反国家特许经营的规定，其给付无效，乙给付金钱的约定也必然无效。

四、无效的免责条款

免责条款，是当事人在合同中确定的排除或者限制未来责任的条款。免责条款无效是合同部分无效的一种情况。并非免责条款（包括格式免责条款）都无效，违反效力性强制性规定的免责条款才无效。

“合同中的下列免责条款无效：（一）造成对方人身损害的；（二）因故意或者重大过失造成对方财产损失”（第506条）。人身安全权是不可转让、不可放弃的权利，也是法律重点保护的权利，因此不允许当事人以免责条款的方式事先约定免除这种侵权责任。对于财产权，不允许当事人预先约定免除一方故意或因重大过失而给对方造成的损失，否则会给当事人提供滥用权利的机会，也会使一方当事人对他方的财产采取漠不关心的态度。

参考案例 3-9

甲年少时学过武术，为求生计，到乙马戏团应聘，甲声称可以胸口压300斤巨石，并受铁锤撞击。乙马戏团经过测试，认为甲所称不虚，遂签订试用合同，合同特别约定：因进行胸口压石表演出现的危险由甲自负，乙一概不负责。某日表演中，甲突然口吐鲜血，经医治无效死亡，经鉴定系因胸部组织承受过大压力所致。甲妻主张乙马戏团赔偿，乙马戏团主张甲之工作本身就属于高度危险的工作，甲是自己甘冒风险来应聘该工作，并且双方事先已有免责约定。

——合同约定的"因进行胸口压石表演出现的危险由甲自负，乙一概不负责"，系典型的人身伤害免责条款。无论该条款是否出于签约人自愿，均绝对无效。因此，乙马戏团应负赔偿责任。

五、无效合同财产后果的处理

合同被确认无效后，因该合同取得的财产，应当予以返还；不能返还或者没有必要返还的，应当折价补偿。有过错的应当赔偿对方因此所受到的损失，双方都有过错的，应当各自承担相应的责任。当事人恶意串通，损害国家、集体利益或者第三人利益的，因此取得的财产收归国家所有或者返还给第三人。

第六节　可撤销的合同

一、可撤销合同概述

（一）可撤销合同的概念

可撤销的合同，是指虽经当事人协商成立，但由于当事人的意思表示并非真意，经向法院或仲裁机构请求可以取消其效力的合同。合同被撤销后自始没有法律约束力。合同被撤销的，不影响合同中独立存在的有关争议解决方法的条款的效力。

《民法典》规定了四种可撤销的民事法律行为，包括因重大误解成立的行为、因欺诈成立的行为、因胁迫成立的行为、自始显失公平的行为。

合同是法律行为的一种，相应的可撤销的合同也分为四种：因重大误解成立的合同、因欺诈成立的合同、因胁迫成立的合同、自始显失公平的合同。

（二）撤销权的行使方式与撤销权的归属

1. 撤销权的行使方式

可撤销合同的撤销权，是须向法院或仲裁机构提出请求的权利，由法院判决撤销或者由仲裁机构裁决撤销，不能以通知的方式行使。例如，甲以欺诈的手段与乙订立了买卖合同，后乙发现甲的欺诈行为，遂通知甲撤销合同，甲未表达意见。之后，乙主张：甲未提出异议，则发生了直接撤销的后果。但本案未经诉讼或仲裁，不能产生撤销合同的后果。

2. 撤销权的归属

撤销权由承受不利后果的一方或受害人享有。具体来说，因重大误解成立的合同的撤销权，由基于重大误解签订合同的当事人享有（可能是一方享有，也可能是一方和他方都享有）；因欺诈成立的合同的撤销权，由受欺诈方享有；因胁迫成立的合同的撤销权，由受胁迫方享有；自始显失公平的合同的撤销权，由处于危困状态或缺乏判断力等弱势状态方享有。

（三）撤销权的消灭

撤销权不能永久存续。“有下列情形之一的，撤销权消灭：（一）当事人自知道或者应当知道撤销事由之日起一年内、重大误解的当事人自知道或者应当知道撤销事由之日起九十日内没有行使撤销权；（二）当事人受胁迫，自胁迫行为终止之日起一年内没有行使撤销权；（三）当事人知道撤销事由后明确表示或者以自己的行为表明放弃撤销权。当事人自民事法律行为发生之日起五年内没有行使撤销权的，撤销权消灭”（第 152 条）。

1. 撤销权在法定期间届满后消灭

对撤销权限制的法定除斥期间为不变期间，不能中止、中断和延长。期间届满，撤销权消灭。该不变期间分为一般期间、特殊期间和最长期间。对除斥期间是否超过，法院应主动审查。

（1）对撤销权限制的一般期间为一年。除重大误解外，适用一年的一般期间。该一年的起算除胁迫外，适用主观标准（自知道或者应当知道撤销事由之日起计算）；胁迫适用客观标准（自胁迫行为终止之日起计算），受胁迫人从一开始就知道胁迫的事实，但其精神处于被控制状态时，难以行使撤销权。

（2）对撤销权限制的特殊期间为九十日。重大误解的当事人自知道或者应当知道撤销事由之日起九十日内没有行使撤销权，撤销权消灭。对于重大误解，适用的是主观标准。重大误解的认定涉及主观认识且较为复杂，故设计较短的期间。

（3）对撤销权限制的最长期间为五年。该五年亦为不变期间，是请求撤销的最长时间，起算标准适用客观标准。“一年”和“九十日”均在五年内计算。例如，甲与乙在 2018 年 1 月 10 日签订一份技术合同，至 2023 年 1 月 10 日届满五年。撤销权须在 2023 年 1 月 10 日（含 10 日）前主张。甲在 2022 年 12 月 1 日知道重大误解的事由，其须在 2023 年 1 月 10 日前起诉到法院，请求撤销合同，甲实际没有九十日的时间。一年不变期间的适用，其道理与九十日不变期间的适用相同。

2. 撤销权在权利人明示放弃或默示放弃后消灭

（1）享有撤销权的当事人知道撤销事由后明确表示放弃撤销权。例如，被欺诈的一方当事人在知道被欺诈的真相后，仍然向欺诈人表示要履行合同，这是明示放弃撤销权。

（2）享有撤销权的当事人知道撤销事由后以自己的行为表明放弃撤销权。默示放弃包括：全部或一部分履行；对自己的履行提供担保；催促对方履行；主动受领对方的履行；等等。例如，被欺诈的一方是出卖人，其在知道欺诈的真相后，按合同约定向对方发货，构成默示放弃撤销权。

二、可撤销合同的类型

（一）因重大误解成立的合同

重大误解，是指当事人因对合同性质、主体、标的物等产生重大错误认识，致使该合同与自己的意思相悖，并造成重大不利后果的情形。重大不利后果，主要指产生“较大损

失”，损失不一定已经发生，比如因重大误解订立了合同，在造成较大损失之前、之后都可请求撤销。因重大误解成立的行为，主要是合同行为。

构成重大误解的要件包括：

（1）行为人主观上存在重大认识错误，其认识与事实相距较远。当事人对足以产生重大不利后果的事项产生了错误认识，可以认为是重大错误认识。

（2）因重大误解实施的行为给行为人造成重大不利后果。因重大误解实施的行为实际上包含两个“重大”：一个是重大认识错误；另一个是重大不利后果。

参考案例3－10

甲欲承揽乙运送西瓜的活儿，乙发出的要约是用A型卡车（普通卡车）运输，甲误以为乙要求用加长卡车运输而予以承诺，双方成立了货运合同。

——表意人甲的误解属于无关紧要的误解，不影响合同的效力。无关紧要的误解，不会造成显失公平的后果，也不会影响合同目的的实现。

（3）行为人的错误认识与重大不利后果有因果关系。正是由于当事人的错误认识，才导致订立合同或者设计了合同条件。

（4）行为的结果与行为人的意思相悖，即意思与意思表示不一致（意思表示有瑕疵）。意思与意思表示不一致，说明当事人不愿承担对误解的风险。若当事人自愿承担了误解的风险，当然不能按照重大误解的规则进行救济。

参考案例3－11

甲（买受人）、乙（出卖人）就一块“赌石”约定买卖价款3万元。双方都知道石头中可能有玉的成分，也可能没有。（1）甲受领后，切开石头，一无所获。甲以重大误解为由请求撤销合同。（2）甲受领后，切开石头，发现玉石，价值30万元。乙以重大误解为由请求撤销合同。

——甲、乙双方都自愿承担了误解的风险，不存在意思表示有瑕疵的情形，因而都不得以重大误解为由请求撤销合同。

动机是实施法律行为的原因，不是意思表示的要素，相对人无从了解，因而只能由错误者自己承担风险。动机发生错误时，法律不予救济，不得按重大误解处理，否则就危害了交易安全。例如，李某买了一对古旧花瓶送王、黄二人作结婚礼物。不料，王、黄劳燕分飞。李某不得以重大误解为由要求返还花瓶。因为，李某只是在动机上发生了错误。

（二）因欺诈成立的合同

欺诈，是指一方在订立合同时，故意虚假表述或者隐瞒事实真相，使相对人陷入错误而订立合同的行为。“一方以欺诈手段，使对方在违背真实意思的情况下实施的民事法律行为，受欺诈方有权请求人民法院或者仲裁机构予以撤销”（第148条）。欺诈的成立，不以显失公平为要件。

构成欺诈的要件包括：

（1）欺诈一方在主观上是故意。欺诈以引导相对人订立合同为目的。

（2）欺诈的客观表现是对订立合同的有关关键性事实的虚假介绍或隐瞒。比如，甲欲出卖给乙一幅古画，将赝品说成是真迹。

一方当事人故意告知相对人虚假情况，或者故意掩盖真实情况，是以作为的方式欺诈。明知对方陷入重大错误而为意思表示，仍然与对方订立合同，可构成不作为方式的欺诈。

（3）被欺诈的一方因为欺诈而陷入错误，因错误而订立合同。也就是说，欺诈实际对订立合同起了作用，欺诈行为与合同成立有因果关系。

对于合同来说，欺诈分为相对人的欺诈和第三人的欺诈。《民法典》第149条规定："第三人实施欺诈行为，使一方在违背真实意思的情况下实施的民事法律行为，对方知道或者应当知道该欺诈行为的，受欺诈方有权请求人民法院或者仲裁机构予以撤销。"第三人欺诈，被欺诈人的相对人是恶意时，合同始得撤销。比如，甲与乙签订合同，是由于第三人丙对甲的欺诈，须乙知道或者应当知道丙的欺诈行为，甲才能成立撤销权，因为此时乙实际亦为欺诈人，他实际利用了丙的欺诈。

（三）因胁迫成立的合同

胁迫，是指一方或第三人采用违法手段威胁对方，使对方因恐惧而订立合同的行为。以给自然人及其亲友的生命健康、荣誉、名誉、财产等造成损害或者以给法人的荣誉、名誉、财产等造成损害为要挟，迫使对方作出违背真实的意思表示的，可以认定为胁迫行为。"一方或者第三人以胁迫手段，使对方在违背真实意思的情况下实施的民事法律行为，受胁迫方有权请求人民法院或者仲裁机构予以撤销"（第150条）。

构成胁迫的要件包括：

（1）胁迫方出于故意。

（2）胁迫属于违法的威胁。例如，以揭露隐私等进行要挟，就是违法的威胁。合法的威胁不构成胁迫，例如，以起诉相要挟，要求订立和解协议，就不构成胁迫。

（3）被胁迫的一方因恐惧而订立了合同。

（四）自始显失公平的合同

自始显失公平，是一方当事人利用对方的危困、缺乏判断能力等处境，致使民事法律行为在当事人之间产生权利义务从一开始就明显不对等（对价不充分）的情形。"一方利用对方处于危困状态、缺乏判断能力等情形，致使民事法律行为成立时显失公平的，受损害方有权请求人民法院或者仲裁机构予以撤销"（第151条）。

自始显失公平的要件包括：

（1）须对价不充分。权利与义务明显不对等，一方得到太多，付出太少。

（2）须为交易行为，有偿合同（交易行为）可能显失公平，而无偿合同则不存在显失公平的问题。

（3）须自始显失公平。自始显失公平区别于嗣后显失公平，合同成立时公平，发生了新的法律事实造成显失公平的，为嗣后显失公平。嗣后显失公平可按情势变更的规则处理。

（4）须一方利用对方处于危困状态、缺乏判断能力等情形，对方的意思表示有瑕疵。如果对方是自愿的，当然不能构成自始显失公平。这一要件包括以下两种情形：

1）乘人之危。

乘人之危，是指一方当事人乘对方处于危困状态之机，为谋取不正当利益，迫使对方

违背其真实意愿成立合同。乘人之危的目的是追求不公平的后果。乘人之危要求利用对方的危难处境，而胁迫不要求利用对方的危难处境。如果危难处境是加害人一方造成的，应按胁迫处理。

参考案例 3－12

甲电器公司急需一种电器上的配件，目前只有乙公司有这种配件，该配件平时卖 10 元/个，乙公司知甲急需，且市场上断档，遂提高价格至 20 元/个，甲无奈，只得以该价格购买 2 000 个。后甲公司起诉至法院，以乘人之危为由请求撤销合同。

——商事主体应当比普通人有更强的抗风险能力，经营中的紧迫一般不能认为是“危难”；对方利用市场供求关系提高商品价格，属正常的经营行为，不能被认为是乘人之危。因此本案中的合同效力应予维持，否则交易关系过于脆弱，不利于保护交易安全。

2）利用对方缺乏判断能力等处境。

利用对方缺乏判断能力等处境，是指利用对方没有经验、缺乏相关知识等，也包括利用优势地位对相对人施加不正当影响。比如，经营者对消费者、教师对学生、律师对当事人施加不正当影响。

三、合同被撤销后财产后果的处理

合同被撤销后自始无效，因该合同取得的财产，应当予以返还；不能返还或者没有必要返还的，应当折价补偿。有过错的一方应当赔偿对方因此所受到的损失，双方都有过错的，应当各自承担相应的责任。

【引例分析】

D 项的说法正确。张某超越代理权限，是无权代理人，所以张某代理甲公司与乙公司签订的合同为效力待定（可追认）的合同。乙公司明知张某无代理权，因此不是善意的相对人，无《民法典》第 171 条第 2 款规定的撤销权。30 天是甲公司的追认期，甲公司在最后一天带款提货的行为是追认行为，合同不是在追认时产生效力，而是溯及至合同订立时，即在张某代理签订合同时生效。

【本章小结】

本章介绍了合同成立、生效的要件，阐释了合同的几种效力状态，以及合同处于某种效力状态的原因和处理、救济方法。

即测即评

第四章　合同的履行

【本章引例】

1月份，甲公司与乙公司签订了价款为200万元的钢筋买卖合同，约定甲公司当年3月1日前发货，乙公司5月1日前付款。甲发货晚了一个月，乙付款也顺延了一个月，乙公司要追究甲公司的违约责任，甲也要追究乙公司的责任。

请问：

1. 乙公司顺延付款时间是否于法有据?
2. 本案是否构成双方违约?

【本章学习目标】

通过学习本章，你应该能够：

1. 了解合同履行的含义和基本要求。
2. 了解合同的补缺规则。
3. 了解对选择之债、按份之债、连带之债的规定。
4. 了解向第三人履行和由第三人履行的规定。
5. 掌握履行抗辩权的含义和行使履行抗辩权的方法。
6. 了解情事变更原则的含义。

第一节　合同履行概述

一、合同履行的含义

合同的履行，是指债务人完成合同约定义务的行为。从满足债权的角度来说，履行也称为清偿。履行效力，是合同法律效力的首要表现。履行，是消灭合同债务的正常途径。

债务人是履行合同义务的主体，有时合同由第三人代为履行，同样可发生消灭合同债务的效果。

二、合同履行的行为方式

（一）作为方式和不作为方式

履行一般是作为方式（积极行为），如交付标的物、交付货款、加工制作、运输物品等；履行也可以是不作为（消极行为），如当事人依照约定不参与某一交易。当事人可以通过合意设定履行义务，但履行不是任意行为。

（二）交付

交付是履行合同的最重要方式。狭义的交付，是指实物的交付占有、移转占有。占有是指对物的实际控制。比如，甲把手中的笔交到乙的手上，就是交付占有。广义的交付，还包括非实物的交付，非实物的交付是拟制的交付。如《民法典》第512条对电子合同标的的交付规定："通过互联网等信息网络订立的电子合同的标的为交付商品并采用快递物流方式交付的，收货人的签收时间为交付时间。电子合同的标的为提供服务的，生成的电子凭证或者实物凭证中载明的时间为提供服务时间；前述凭证没有载明时间或者载明时间与实际提供服务时间不一致的，以实际提供服务的时间为准。电子合同的标的物为采用在线传输方式交付的，合同标的物进入对方当事人指定的特定系统且能够检索识别的时间为交付时间。电子合同当事人对交付商品或者提供服务的方式、时间另有约定的，按照其约定。"据此，电子合同标的的交付，包括实物交付和非实物交付。

(1) 电子合同的标的为交付商品并采用快递物流方式交付的，是实物的交付，收货人的签收为取得占有的证明，故规定签收时间为交付时间。

(2) 电子合同的标的为提供服务的，为非实物的交付，分为载明的交付时间和实际交付的时间两种情况。

(3) 电子合同的标的为采用在线传输方式交付的，也是非实物交付。如张某从某培训学校购买了一本电子书，培训学校将下载密码传输到张某的手机上，此时就算是交付，张某可以随时下载、阅读。有的电子书不需要密码，付款以后就可以看。"可以看"说明已经交付。

三、法律对合同履行的基本要求

（一）按约履行、全面履行

"当事人应当按照约定全面履行自己的义务"（第509条第1款）。履行的直接目的，是保障债权的实现。只有债务人按约履行债务、全面履行债务，才能使债权人圆满、全部地实现债权。按约、全面履行，是对债务人完成合同义务的基本要求。

（二）诚信履行

1. 诚信履行的基本要求

合同对义务的约定，很难面面俱到，即使有所规定，理解上也可能不一致，态度上也可能积极或者消极。合同义务设定的基础，也会发生变化。为使合同顺利履行，保障公平的效果，减少争议，法律强调诚实信用原则并以之为合同履行的指导原则，合同应依诚信履行。合同依诚信履行，要求债务人对合同的履行抱有善良的愿望，进行真诚的努力，追求公平的效果；还要求当事人在考虑自己利益的同时，尽量考虑、保护对方的利益。

2. 按诚信原则确定、履行附随义务

所谓"附随义务"，是指附随于给付义务而产生的义务，包括约定的附随义务和法定

的附随义务。当事人对附随义务没有约定或者约定不明确的，应按照诚信原则确定、履行附随义务。“当事人应当遵循诚信原则，根据合同的性质、目的和交易习惯履行通知、协助、保密等义务”（第 509 条第 2 款）。

附随义务可以区分为通知义务和保护义务两类。例如，张某卖给李某 30 只羊，约定三天后交货，为省饲料，张某三天内给羊喂食物极少。依据诚实信用原则，张某违反了互相保护的附随义务。

（三）对社会的义务

“当事人在履行合同过程中，应当避免浪费资源、污染环境和破坏生态”（第 509 条第 3 款）。对社会的义务，也称为社会责任。

第二节　合同的补缺

一、合同补缺的含义

补缺是对合同空白点或漏洞的补充，因此补缺又称为合同的补充性解释，也称为合同漏洞的填补。

合同的内容，是通过合同条款反映出来的。当事人通过具体的合同条款，确立了相互之间的债权债务关系。为保证合同目的的实现，保证合同的正确履行，防止发生争议，以及解决争议有所依据，当事人设计的合同条款应当具体、完备和全面。这是对合同条款的基本要求。事实上，当事人不可能将合同内容约定得天衣无缝，有时，当事人会将某些条款暂付阙如。条款不具体、不完备、不全面的合同是大量存在的，不能一概否认它们的效力，补缺就是一种经常适用的救济手段。

二、依照推定的意图补缺

依照推定的意图补缺，是指法院、仲裁机构根据合同的其他条款、交易习惯推定空缺条款应具有的内容。该内容视为合同的内容，即以推定的意思为当事人的意思。

《民法典》第 510 条规定：“合同生效后，当事人就质量、价款或者报酬、履行地点等内容没有约定或者约定不明确的，可以协议补充；不能达成补充协议的，按照合同相关条款或者交易习惯确定。”

依照推定的意图补缺，应遵循诚实信用原则和公平原则。诚实信用原则要求补缺时设想处于当事人的地位，以善意对待合同空缺部分应有的内容。公平原则要求合同补缺的结果是公平的，双方当事人的利益比较均衡。因为，将推定的意思视为当事人的意思包含的一种思想是：双方当事人都意图追求一种公平的结果，双方准备接受的也是一种公平的结果。

推定，不是凭空想象，必须有一定的根据。

（1）合同由条款组合而成，空缺的条款可以根据已有的相关条款推定。例如，一份买卖茶叶的合同没有规定质量条款，但对价金作出了规定。参照市场行情，该价金相当于二级茶叶的价金，据此可以推定作为合同标的物的茶叶为二级品质的茶叶。

（2）合同性质与合同目的是有关联的。比如一份买卖合同（性质），买受人的目的是

取得标的物的所有权；一份租赁合同，承租人的目的是取得标的物的使用权。以上是大体而言的，合同目的可以根据具体情况而具体化。推定，自应根据合同性质、合同目的进行，推定的结果不得与其相反。

(3) 交易习惯对推定当事人的意思具有重要作用。“处理民事纠纷，应当依照法律；法律没有规定的，可以适用习惯，但是不得违背公序良俗”(第 10 条)。下列情形，不违反法律、行政法规强制性规定的，人民法院可以认定为合同法所称“交易习惯”：1) 在交易行为当地或者某一领域、某一行业通常采用并为交易对方订立合同时所知道或者应当知道的做法；2) 当事人双方经常使用的习惯做法。对于交易习惯，由提出主张的一方当事人承担举证责任。

例如，甲与乙是长期交易伙伴，双方订立的一份买卖合同没有规定是买方提货还是卖方送货。双方为此发生争执。从甲、乙双方此前的十余份合同来看，都是甲方送货，即可认为双方形成了交易习惯，而且发生争议的合同规定的款额等与以前的合同相比，并没有改变。由此可推定该合同应由甲方送货。

三、直接依照法律规定补缺

直接依照法律规定补缺，即要求当事人直接依据法律的规定履行。很多学者把直接依照法律规定补缺看作是履行规则，从对当事人的履行要求这个角度看，此观点当然是正确的。

根据《民法典》第 511 条的规定，当事人就有关合同内容约定不明确，依据前条 (第 510 条) 规定仍不能确定的，适用下列规定：

(1)“质量要求不明确的，按照强制性国家标准履行；没有强制性国家标准的，按照推荐性国家标准履行；没有推荐性国家标准的，按照行业标准履行；没有国家标准、行业标准的，按照通常标准或者符合合同目的的特定标准履行”(第 511 条第 1 项)。适用上述规则要注意两个方面的情况：一是要考虑标的的适用性。例如，当事人购买钢筋，可能用于高层建筑，也可能用于多层建筑，两者对钢筋的质量、规格要求是不同的，如果不考虑标的物的适用性，不考虑合同的目的，那么补缺的结果可能会与当事人的意愿大相径庭。二是要考虑价款和酬金。因为，合同标的物的质量、规格等与价金密切相关。在双务合同中，两项给付呈对价关系，对价应当充分，补缺的结果应当是公平的，或者说，补缺的结果不能显失公平。如果一味考虑“通常标准”“中等质量”而忽视了与价金的关系，顾此失彼，则有违公平原则的要求。

(2)“价款或者报酬不明确的，按照订立合同时履行地的市场价格履行；依法应当执行政府定价或者政府指导价的，依照规定履行”(第 511 条第 2 项)。价款或者报酬不明确的，依照订立合同时履行地的市场价格履行。强调了“时”和“地”，即强调了订立时的价格，而不是履行时的价格；强调了履行地的市场价格，而不是订立地的市场价格。政府定价和政府指导价具有强制性，自当依其履行①。

---

① 《民法典》第 513 条规定：“执行政府定价或者政府指导价的，在合同约定的交付期限内政府价格调整时，按照交付时的价格计价。逾期交付标的物的，遇价格上涨时，按照原价格执行；价格下降时，按照新价格执行。逾期提取标的物或者逾期付款的，遇价格上涨时，按照新价格执行；价格下降时，按照原价格执行。”该条有一点要注意，是要执行对违约者不利的价格。

（3）“履行地点不明确，给付货币的，在接受货币一方所在地履行；交付不动产的，在不动产所在地履行；其他标的，在履行义务一方所在地履行”（第 511 条第 3 项）。履行地点不明确的，给付货币的，在接受货币一方所在地履行，因为在接受货币时，货币的所有权发生转移；货币以外的动产，在履行义务一方所在地履行，即认可这类动产在履行义务一方所在地交付，交付时发生占有的移转和物权的变动。不动产在不动产所在地履行，原因之一是为了管辖和登记等方面的方便。

（4）“履行期限不明确的，债务人可以随时履行，债权人也可以随时请求履行，但是应当给对方必要的准备时间”（第 511 条第 4 项）。这是对不定期债务履行的规定，应当注意的是“谁给谁以必要的准备时间”——是债权人给债务人以必要的准备时间。

（5）“履行方式不明确的，按照有利于实现合同目的的方式履行”（第 511 条第 5 项）。依照诚实信用原则，按有利于实现合同目的的方式履行，被推定为当事人的必然选择。

（6）“履行费用的负担不明确的，由履行义务一方负担；因债权人原因增加的履行费用，由债权人负担”（第 511 条第 6 项）。履行费用由履行义务者承担是通常情形，对一份双务合同来说，义务人的履行费用，通常是获取利益或利润的成本。

四、我国《民法典》规定的补缺步骤

我国《民法典》第 510 条和第 511 条都是关于合同补缺的规则。第 510 条是关于按照合同相关条款或者交易习惯确定（实际为推定）当事人意图的规定。这是以推定的意图对合同进行填补。这是补缺的第一步骤。

根据我国《民法典》第 511 条的规定，当事人就有关合同的内容约定不明确，依照第 510 条的规定仍不能确定的，适用第 511 条的规定，也就是直接依据法律的规定补缺。这是补缺的第二步骤。

应当注意补缺步骤的顺序关系。推定的意图应当优先于直接依据法律规定补缺。因为推定的意图视为当事人的意图，推定的意思更接近合同的实际，更接近当事人追求的合同目标，与合同目的的联系更为密切。

参考案例 4-1

甲、乙双方订立了买卖 1 000 万吨水泥的合同，合同规定甲方（卖方）在一年内分四次交货，但对交货的季度、月份和具体日期都没有规定。甲方发货一次以后，水泥的价格上涨，甲方就停止了发货。乙方催告，甲方表示将在最后一个季度内分三次交货，并声称，如乙方拒绝接受，将追究其违约责任。双方发生争议。乙方提出，自己用料是一个连续、渐进的过程，且工地仓库的容量有限，这些情况甲方也都了解。根据诚实信用原则，交货的时间应当确定为在一年中均匀地交货，即应当按季度分四次发货。甲方引用《民法典》第 511 条第 4 项的规定：“履行期限不明确的，债务人可以随时履行，债权人也可以随时请求履行，但是应当给对方必要的准备时间。”据此，甲方认为自己可以随时履行，即可以在一个季度内分四次交货。

——乙方的观点，实际上是要按照《民法典》第 510 条的规定进行补缺，根据已有的条款（一年内分四次交货）确认合同应当“按季度”分四次交货。甲方的观点是适用

《民法典》第 511 条的规定，自己有权随时交货。应当指出，按照第 510 条的规定，依据已有的条款，在诚实信用原则指导下是能够推定出当事人意图的。按第一步骤能够完成补缺的任务，即能够推定出当事人的意图。此外，本案适用《民法典》第 511 条第 4 项的规定，有违诚实信用原则——这是检验规则适用是否正确的一个标准。

第三节　金钱之债、选择之债、按份之债、连带之债

一、金钱之债

以支付金钱为内容（为标的）的债权债务关系，称为金钱之债，比如购买货物的价款、租金、银行贷款等就是金钱之债。与金钱之债对应的是非金钱之债。比如，甲公司购买乙公司的一台激光切割机，乙公司交付激光切割机的债务是非金钱之债，甲公司交付价款的债务是金钱之债。

货币是金钱。《民法典》第 514 条规定："以支付金钱为内容的债，除法律另有规定或者当事人另有约定外，债权人可以请求债务人以实际履行地的法定货币履行。"上述"实际履行地"，是指实际履行金钱债务的地点，例如，买卖合同有两个履行地，一个是交货的履行地，一个是付款的履行地，可以要求支付付款实际履行地的法定货币。

二、选择之债

（一）选择之债的含义

选择之债，是指当事人在数个债务标的中，可以选定其一为履行标的的债。选择权人属于债务人，但当事人另有约定或者法律另有规定的除外。选择权为形成权。

1. 选择之债可以分为约定选择之债和法定选择之债

约定选择之债的内容和选择权任由当事人约定。例如，甲出卖给乙一批货物，双方约定，到期买受人给付 110 万港元或 100 万元人民币，此为约定选择之债。法定选择之债直接由法律作出规定。如《民法典》第 588 条第 1 款规定："当事人既约定违约金，又约定定金的，一方违约时，对方可以选择适用违约金或者定金条款。"

2. 选择之债对应的是不可选择之债

不可选择之债也称为简单之债（单纯之债），是指只有一个债务标的的债。因为只有一个债务标的，当事人没有选择的余地。例如，甲出卖给乙一匹赛马，这是简单之债，出卖人（债务人）无从选择，只能向乙交付该匹赛马。

（二）选择权的归属

"标的有多项而债务人只需履行其中一项的，债务人享有选择权；但是，法律另有规定、当事人另有约定或者另有交易习惯的除外"（第 515 条第 1 款）。对双务合同来说，双方都是债务人，比如，买卖合同的出卖人对交付货物而言是债务人，买受人对付款而言是债务人。例如，张甲与李乙约定，卖给李乙两只鸡或者一只鸭。法定由出卖人张甲选择，如约定由李乙选择，从其约定。主张按交易习惯确定选择权的一方当事人，在发生争议时应承担举证责任。

（三）选择权的转移

为防止久拖不决，影响交易效率，法律设立了选择权转移规则。“享有选择权的当事人在约定期限内或者履行期限届满未作选择，经催告后在合理期限内仍未选择的，选择权转移至对方”（第 515 条第 2 款）。有约定选择期限的，在此期限内选择，没有约定选择期限的，在履行期限内选择。到期没有选择，相对人可以发出“选择之催告”，经催告后在合理期限内仍未选择的，选择权就“自动”转移至对方。该“对方”可能是债权人，也可能是债务人。

（四）选择权的行使

1. 选择权的行使方式及行使效果

“当事人行使选择权应当及时通知对方，通知到达对方时，标的确定。标的确定后不得变更，但是经对方同意的除外”（第 516 条第 1 款）。选择权的行使采用意思表示方式，适用意思表示的规定。该意思表示方式，一般是通知方式。通知应当及时，以免造成损害。选择权行使的效果是“债务标的确定”，即由选择之债变成简单之债（单纯之债）。

2. 选择权行使的限制

“可选择的标的发生不能履行情形的，享有选择权的当事人不得选择不能履行的标的，但是该不能履行的情形是由对方造成的除外”（第 516 条第 2 款）。例如，甲应交付给乙一匹赛马或者一头斗牛，由乙来选择，赛马死亡后，乙不应选择赛马而应选择斗牛；如果赛马被甲擅自卖给第三人，对乙已经履行不能，乙则可以选择赛马以便追究甲履行不能的违约责任。

三、按份之债

“债权人为二人以上，标的可分，按照份额各自享有债权的，为按份债权；债务人为二人以上，标的可分，按照份额各自负担债务的，为按份债务”（第 517 条第 1 款）。

（1）按份之债，须标的可分，不因标的分割而伤害其性质。例如，甲与乙（买受人）合买丙（出卖人）价格为 1 000 万元的一间商铺，买卖双方约定，甲出 600 万元、乙出 400 万元。该案构成甲、乙的按份债务，货款 1 000 万元为可分之给付。当甲或者乙不履行自己那一份债务时，丙不能要求甲、乙承担连带责任。

（2）按份之债，分为按份债权和按份债务。按份之债是按份额对外发生效力的，此点区别于连带之债。

（3）“按份债权人或者按份债务人的份额难以确定的，视为份额相同”（第 517 条第 2 款）。

四、连带之债

连带之债分为连带债权和连带债务。“债权人为二人以上，部分或者全部债权人均可以请求债务人履行债务的，为连带债权；债务人为二人以上，债权人可以请求部分或者全部债务人履行全部债务的，为连带债务。连带债权或者连带债务，由法律规定或者当事人约定”（第 518 条）。

（一）连带债务

1. 连带债务的含义

连带债务，是指债务人为两个以上，任何一个债务人对债权人都有履行全部债务的义务。例如：甲为委托人，乙为居间人，丙为第三人，甲与丙签订了合同，但由于乙与丙恶意串通，造成了甲 10 万元的损害，乙与丙应向甲承担赔偿 10 万元的连带责任（连带债务），甲可以向乙主张 10 万元债权，也可以向丙主张 10 万元债权，还可以向乙、丙共同主张 10 万元债权。甲向乙、丙各主张不等份数额亦无不可。乙、丙内部应当各分担多少，是另一问题。

2. 连带债务人的份额、追偿权、抗辩权

合同连带债务人之间的份额通常由债务人自己约定，债权人可能知情，也可能不知情。“连带债务人之间的份额难以确定的，视为份额相同”（第 519 条第 1 款）。

“实际承担债务超过自己份额的连带债务人，有权就超出部分在其他连带债务人未履行的份额范围内向其追偿，并相应地享有债权人的权利，但是不得损害债权人的利益。其他连带债务人对债权人的抗辩，可以向该债务人主张”（第 519 条第 2 款）。例如：甲、乙合伙向丙购买一项技术秘密，价款是 100 万元。(1) 假设甲、乙内部约定了各 50%的份额，但与丙并没有在技术转让合同中约定给付价款的份额，则甲、乙对该 100 万元是连带债务。(2) 假设甲向债权人丙支付了 100 万元，则其有权向乙行使 50 万元的追偿权。(3) 假设丙的技术秘密完全没有达到合同的要求，则甲、乙享有履行抗辩权，但甲一意孤行，仍然向丙支付 100 万元，其向乙追偿 50 万元，则乙对丙的抗辩，可以向甲行使。

3. 追偿权的扩张

“被追偿的连带债务人不能履行其应分担份额的，其他连带债务人应当在相应范围内按比例分担”（第 519 条第 3 款）。例如，连带债务人甲、乙、丙欠丁 90 万元，甲偿还丁 90 万元，乙、丙本应各自承担 30 万元，但乙不能履行，则甲、丙按比例每人分担 15 万元，即甲可以要求丙向自己支付 45（30+15）万元。

此处“不能履行”，主要是指无资力，也包括失踪等以致追偿显著困难等情形。如果不能履行是由于追偿人过失所致，不得向其他债务人请求分担。

4. 部分债务人超额清偿后的效力

“部分连带债务人履行、抵销债务或者提存标的物的，其他债务人对债权人的债务在相应范围内消灭；该债务人可以依据前条规定向其他债务人追偿”（第 520 条第 1 款）。

(1) 债务人对债权人清偿的方式有履行、抵销、提存。部分债务人的清偿，对其他债务人也发生效力，即其他债务人对债权人的债务在相应范围内消灭。比如，A、B、C 对 D 负担 100 万元的连带债务，A 给了 D 70 万元后，A、B、C 对 D 就 30 万元承担连带债务。

(2) 实际清偿超过自己份额的连带债务人，有权就超出部分在其他连带债务人未履行的份额范围内向其追偿。例如，甲、乙对丙负担 80 万元货款的连带债务，内部是各负担 50%，而因另一合同丙对甲负担 70 万元违约金债务，甲通知丙抵销 70 万元后，对乙有 30 万元的追偿权。

5. 部分债务人被免除债务的效力

“部分连带债务人的债务被债权人免除的，在该连带债务人应当承担的份额范围内，其他债务人对债权人的债务消灭”（第 520 条第 2 款）。此规定，是为避免求偿之循环。条

文中“应当承担的份额”，是债务人内部份额，不是对债权人的份额；对债权人，任一连带债务人以全部债务为自己的债务。

（1）债权人向全体连带债务人或者部分债务人表示免除全部债务时，全体同免其责。

（2）仅对部分连带债务人（如针对一人）表示免除其应分担的债务时，就免除部分，全体债务人亦对债权人同免其责。例如，连带债务人甲、乙、丙欠丁货款 100 万元，其内部三人的分担份额为 40 万元、30 万元、30 万元。债权人丁对甲发出通知说：“你们内部的份额我不知道，但你那一份我不要了。”通知生效后，甲全身而退，乙、丙的连带债务缩小至 60 万元，即甲不再是连带债务人，而乙、丙 100 万元的连带债务消灭掉 40 万元，变成 60 万元的连带债务。

6. 部分债权债务混同的效力

“部分连带债务人的债务与债权人的债权同归于一人的，在扣除该债务人应当承担的份额后，债权人对其他债务人的债权继续存在”（第 520 条第 3 款）。例如，甲、乙二公司对丙公司负担 80 万元货款的连带债务，内部是各负担 50%，后债务人甲与债权人丙合并为甲公司（吸收合并），丙公司注销。结果是：乙公司欠甲公司 40 万元。再如，连带债务人甲、乙、丙三公司欠丁公司货款 100 万元，其内部三个公司分担的份额为 40 万元、30 万元、30 万元。债权人丁公司与债务人甲公司合并，吸收了甲公司（吸收合并），甲公司注销。结果是：乙、丙二公司对丁公司负担 60 万元的连带债务。

7. 债权人受领迟延的效力

“债权人对部分连带债务人的给付受领迟延的，对其他连带债务人发生效力”（第 520 条第 4 款）。债权人受领迟延，是广义的违约责任，对部分债务人的违约效果是对全体连带债务人的违约。例如，甲、乙对向丙发货承担连带债务，甲按约将货物送到丙指定的地点，债权人丙却因故未前去接受，造成费用损失 1 万元，甲和乙都可对这 1 万元主张权利。

（二）连带债权

1. 连带债权的含义

连带债权，是指债权人为两个以上，任何一个债权人都可以请求债务人履行全部债务。例如，甲和乙将共同共有的一套房屋卖给丙，价格为 1 000 万元，合同没有约定甲和乙的债权比例，则甲可以请求丙支付 1 000 万元，乙也可以请求丙支付 1 000 万元，丙不管是向甲还是向乙支付，只要支付了 1 000 万元就是完成了合同义务。

2. 债权人的份额及超额受领的返还

合同连带债权人之间的份额通常由债权人自己约定。“连带债权人之间的份额难以确定的，视为份额相同”（第 521 条第 1 款）。

“实际受领债权的连带债权人，应当按比例向其他连带债权人返还”（第 521 条第 2 款）。例如，甲、乙、丙对丁有 90 万元连带债权，内部是各 30 万元，丁将 90 万元交付给甲后，甲应分给乙、丙各 30 万元。

3. 连带债权规则适用及例外

“连带债权参照适用本章连带债务的有关规定”（第 521 条第 3 款）。但是，部分连带债权人免除债务人债务的，在扣除该连带债权人的份额后，不影响其他连带债权人的债权。

连带债权参照适用《民法典》对连带债务的有关规定。例如，甲对连带债权人乙、丙负有 160 万元的货款债务，在债权人内部，乙、丙各有 80 万元，过去乙曾借甲 200 万元尚未归还，甲就通知乙抵销了 160 万元。此时参照第 520 条第 1 款的规定，承认抵销的效力并认定丙有权向乙追偿 80 万元。

部分连带债权人免除债务人债务不能参照适用第 520 条第 2 款。例如，甲对连带债权人乙、丙负有 190 万元的债务，在债权人内部，乙有 100 万元、丙有 90 万元，乙免除债务人甲 190 万元债务的通知送达后，只发生免除 100 万元的后果，丙对甲仍有 90 万元的债权。

须强调的是：连带债务不以内部份额对债权人发生效力；连带债权不以内部份额对债务人发生效力，免除例外。

第四节　向第三人履行和由第三人履行

一般而言，某一合同只是连续交易的一个环节。比如，甲买乙的货物是为了批发给丙，丙购买货物是为了零售，等等。为了节约成本、提高效率，除基于特殊信任的合同外，债权人不一定亲自受领，而由第三人受领，即由债务人向第三人履行；债务人不一定亲自履行，而由第三人履行。向第三人履行和由第三人代为履行，是交易中常有的事情。相应地，法律要为这两种行为设定规则，以减少和避免争议。

一、向第三人履行

（一）向第三人履行的含义

向第三人履行，即第三人受领。第三人受领有两种情况：一是第三人代为受领；二是第三人作为债权人受领。

（1）第三人代为受领，是第三人按约定代债权人接受债务人的履行，即由债务人向第三人履行，并不是说第三人成为合同当事人、债权人。债务人违约后，该第三人没有作为原告的资格。第三人代为受领的合同，属于广义的涉他合同。

当事人约定由第三人代为受领，是为了提高效率、效益。比如，A 地的甲方从 B 地的乙方买进货物，是为了卖给 C 地的丙方，此种情况下，甲、乙双方可以约定乙方直接发货给丙方。

（2）第三人作为债权人受领，即第三人具有债权人的身份，其不是代他人受领，而是自己有权受领。债务人违约后，该第三人有作为原告的资格。第三人具有债权人身份的合同，是狭义的涉他合同。

（二）未向第三人履行或者向第三人履行不符合约定时的责任

《民法典》第 522 条第 1 款规定："当事人约定由债务人向第三人履行债务，债务人未向第三人履行债务或者履行债务不符合约定的，应当向债权人承担违约责任。"即债务人违约时，应当向债权人承担责任，而不是向第三人承担责任。因为第三人不是合同的当事人，不是债务人的债权人，只是代为受领人。

（三）第三人债权成立时债务人的违约责任

《民法典》第522条第2款规定："法律规定或者当事人约定第三人可以直接请求债务人向其履行债务，第三人未在合理期限内明确拒绝，债务人未向第三人履行债务或者履行债务不符合约定的，第三人可以请求债务人承担违约责任；债务人对债权人的抗辩，可以向第三人主张。"本条规定了"第三人取得债权合同"，这种合同也称为"为第三人利益合同""利他合同"。

法律规定或者当事人约定第三人可以直接请求债务人向其履行债务，即第三人为法定或者约定债权人的，第三人知情后经过合理期限没有拒绝，则其债权成立。债务人不仅是对方的债务人，也是第三人的债务人，但是标的只有一个，只应当向第三人履行。债务人不向第三人履行或者履行不符合约定，第三人可以直接请求其承担违约责任。例如，赠与人张甲与受赠人某县民政局签订100万元的赠与合同，指定受益人是第三人某希望小学。张甲是赠与合同的债务人，受赠人某县民政局是债权人，第三人（受益人）某希望小学也是债权人。到期张甲没有支付约定的100万元，某希望小学可以催告请求交付，也可以直接起诉张甲请求交付。

债务人对债权人的抗辩，可以向第三人主张。例如，甲公司与乙公司签订装修合同，约定承揽人乙为第三人王丙装修坐落在北京市昌平区的一幢别墅，合同还约定甲先支付给乙50万元装修费。王丙接到通知后请求乙进驻装修，乙拒绝说："不行，甲公司还没有给我说好的50万元呢。"本案的装修债务只能由王丙受领，不能代为受领，否则就改变了标的的同一性，故第三人王丙是乙的债权人，乙对甲的抗辩权得对王丙行使。

二、由第三人履行

（一）由第三人履行的含义

由第三人履行，是指合同当事人约定由第三人履行，这是第三人代合同债务人向债权人履行，并不是第三人成为合同的当事人。由第三人履行，并不是债务的转移，是债务人依照与债权人约定指令第三人履行。由第三人履行，是为了提高效率，避免倒手产生的浪费。

（二）第三人不履行债务或者其履行债务不符合约定时的责任

"当事人约定由第三人向债权人履行债务，第三人不履行债务或者履行债务不符合约定的，债务人应当向债权人承担违约责任"（第523条）。此处的"第三人"不是合同当事人，只是代为履行人，因此第三人不履行债务或者履行债务不符合约定时，只能由合同债务人承担违约责任。第三人的违约，是对债务人的违约，应由债务人对债权人承担违约责任。债权人若打民事官司，只能以债务人为被告提起诉讼，不能以第三人为被告提起诉讼。

三、第三人的法定代为履行权

《民法典》第524条规定了第三人的代为履行权："债务人不履行债务，第三人对履行该债务具有合法利益的，第三人有权向债权人代为履行；但是，根据债务性质、按照当事人约定或者依照法律规定只能由债务人履行的除外。债权人接受第三人履行后，其对债务

人的债权转让给第三人，但是债务人和第三人另有约定的除外。”

第三人对履行债务具有合法利益时，有权自己代债务人之位向债权人履行，第三人的这种代为履行的权利，是法律规定的，故为法定代为履行权，也称为法定代位履行权、法定代位清偿权。因法定代为履行导致债权由履行的第三人承受，因而学说上也称为“法定之债权让与”。

对履行债务具有合法利益的第三人包括物上保证人（第三人为抵押人、质押人）、保证人、次承租人、买受人等。

例如：甲向乙借了10万元，第三人丙担保该10万元的偿还，把自己的一个红木书柜质押给了债权人乙（已交付给乙）。到期甲没有偿还借款，丙怕乙变卖书柜，遂以自己的名义还给乙10万元，则丙取代乙债权人的地位，对甲有10万元的债权。

第五节　履行抗辩权

一、履行抗辩权的含义

履行抗辩权是债务人对抗债权人要求履行的权利。履行抗辩权是债务人的权利，因此履行抗辩权不是为确保债务的履行而设，而主要是为了保护交易安全、保护债务人的利益。

请求权受诉讼时效的限制，抗辩权是用来对抗请求权的，不受诉讼时效的限制。

请求权存在，抗辩权才有可能存在。请求权与抗辩权同时存在时，请求权消灭的，抗辩权同时消灭；抗辩权消灭的，不影响请求权的存在。履行抗辩权是债务人暂时停止履行的权利，是一时的抗辩权，成立抗辩权的原因消灭，抗辩权随之消灭。

履行抗辩权包括同时履行抗辩权、先履行抗辩权和不安抗辩权。

二、同时履行抗辩权

（一）同时履行抗辩权的概念

同时履行抗辩权是指无先后履行顺序的双务合同债务人在对方未履行或者未提出履行之前，中止履行的权利。“中止”是“暂时停止”，不是“终止”。“当事人互负债务，没有先后履行顺序的，应当同时履行。一方在对方履行之前有权拒绝其履行请求。一方在对方履行债务不符合约定时，有权拒绝其相应的履行请求”（第525条）。

（二）同时履行抗辩权的成立要件

1. 基于同一双务合同

单务合同不存在同时履行抗辩的问题。同时履行抗辩权的成立，是基于同一双务合同两个履行义务的牵连性。比如，买受人说“你给我货，我才给你钱”，这就是牵连性。

同时履行抗辩权的成立与其他合同无涉。

2. 没有先后履行顺序

没有先后履行顺序，就意味着双方应当同时履行。同时履行有几种情况：

（1）法定的同时履行。如《民法典》第628条规定：“买受人应当按照约定的时间支付价款。对支付时间没有约定或者约定不明确，依据本法第五百一十条的规定仍不能确定的，买受人应当在收到标的物或者提取标的物单证的同时支付。”

（2）约定的同时履行。如双方约定即时清结的买卖。

（3）按照交易习惯产生的同时履行。如一手交钱、一手交货的零售买卖。

（4）推定的同时履行。如合同只规定了一方履行义务的时间，没有规定另一方履行义务的时间，依照《民法典》第 510 条补缺的规定应当解释为双方同时履行。

3. 对方当事人没有履行、没有提出履行或者瑕疵履行

没有履行无须解释。提出履行是做好履行的准备，只要对方受领就可以完成交付的状态。没有提出履行，自然可以行使同时履行抗辩权。瑕疵履行是指履行债务不符合约定。最简单的例子是张某卖给李某一筐桃，李某一看是烂桃，自然有权拒绝付款。

（三）同时履行抗辩权的效力

同时履行抗辩权不是永久的抗辩权，但可以产生阻却对方请求权的效力。当对方履行或者提出履行时，行使抗辩权的债务人应当恢复履行。

三、先履行抗辩权

（一）先履行抗辩权的概念

先履行抗辩权是指双务合同的后履行义务人针对先履行义务人的先期违约而中止履行的权利。先期违约是违约在先的意思，不同于预期违约。“当事人互负债务，有先后履行顺序，应当先履行债务一方未履行的，后履行一方有权拒绝其履行请求。先履行一方履行债务不符合约定的，后履行一方有权拒绝其相应的履行请求”（第 526 条）。

先履行抗辩权的成立，强调合同的双方当事人有先后履行的顺序。例如，当事人约定，甲方先交定金，乙方后发货。如甲方不交付定金（不履行从合同），乙方自然有权不履行合同。

（二）先履行抗辩权所针对的情形

先履行抗辩权可以针对先履行义务人的不履行、迟延履行、瑕疵履行。

1. 针对先履行义务人的不履行

先履行义务人不履行合同，后履行义务人自然有权不履行。

学生提问

先履行义务人由于不可抗力不履行合同，后履行义务人有无抗辩权？

——有。合同是商品交换的法律形式。商品交换最基本的规则是：“你不给我，我就不给你。”例如，你不给我发货，我就不给你货款。你不发货是因不可抗力造成的，我可以免除你的违约责任，对我的履行抗辩权并无影响。

针对先履行义务人的部分履行，后履行义务人也可以行使抗辩权。最简单的例子是甲方应当发货 10 批，但只发货 5 批，乙方自然只支付 5 批的货款。

2. 针对先履行义务人的迟延履行

先履行义务人迟延履行，后履行义务人可采用顺延履行期的方法行使抗辩权。

参考案例4－2

甲方1月将建楼工程发包给乙方，在建设工程合同中约定：甲方负责“三通一平”（通水、通电、通路，工地上住户迁走），于当年6月完成；乙方第二年8月交工。但甲方的“三通一平”工作至当年9月才完成，乙方此时才得以进入工地。至第二年8月，乙方无法交工。请问：乙方是否承担违约责任？

——乙方不承担违约责任。顺延工程日期是行使先履行抗辩权的一种方式。当事人行使履行抗辩权，不影响追究对方违约责任的权利。

3. 针对先履行义务人的瑕疵履行

瑕疵履行包括履行义务不符合约定（如质量不符合要求）以及存在权利瑕疵。

（1）针对履行义务不符合约定进行抗辩。例如，甲方给乙方装修房屋，由于甲方的原因造成严重污染，乙方无法入住，乙方有权拒绝支付装修费。

（2）针对合同的权利瑕疵进行抗辩。权利瑕疵，是指第三人有可能向接受履行的人主张权利。例如，出卖人将登记的抵押物交付给买受人，抵押权人有可能追至买受人处，通过法院将抵押物出卖，就价款优先受偿。买受人得知抵押的情况后，有权拒绝支付货款。

（三）行使先履行抗辩权的效果

行使先履行抗辩权，阻却了先履行义务人的请求权，但并不消灭合同的效力。当先履行义务人采取了合理的补救措施，后履行义务人应当恢复履行。例如，出卖人将不合格的货物换为合格的货物，买受人就应当支付价款。

四、不安抗辩权

（一）不安抗辩权的概念

不安抗辩权是指先履行合同的一方当事人因对方当事人欠缺对待履行债务的能力或者欠缺信用，中止履行合同的权利。

（二）不安抗辩权的成立条件

1. 行使不安抗辩权的一方是先履行义务人

不安抗辩权产生于有先后履行顺序的双务合同，该抗辩权属于先履行义务人。

参考案例4－3

A给B公司发货，标的额为100万元，由C公司提供支付货款的保证担保。因标的物质量有重大瑕疵，B公司拒付货款。A公司找C公司支付，C公司拒付。C公司的理由何在？

——《民法典》第701条规定：“保证人可以主张债务人对债权人的抗辩。债务人放弃抗辩的，保证人仍有权向债权人主张抗辩。”那么，C公司行使的是何种抗辩权呢？在存在担保的情况下，被担保人（主债务人B）是后履行义务人。后履行义务人可以成立的是先履行抗辩权；先履行义务人可以成立的是不安抗辩权。因此，C公司行使的不是不安抗辩权，而是先履行抗辩权。

2. 后履行义务人欠缺履行能力或者欠缺信用

“应当先履行债务的当事人，有确切证据证明对方有下列情形之一的，可以中止履行：（一）经营状况严重恶化；（二）转移财产、抽逃资金，以逃避债务；（三）丧失商业信誉；（四）有丧失或者可能丧失履行债务能力的其他情形”（第527条第1款）。

参考案例 4-4

甲找乙画一幅肖像，约定甲付款后乙开始画。签订合同后，乙重病，不能持笔。请问：甲是否可以中止付款？

——可以中止付款。甲中止付款是针对可能丧失履行债务的能力而行使履行抗辩权的。若乙长期重病，甲还可以解除合同。

（三）不安抗辩权的行使

1. 举证责任

中止履行的一方，即行使履行抗辩权的一方负有对方欠缺信用、欠缺履行能力的举证责任。“当事人没有确切证据中止履行的，应当承担违约责任”（第527条第2款）。

2. 通知义务、恢复履行及解除

当事人依据《民法典》第527条的规定中止履行的，应当及时通知对方。对方提供适当担保的，应当恢复履行。中止履行后，对方在合理期限内未恢复履行能力且未提供适当担保的，视为以自己的行为表明不履行主要债务，中止履行的一方可以解除合同并可以请求对方承担违约责任（见第528条）。

（1）通知义务的履行，使对方有寻找担保或者证明自己有信誉、有履行能力的机会。

（2）视为“以自己的行为表明不履行主要债务”，即视为构成预期重大违约，先履行义务人可以通知对方解除合同。

（四）行使不安抗辩权的效果

（1）行使不安抗辩权只是“冻结”履行效力，不是终止履行合同。“中止”与“终止”有原则性的区别。

（2）行使不安抗辩权后，对方提供了可靠的担保或者恢复了履行能力，先履行义务人应当恢复履行。不安抗辩权与其他抗辩权一样，是一时的抗辩，不是永久的抗辩。

第六节 提前履行、部分履行

一、提前履行

“债权人可以拒绝债务人提前履行债务，但是提前履行不损害债权人利益的除外。债务人提前履行债务给债权人增加的费用，由债务人负担”（第530条）。该条规定是为了保护债权人的利益。如果提前履行对债权人不利，债权人可以拒绝；如果对债权人有利，债权人可以接受。

例如，甲方（债务人）向乙方（债权人）提前10天交付1000吨泡沫塑料。乙方可以以未准备好仓库为由拒绝受领。如果乙方可以储存该1000吨泡沫塑料，也可以向甲方要求相当于10天储存费的款项，如果甲方不同意支付，乙方可以拒绝受领。如果提前履行

对债权人有利，则债权人不得拒绝。如自然人之间的无息借款，债务人提前还款的，债权人不能拒绝。如果某人向银行借款而提前归还款项，银行可以拒绝。因为提前还款就意味着银行少收利息①。

二、部分履行

“债权人可以拒绝债务人部分履行债务，但是部分履行不损害债权人利益的除外。债务人部分履行债务给债权人增加的费用，由债务人负担”（第 531 条）。

例如，甲、乙约定由甲方供给乙方某型号的发电机 10 台，后甲方提出因转产只能供应 6 台，其余 4 台由乙方自行解决。因为乙方须将 10 台完全相同的发电机同时投入使用，所以乙方有权拒绝甲方的部分履行。

第七节　情事变更原则

一、情事变更原则的意义

情事变更，亦称情势变更，是指合同订立后由于发生了当事人不可预见的客观情况，致使合同原定权利义务所依据的基础丧失或改变。情事变更原则是处理因情事变更致合同基础丧失或改变的一项法律原则。当情事变更致使合同基础丧失或改变后，若令当事人继续履行原合同，则会给当事人带来不曾预见的重大损失，造成显失公平的后果，依据情事变更的原则，受不利影响的当事人可以请求人民法院或仲裁机构变更或者解除合同，以消除不公平的后果。

《民法典》第 533 条规定：“合同成立后，合同的基础条件发生了当事人在订立合同时无法预见的、不属于商业风险的重大变化，继续履行合同对于当事人一方明显不公平的，受不利影响的当事人可以与对方重新协商；在合理期限内协商不成的，当事人可以请求人民法院或者仲裁机构变更或者解除合同。人民法院或者仲裁机构应当结合案件的实际情况，根据公平原则变更或者解除合同。”

二、情事变更原则的适用条件

（一）须有情事变更的事实

合同是当事人的合意，当事人订立合同的时候必然要根据当时的情况或预见到的情况来确定相互之间的债权债务关系。合意要建立在一定的基础之上。情事变更的事实，就是导致原合同基础丧失的事实。这种事实，可以是因战争、政策调整等引起的经济情势的变化，如货币大幅度贬值、价格大幅度调整等。如果战争、政策调整等直接阻碍了合同的履行，则以不可抗力规则处理比较适宜。

商业风险不属于情事变更。市场行情的变化，一般属于商业风险，应当在当事人的预料之中，假设当事人自称没有预料到，应依照诚实信用原则推定其预料到市场行情的变化。

---

① 《民法典》第 677 条规定：“借款人提前返还借款的，除当事人另有约定外，应当按照实际借款的期间计算利息。”

（二）情事变更的事实须与当事人的意志和行为无关

（1）情事变更必须是当事人无法预见的意外事件造成的。如果某一事实应在当事人合理预见的范围内，那么，这一事实已经构成了合同的基础。此时，不宜按情事变更的原则处理合同。

（2）情事变更还必须是当事人不能控制的事实，既不能控制它的发生，也不能控制它的后果。情事变更，是宏观现象对某一类合同关系产生影响的事实，与当事人的行为无关。如果当事人本身的行为（意思表示有瑕疵）造成合同履行后果显失公平，不宜按情事变更的原则处理。我国《民法典》第151条规定的自始显失公平的合同，不但履行的后果显失公平，而且当事人的意思表示有瑕疵，此与情事变更明显不同。

（三）情事变更的事实须造成合同继续履行的后果显失公平

情事变更只是导致当事人继续履行特别困难、费用支出或损失显著加大，以致当事人之间的对价关系变化，履行的后果显失公平，一方全部丧失或基本丧失履行利益，而并不是合同不能履行。正是因为坚持原合同的效力显失公平，法律才授予蒙受损失的一方请求变更、解除合同的权利。

参考案例4-5

城市居民张某通过公开“竞价”承包了某农村集体组织的荒山20亩，用以种植苹果树，承包期为10年。后该农村集体组织作为原告向法院提起诉讼，认为被告张某的收益过多，其交付的承包金过低，两者比例极为悬殊，请求按情事变更原则调整承包金。经法院查证，被告的收益大幅度增加，一是因为市场上苹果价格持续上涨，二是因为承包人使用了新技术。

——该承包合同不能被认为因情事变更而显失公平。苹果价格上涨，是市场问题。承包金过低，对原告而言，是其应当承担的一种商业风险。新技术的使用、资金的投入等原因导致收益的增加，与情事变更是风马牛不相及的。

三、情事变更原则的效力

情事变更原则的效力，是指情事变更原则适用的法律效果。情事变更原则的适用，表现为对合同的变更或解除。变更，是在保持合同效力的基础上，增加或减少当事人所负担的义务，即增减给付，如增加价款、减少数量等。解除，则是消灭合同履行的效力。一般而言，解除的效力应溯及至合同订立时，即合同解除发生溯及既往的效力。根据合同性质和实际效果，也可使合同解除对将来发生效力。

情事变更出现以后，承受不利益的一方当事人并不因此产生单方的变更权和解除权。受不利影响的当事人可以与对方重新协商；在合理期限内协商不成的，当事人可以请求人民法院或者仲裁机构变更或者解除合同。协商，是请求人民法院或者仲裁机构变更或者解除合同的前置性程序。

适用情事变更原则，在变更、解除的救济方式的适用上，应充分考虑当事人的意愿；在变更与解除的选择上，应充分考虑公平变更合同的可能性。因情事变更而导致合同履行后果显失公平，主要指当事人对待给付的比例关系严重失调。如果采用变更的方法，改善

了当事人的对价关系，给付仍符合合同目的时，当然应当变更合同而不是解除合同。

【引例分析】

甲公司是先履行的一方，针对其迟延发货的违约行为，乙公司顺延付款时间是行使《民法典》第 526 条规定的先履行抗辩权，不是违约行为，因此本案不构成双方违约。

【本章小结】

本章阐释了合同履行的一般原理，对合同的补缺、债的类型、履行中的第三人履行抗辩权、情事变更等重要制度进行了介绍和分析。本章重点云集，既要理解合同履行的含义和意义，又要把握合同履行的具体规则。

即测即评

第五章　合同的保全

【本章引例】

甲公司到乙公司索要机床货款550万元及迟延违约金20万元。乙公司表示无力偿还，其所述为实。乙公司之前将该机床转卖给丙公司，丙公司到期没有偿还货款600万元，导致乙公司无力向甲公司清偿。甲公司欲直接起诉丙公司索要550万元货款及迟延违约金20万元。

请问：

1. 甲公司以自己的名义直接起诉丙公司索债，是行使什么权利？
2. 法院应怎样判决？

【本章学习目标】

通过学习本章，你应该能够：

1. 了解债权人代位权的含义。
2. 掌握债权人代位权的成立要件。
3. 了解债权人撤销权的含义。
4. 掌握债权人撤销权的成立要件。

第一节　合同保全概述

一、合同保全的含义

合同的保全，是指合同债权人为保全自己的债权，代债务人之位对第三人行使债权或者请求撤销债务人与第三人民事法律关系的权利。合同的保全包括债权人代位权和债权人撤销权两种。

《民法典》“合同编”第五章是“合同的保全”，从字面上理解，合同保全是对合同之债的保全。合同之债可以保全，不当得利之债、无因管理之债、侵权之债等也可以保全

（见第 468 条）。

二、合同保全的特征

（1）代位权和撤销权都是债权人基于债的效力对债务人之外的人行使的权利，因而合同的保全被称为债权之对外效力。

（2）合同的保全权，即代位权和撤销权均须以诉讼的方式行使，不存在仲裁行使的情况，也不允许以通知等私法方式行使。

三、债权人代位权与债权人撤销权的区别

（1）代位权针对债务人的消极行为（不作为），即针对债务人不积极主张债权的行为；撤销权针对债务人的积极行为（作为），即针对债务人不当减少财产的行为。

（2）代位权诉讼，以次债务人为被告，以债务人为诉讼上的第三人；撤销权诉讼，以债务人为被告，以与债务人发生财产关系的人为诉讼上的第三人。正因为如此，代位权诉讼，由次债务人承担诉讼费用；撤销权诉讼，由债务人承担必要费用。

（3）代位权成立，次债务人向债权人清偿，代位权行使的财产后果不直接归于债务人，因为代位权成立起到了裁判转移债权的法律后果；撤销权成立，与债务人发生财产关系的人向债务人归还财产，撤销权人并未得到财产。

（4）由于次债务人向债权人清偿，是基于债权人对债务人的债权和债务人对次债务人的债权，因此代位权的成立受两个诉讼时效的限制；撤销权是债务人财产的回归，受一年和五年两个除斥期间的限制（见第 541 条）。

第二节 债权人代位权

一、债权人代位权的概念

债权人代位权，是指债务人怠于行使其对相对人享有的到期债权，而有害于债权人的债权时，债权人为保障自己的债权而以自己的名义行使债务人对次债务人的债权的权利。相对人又称次债务人，是债务人的债务人。债务人的债权包括主债权和从债权。

《民法典》第 535 条第 1 款规定："因债务人怠于行使其债权或者与该债权有关的从权利，影响债权人的到期债权实现的，债权人可以向人民法院请求以自己的名义代位行使债务人对相对人的权利，但是该权利专属于债务人自身的除外。"债务人之相对人，即是次债务人。具体地说，债权人行使代位权，是以自己作为原告，以次债务人为被告，要求次债务人直接向自己履行其对债务人应履行的到期债务。

代位权示意图见图 5－1。

债权人可以越过债务人以原告名义直接起诉次债务人，获得债权的清偿。因此，代位权对解决三角债、连环债，避免当事人的诉累，维护债权人的利益，维护交易安全，具有重要的作用。代位权的制度设计符合经济效率的原则。

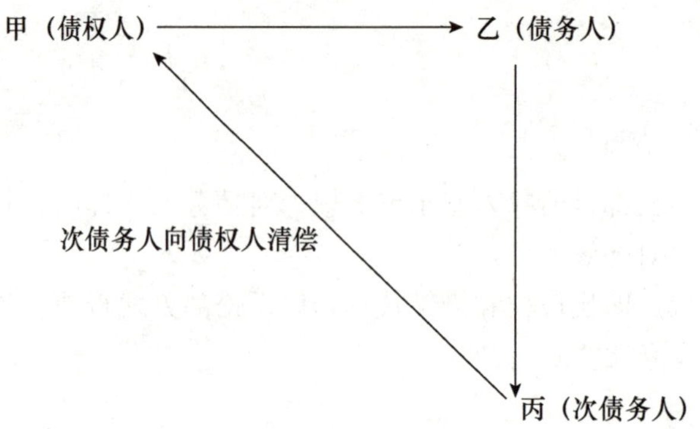

图 5-1　代位权示意图

二、债权人代位权的特征

（一）代位权行使的结果是使债权人直接获得清偿

我国债权人代位权的功能不是增加债务人的财产、不是增加债权的担保力，而是使债权人直接获得清偿。债权人可以主张债务人对次债务人的债权，该债权可以是债务人对次债务人的从债权。

参考案例 5-1

甲对乙有 800 万元的债权，乙借给丙 1 000 万元，由丁对丙的 1 000 万元提供连带保证，丙到期不还乙的钱，乙也不向保证人丁主张权利，以致乙无力对甲清偿债务。甲可以起诉丁，要求其向自己清偿吗？

——甲是债权人，乙是债务人，丙是次债务人，虽然乙对连带保证人丁的保证债权是从债权（从权利），但不影响甲起诉丁行使代位权，即甲可以起诉丁，要求其直接向自己清偿。

（二）债权人是以自己的名义来行使代位权

代位权是债权人代债务人之位向次债务人主张权利，债权人是以自己的名义、以自己为原告，以次债务人为被告提起民事诉讼。债权人与次债务人之间的关系是以债务人的存在为纽带，由法律直接规定产生的。

（三）代位权行使的方式是民事诉讼方式

行使代位权，须由债权人作为原告提起诉讼。对代位权的行使，我国采取民事诉讼方式，不包括仲裁。即使债务人与其债务人（即次债务人）之间订有仲裁协议，债权人行使代位权也不能采用仲裁方式。代位权也不能采用通知的方式行使。

“特殊代位权”（债权人债权未到期时的代位权），行使的方式比较灵活（见第 536 条）。

三、债权人代位权的成立要件

（一）债权人对债务人的债权合法

债权人对债务人的债权合法，这个条件应当是不言而喻的。前已述及，不论是合同之债，还是不当得利之债、无因管理之债、侵权之债等，都可以提起代位权诉讼，行使代位权。即不论债的发生原因，只要合法即可。

（二）债权人对债务人的债权应当到期，“特殊代位权”依照其规定

代位权的行使范围以债权人的到期债权为限。债权人对债务人的债权应当到期，否则不能从次债务人处获得清偿。

所谓“特殊代位权”，是指债权人债权未到期的代位权。它也称为保存行为，是债权人实施的专为保存债务人权利的代位行为。《民法典》第536条针对“特殊代位权”规定：“债权人的债权到期前，债务人的债权或者与该债权有关的从权利存在诉讼时效期间即将届满或者未及时申报破产债权等情形，影响债权人的债权实现的，债权人可以代位向债务人的相对人请求其向债务人履行、向破产管理人申报或者作出其他必要的行为。”

（1）债务人的权利诉讼时效期间即将届满，而债务人怠于对次债务人行使债权，将影响债权人债权的实现，此时债权人的代位权不是债权人请求次债务人向自己清偿，而是请求次债务人向债务人清偿。该请求，可以是提起诉讼的方式，也可以是通知方式。

例如，甲公司对乙公司有1 000万元借款债权尚未到期，乙公司对丙公司有1 500万元工程款债权，乙公司对丙公司债权的3年诉讼时效即将届满，影响到甲公司对乙公司行使权利，但是乙公司既不催告，也不起诉，对丙公司将丧失胜诉权。“皇帝不急太监急”，甲公司可以直接起诉丙公司要求其对乙公司履行债务，也可以直接通知丙公司要求其向乙公司履行，该通知有中断诉讼时效的效力。

（2）依据我国《企业破产法》的规定，债权人应当在人民法院确定的债权申报期限内向管理人申报债权。当次债务人被申请宣告破产，债务人未及时申报破产债权，影响债权人的债权实现时，债权人可以代位向破产管理人申报债权。

（3）针对债务人怠于行使权利影响债权人的债权实现的其他情形，特殊代位权人也可以代位实施保全债务人债权的其他必要行为。

（三）债务人怠于行使其到期债权，影响债权人的到期债权实现

债务人怠于行使其到期债权，影响债权人的到期债权实现，是指债务人既不履行其对债权人的到期债务，又不以诉讼方式或者仲裁方式向次债务人主张到期债权以及与该债权有关的从权利，致使债权人的到期债权未能实现。次债务人不认为债务人有怠于行使其到期债权情况的，应当承担举证责任。

如果债务人对次债务人有催告、催交的行为，不影响债权人行使代位权。对债权造成损害，是指由于债务人的消极行为，致使债权人的债权不能实现，即对债权造成了损害。债务人对次债务人的消极行为，应与债权人的债权不能实现具有因果关系。例如，债权人甲公司对债务人乙公司有100万元的债权，乙公司对丙公司有100万元的债权，甲公司以乙公司怠于行使对丙公司的债权影响自己债权实现为由，提起代位权诉讼。如果乙公司资力雄厚，丙公司对乙公司不履行债务，不影响乙公司对甲公司的清偿。此种情况，甲公司就属于滥用权利，不应支持其诉讼请求。

（四）债务人的债权不是专属于债务人自身的债权

专属于债务人自身的债权，是指基于扶养关系、抚养关系、赡养关系、继承关系产生的给付请求权和劳动报酬、退休金、养老金、抚恤金、安置费、人寿保险、人身伤害赔偿请求权等权利。专属于债务人自身的债权可以分为两大类：一类是基于个人身份关系产生

的给付请求权，带有强烈的人身性质，不得代位行使；另一类虽然也是一种交易关系，但是和个人的生存和生活需要有密切的关系，因此也不能代位行使。

专属于债务人自身的债权，与债务人身份和特定生活需要（不可或缺的需要）紧密相连。这些权利都是自然人的权利，对于个人生活甚至幸福、自由具有特殊的重要性，法律给予特殊保护，使它们处于代位权的范围之外。

四、债权人行使代位权时次债务人的相关权利

（一）次债务人对债务人的抗辩可以对债权人行使

“相对人对债务人的抗辩，可以向债权人主张”（第 535 条第 3 款）。既然债权人以次债务人为被告提起诉讼，那么次债务人对债务人的抗辩就有权对债权人行使。例如，债权人甲对债务人乙有 500 万元工程款债权，乙对次债务人丙有 600 万元货款债权，甲起诉丙，要求行使 500 万元代位权，如果乙对丙债权的诉讼时效已经届满，则丙对乙的诉讼时效抗辩权可以对原告甲行使。不单是诉讼时效抗辩权，履行抗辩权等都可以行使。

（二）债务人对债权人的抗辩，可由次债务人对债权人行使

债务人对债权人的抗辩，是否可由次债务人对债权人行使，《民法典》未作规定。从法理上看，这种抗辩，次债务人是有权向债权人行使的。例如，甲对乙有 600 万元的债权，乙对丙有 500 万元的债权，甲起诉丙，要求行使 500 万元的代位权，即要求丙直接向自己履行 500 万元。在诉讼过程中，丙发现甲对乙的诉讼时效已经超过，就提出了异议。提出该异议，实际是行使乙对甲的抗辩权。

五、代位权诉讼请求的数额

代位权的行使范围以债权人的到期债权为限。在代位权诉讼中，债权人行使代位权的请求数额超过债务人所负到期债务额的，对超出部分人民法院不予支持。

代位权诉讼请求的数额，超过次债务人对债务人所负到期债务额的，对超出部分人民法院不予支持。

代位权根源于债权人对债务人的债权和债务人对次债务人的债权，如果债权人的请求数额超过了这两个债权，就成了无水之源、无本之木。

六、代位权行使的效力

（一）代位权行使对当事人的效力

“人民法院认定代位权成立的，由债务人的相对人向债权人履行义务，债权人接受履行后，债权人与债务人、债务人与相对人之间相应的权利义务终止。债务人对相对人的债权或者与该债权有关的从权利被采取保全、执行措施，或者债务人破产的，依照相关法律的规定处理”（第 537 条）。

代位权的行使涉及三个法律关系：一是债权人与债务人之间的法律关系；二是债务人与次债务人之间的法律关系；三是代位权依法在债权人与次债务人之间形成的法律关系。代位权经人民法院认定成立后，次债务人应向债权人清偿。清偿之后，在相应的数额内，次债务人不再向债务人清偿，债务人不再向债权人清偿，即不能双重清偿。例如，债权人

甲对债务人乙有100万元债权，乙对次债务人丙有180万元债权，甲提起代位权诉讼胜诉，甲接受丙的100万元履行后，甲、乙之间的债权债务关系消灭，乙对丙还有80万元债权。

(二) 代位权行使对其他债权人的效力

当债权人行使代位权被人民法院认定成立，作出判决以后，其他债权人能否分一杯羹？很多学者认为，债权是平等的，其他债权人当然可以按照比例清偿。应当指出，严格意义上的债权平等，是指在债务人资不抵债并进入破产程序时，对债权的公平清偿。当债务人不存在资不抵债的情况时，第三人的债权并没有被剥夺，债权平等权也没有被剥夺，他可以再起诉债务人，或者再起诉次债务人（行使代位权）以获得清偿。如果债务人资不抵债，而债权人又行使了代位权，其他债权人想获得公平清偿，只有一条路可走，就是提起破产程序。也就是说，按一般程序，债权人胜诉后，债务人的其他债权人无权主张按比例清偿。

第三节　债权人撤销权

一、债权人撤销权的概念

债权人撤销权，是指债权人对于债务人不当减少财产以致危害债权的行为，得请求法院予以撤销的权利。债权人撤销权，是保全权的一种，可称为保全撤销权。

二、债权人撤销权的成立要件

(一) 债权人须以自己的名义行使撤销权

债权人通过保全债务人的财产而保全自己的财产，其行使撤销权须以自己的名义，即以自己为原告，以债务人为被告。

(二) 债权人对债务人存在有效债权

(1) 债权人对债务人存在有效债权，才能发生债的效力，也才能将债的效力扩张至第三人。无效的债权、已被消灭的债权、超过诉讼时效的债权，自然不能发生撤销权。

(2) 债权人对债务人的债权，不限于金钱债权，非金钱债权也可以成立撤销权。

(3) 债权人对债务人的债权，可以到期，也可以不到期。因为，撤销权的效果直接归属于债务人，债权人对债务人的债权不到期，不影响撤销权的成立。

(三) 债务人实施了减少财产的法律行为

(1) 减少财产的行为有事实行为和法律行为。债权人的撤销权，针对的是债务人的法律行为，如免除他人债务的行为、赠与行为、买卖行为等。

(2) 债权人的撤销权，针对的是债务人生效的法律行为。无效或未生效的法律行为无须撤销。

(3) 减少财产的行为在债权人的债权发生之后。如果债权人取得债权是在债务人减少财产之后，则债权人不能成立撤销权。因为债权发生时，债务人的财产为责任财产、一般财产。如果债权人的债权发生之后，溯及既往地否定债务人在此之前的减少行为，对交易安全破坏过剧，也是不公平的。

（四）债务人减少财产的行为须有害于债权人的债权，行为不具有正当性

债务人的财产，是对债权的一般担保，或者说是对债权的责任财产。债务人减少财产的处分行为，导致对债权人的清偿无资力或者资力减弱，即有害于债权。债务人的这种行为不是日常生活、生产经营的正常行为，不具有正当性。

例如，甲方欠乙方 1 000 万元，甲方有 3 000 万元资产，甲方向丙方低价处分了 1 000 万元的财产，就不能认为是造成对债权人的侵害。但在实践中，债务人的债权人往往不止一个，这就需要将总债务与总财产相比较。债务人减少财产的处分行为，使其总债务大于总财产（实有资产），就应当认定为有害于债权人的债权。这种情况可以称为债务超过。

学生提问

如果债务人减少财产，但其剩余财产仍大于债务，债权人能否行使撤销权？

——债务人剩余的财产虽然大于其债务，但若属于不方便执行的财产时，债权人仍有权行使撤销权。

（五）债务人有偿转让财产、收购财产或者为他人提供担保时，第三人须有过错

债务人向第三人有偿低价转让财产时与第三人成立了交易关系，为保证交易关系，当第三人有过错时，债权人才能行使撤销权。第三人的过错表现是知道或者应当知道“不合理”的情形。

三、债权人撤销权的行使

（一）撤销权的主体

撤销权的主体，是因债务人不当处分财产而受其害的债权人。债权人为数人时，可以共同行使此权利。

（二）撤销权行使的方式及当事人的诉讼地位

该权利由受害债权人以自己的名义通过诉讼程序行使。债权人为原告，债务人为被告，受益人或者受让人为民事诉讼上的第三人。如果债权人提起撤销权诉讼，未将受益人或者受让人列为第三人的，人民法院可以追加该受益人或者受让人为第三人。

（三）除斥期间

“撤销权自债权人知道或者应当知道撤销事由之日起一年内行使。自债务人的行为发生之日起五年内没有行使撤销权的，该撤销权消灭”（第 541 条）。一年起算，采取的是主观标准，即从知道或者应当知道撤销事由之日起计算；五年采取的是客观标准，即从行为发生之日起计算。

有人将“一年”和“五年”说成是选择关系，即“当事人应当在一年或者五年内行使撤销权”，这种观点是不正确的。五年，是行使撤销权最长时间的限制。其立法理由是防止财产关系过度不稳定。比如，债权人知道债务人有害处分行为时，已经距该行为四年半，则债权人行使撤销权的期限只有半年了。

（四）必要费用的负担

债权人行使撤销权的必要费用，由债务人负担。必要费用主要包括诉讼费。债权人行使撤销权所支付的律师代理费、差旅费等必要费用，由债务人负担；第三人有过错的，应当适当分担。

四、行使撤销权针对的具体行为

（一）债务人无偿处分财产权益、恶意延长其到期债权的履行期限

“债务人以放弃其债权、放弃债权担保、无偿转让财产等方式无偿处分财产权益，或者恶意延长其到期债权的履行期限，影响债权人的债权实现的，债权人可以请求人民法院撤销债务人的行为”（第 538 条）。

1. 债务人无偿处分财产权益，影响债权人的债权实现

（1）债务人放弃其债权。

债务人放弃其债权，称为债务的免除。可能是债务人与其相对人（次债务人）达成免除的协议，也可能是债务人单方通知次债务人免除其债务。

免除，可能是免除部分债务，也可能是免除全部债务；可能免除的是到期债务，也可能免除的是未到期债务，只要影响了债权人实现债权，债权人就可以行使撤销权。

（2）债务人放弃债权担保。

债务人对次债务人的债权是有担保的债权，但债务人放弃担保，使自己难以获得清偿。例如，债权人甲对债务人乙有 500 万元债权，乙对丙有 600 万元债权，丁对该 600 万元债务提供了保证担保，丙没有什么财产，对乙欠缺清偿能力，乙却通知丁免除其保证债务，则甲可以请求撤销乙的免除行为。

（3）债务人无偿转让财产。

无偿转让财产是一种赠与性质的行为。无偿转让财产的合同主要是指赠与合同。赠与合同是诺成合同，行使保全撤销权，是撤销已经生效的法律关系。

（4）其他债务人处分财产权益的行为。

如无偿承揽工程、无偿装修、无偿提供劳务等。只要影响债权人实现债权，不管使用何种合同的名称，都不影响债权人的撤销权。

2. 债务人恶意延长其到期债权的履行期限，影响债权人的债权实现

“恶意”，说明债务人行为具有不法目的。本来，债务人对次债务人的债权已经到期，债务人获得清偿后就可以对自己的债权人清偿，但为了不清偿而将自己的债务延期，此种情况债权人可以请求撤销。

（二）债务人的有偿行为、为他人提供担保的行为

《民法典》第 539 条规定：“债务人以明显不合理的低价转让财产、以明显不合理的高价受让他人财产或者为他人的债务提供担保，影响债权人的债权实现，债务人的相对人知道或者应当知道该情形的，债权人可以请求人民法院撤销债务人的行为。”

债务人的有偿行为影响债权人债权实现的，须第三人（债务人的相对人）有过错，该过错的表现是第三人知道或者应当知道债务人的行为影响债权人债权的实现。具体来说，一是知道或者应当知道价格不合理，二是知道或者应当知道不合理的价格损害了债权人的利益。

债务人为他人提供担保的行为，须相对人知道或者应当知道该行为将影响债权人的债权实现。

第三人没有过错的，不得撤销。如此要求，是为了保护交易安全，保护交易相对人（第三人）的利益，使其免受不测之损害。对无偿行为的撤销（见第538条），第三人是无偿获得财产或者无偿获得财产利益，因此不以第三人有过错作为撤销的条件，即第三人没有过错也不影响撤销。

对于“明显不合理的低价”“明显不合理的高价”，实务中应当以交易当地一般经营者的判断，并参考交易时交易地的物价部门指导价或者市场交易价，结合其他相关因素综合考虑予以确认。转让价格达不到交易时交易地的指导价或者市场交易价百分之七十的，一般可以视为明显不合理的低价；对转让价格高于当地指导价或者市场交易价百分之三十的，一般可以视为明显不合理的高价。债务人以明显不合理的高价收购他人财产，人民法院可以根据债权人的申请，予以撤销。

五、撤销权行使的效力

“债务人影响债权人的债权实现的行为被撤销的，自始没有法律约束力”（第542条）。撤销权的效果，在于债务人财产的回归，债权人并不直接获得财产，这一点与代位权有明显不同。

债务人的财产回归之后，不但行使撤销权的债权人享有利益，其他债权人都可以因此享有利益。因为，债务人的总财产是其总债务的担保。但基于公平原则，行使撤销权的债权人应就诉讼上所支出的必要费用，优先受偿。

【引例分析】

1. 甲公司以自己的名义（原告）直接起诉丙公司（被告）索债，是行使债权人代位权。
2. 法院应判决丙公司直接向甲公司清偿。

【本章小结】

合同保全，包括债权人代位权和债权人撤销权。这两种权利的行使方法和成立要件，是本章的核心内容。对债权人债权未到期，规定了“特殊代位权”，实务中会经常用到。

即测即评

第六章　合同的变更和转让

【本章引例】

北京某工艺美术经销公司（买受人A）与南京某工艺美术公司（出卖人B）订立买卖某种工艺制品的合同。B经A同意，将债务转移给其苏州子公司（C），C与A商定，指定由苏州画意公司（D）发货。因货物不符合要求，A向B、C、D提出索赔。

请问：

1. 指定第三人履行与债务转移有什么不同？
2. 应由谁赔偿A的损失？

【本章学习目标】

通过学习本章，你应该能够：

1. 了解合同变更的含义和分类。
2. 掌握合同转让的含义和分类。
3. 了解对债权转让的规定。
4. 了解对债务转移的规定。
5. 掌握债务加入的含义和效力。

第一节　合同的变更

一、合同变更的含义

合同变更有狭义和广义之分。狭义的变更是指合同内容的某些变化，以及在主体不变的条件下，对合同某些条款进行修改或补充，这些修改或补充是对合同权利义务的调整。广义的合同变更，除包括合同内容的变更以外，还包括合同主体的变更，即由新的主体取代原合同的某一主体，这实质上是合同的转让。

合同内容的变更，是当事人民事权利义务关系的某种变化，它是本质意义上的变更。而合同主体的变更，则是合同某一主体与新的主体建立民事权利义务关系，因此它不是本质意义上的变更。合同变更，是合同部分权利义务的变化，未变更的部分继续有效。如无特殊约定，变更只对将来发生效力，已经履行的部分继续保持效力。标的是合同法律关系的客体，如果标的发生变化，等于成立了新的法律关系，也就是说，成立了新的合同。

法律、行政法规规定变更合同应当办理批准、登记等手续的，依照其规定。合同变更，是针对已经成立的合同或生效的合同。无效合同不存在变更的问题。

二、合意变更与变更权

（一）合意变更

"当事人协商一致，可以变更合同"（第 543 条）。协商一致变更是合意变更。合意变更，是当事人以新的合同变更原合同。合意变更，适用要约和承诺的程序。当事人对合同变更的内容约定不明确的，推定为未变更。

参考案例 6-1

甲打电话给乙，提出要约，要把自己的"百寿图"以 1 000 元的价格出卖给乙。乙当即同意，此为承诺。双方成立了买卖合同。第二天，乙给甲打电话，请求变更至 800 元，这是要约，甲当即同意，这是承诺。双方以第二个合同变更了第一个合同。

（二）变更权

变更权是指一方依法享有的单方通知对方变更合同的权利。《民法典》对变更权作出了规定，如第 829 条规定："在承运人将货物交付收货人之前，托运人可以要求承运人中止运输、返还货物、变更到达地或者将货物交给其他收货人，但是应当赔偿承运人因此受到的损失。"单方变更权是形成权，变更的意思表示送达相对人时，合同即发生变更，不依赖于相对人的意思表示。

第二节　合同的转让

一、合同转让的含义

合同转让，即合同债权、债务的转让，在习惯上又称为合同主体的变更，是以新的债权人取代原合同的债权人，或新的债务人取代原合同的债务人，或新的当事人既承受债权又承受债务。上述三种情况，第一种是债权转让，第二种是债务转移，第三种是概括转让。

法律、行政法规规定转让权利或者转移义务应当办理批准、登记等手续的，依照其规定。

不仅合同的债权可以转让、债务可以转移，其他债权、债务也可以转让、转移。其他债权、债务的转让、转移也可适用《民法典》对合同转让的规定。

二、债权转让

（一）债权转让的含义

债权转让，是指债权人将合同的债权全部或者部分转让给第三人。债权人是让与人

(转让人)，第三人被称为受让人。债权转让分为金钱债权的转让和非金钱债权的转让。债权人作为转让人与受让人（第三人）之间的合同称为债权转让合同，也称为债权让与合同。债权让与合同是诺成合同，成立时即生效。

（二）不得转让的债权

“债权人可以将债权的全部或者部分转让给第三人，但是有下列情形之一的除外：（一）根据债权性质不得转让；（二）按照当事人约定不得转让；（三）依照法律规定不得转让”（第545条第1款）。

1. 根据性质不得转让的债权

根据性质不得转让的债权，是不得由债权人单方决定向第三人转让的债权。

债权分为金钱债权和非金钱债权，按性质不得转让的债权多为非金钱债权。例如，甲与乙签订了一份承揽合同，由甲（承揽人）为乙（定做人）装修某小区某楼201室。乙的债权是请求装修房屋，是非金钱债权。乙的债权按性质是不得转让的债权，因为要装修的物（201室），是特定物、独一无二的物。

根据特殊信任关系而发生的债权按性质不得转让，这种债权转让会侵害债务人的利益。如雇佣合同中雇佣人的债权、房屋租赁合同中承租人的债权等非经对方同意不得转让。

2. 按照当事人约定不得转让的债权

“当事人约定非金钱债权不得转让的，不得对抗善意第三人。当事人约定金钱债权不得转让的，不得对抗第三人”（第545条第2款）。善意第三人是不知情的第三人。例如，甲与乙签订买卖合同，将100万元的水泥卖给乙，双方约定买受人乙的债权（非金钱债权）不得转让。之后，乙将债权擅自转让给第三人丙，丙去甲处提货，遭到拒绝。如果丙不知道甲、乙的约定（善意），则债权转让有效，甲应当交货；如果丙知道双方的约定（非善意），则转让对甲不发生效力。

3. 依照法律规定不得转让的债权

例如，《民法典》第445条规定：“以应收账款出质的，质权自办理出质登记时设立。应收账款出质后，不得转让，但是出质人与质权人协商同意的除外。出质人转让应收账款所得的价款，应当向质权人提前清偿债务或者提存。”应收账款是一种债权。

（三）通知及撤销通知的禁止

债权转让合同是诺成合同，成立生效后，债权人通知其债务人是对受让人履行义务的行为，不按约通知是违约行为。

“债权人转让债权，未通知债务人的，该转让对债务人不发生效力。债权转让的通知不得撤销，但是经受让人同意的除外”（第546条）。债权人转让债权，不以债务人的同意为必要，但应当通知债务人。未经通知，债务人对第三人（债权受让人）不负担债务。

对转让债权，债权人可以亲自通知，也可以委托他人（包括债权受让人）通知。债权人转让债权的通知送达后，其债务人转成受让人的债务人，故其通知不得撤销，但经债权受让人同意的除外。

“因债权转让增加的履行费用，由让与人负担”（第550条）。例如，甲将对乙请求交付货物的债权转让给丙，乙向丙发货增加3万元运输费，其有权向甲请求支付。

参考案例 6-2

债权人甲通知债务人乙，债权已经转让给丙，让乙向丙履行。第二天，甲又要求乙向自己履行。请问：乙有无向甲履行的义务？

——乙已没有向甲履行的义务，乙可向甲提出权利已消灭的抗辩。

（四）从权利的转移

“债权人转让债权的，受让人取得与债权有关的从权利，但是该从权利专属于债权人自身的除外。受让人取得从权利不因该从权利未办理转移登记手续或者未转移占有而受到影响”（第 547 条）。

（1）从权利是从属于主债权的权利，有担保权（保证债权、担保物权）、利息债权、违约金债权、请求赔偿权等。“从随主转”，主权利转移，从权利随同转移，但与转让人有专属关系（不可分离关系）的从权利除外。与自然人的身份、人身有特定联系的债权，是专属于债权人自身的从权利，不随同主债权人转移。这种专属性也可以产生于约定。如《民法典》第 696 条第 2 款规定：“保证人与债权人约定禁止债权转让，债权人未经保证人书面同意转让债权的，保证人对受让人不再承担保证责任。”条文中特别约定的保证债权（从权利），就与转让人有不可分离的关系。

（2）从权利的转移不受“未转移登记”和“未转移占有”的影响。例如，甲对乙有 1 000 万元的债权，由丙提供一套房屋作抵押担保并办理了抵押登记，登记的抵押权人是甲，后甲将债权转让给丁，尽管未将抵押权人转移登记为丁，丁仍然享有对丙的抵押权。再如，张甲对李乙有 70 万元的债权，李乙将一匹赛马交付给张甲作为质押担保，后张甲将债权转让给王丙，在张甲将赛马交付给王丙占有之前，王丙即享有质权。

（五）债务人的抗辩和抵销权

1. 债务人的抗辩

“债务人接到债权转让通知后，债务人对让与人的抗辩，可以向受让人主张”（第 548 条）。这里的抗辩，可以是行使履行抗辩权、诉讼时效抗辩权等，也可以是主张其他抗辩事由，如主张已经向让与人履行了全部或部分债务（权利已消灭或部分消灭的抗辩）。

受让人请求债务人履行债务时，债务人对让与人的抗辩，可以直接向受让人主张。例如，甲对乙的 10 万元借款的债权已经超过了诉讼时效，甲又将债权转让给了丙，丙要求乙履行 10 万元的债务，则乙对甲的诉讼时效抗辩权，可以向丙行使，即乙可以拒绝向丙履行债务。

参考案例 6-3

甲方卖给乙方价值 10 万元的电器，乙方收货后，发现该批货物没有安全认证标志，即以甲方违反国家强制性规定为由拒绝付款，并准备退货，而甲方已将债权转让给丙方。

——在这种情况下，乙方对甲方的抗辩权，可以向丙方主张。

2. 债务人的抵销权

“有下列情形之一的，债务人可以向受让人主张抵销：（一）债务人接到债权转让通知时，债务人对让与人享有债权，且债务人的债权先于转让的债权到期或者同时到期；

（二）债务人的债权与转让的债权是基于同一合同产生”（第 549 条）。这里所说的抵销，是单方有权抵销，不是合意抵销。

（1）债务人对债权人也享有债权，并且债务人的债权先到期或者同时到期的，债务人本来是可向债权人抵销的，债权人却把债权转让给第三人（受让人），则债务人可以通知债权受让人抵销。

参考案例 6-4

甲方 4 月份卖给乙方一批茶叶，乙方应于当年 10 月 1 日支付 100 万元茶叶款。甲方曾欠乙方 50 万元蔬菜款，应于当年 9 月 1 日付款。当年 9 月 20 日，甲方将 100 万元的债权转让给丙方，丙方受让该债权后，于当年 10 月 1 日要求乙方偿付。

——乙方可以甲方尚欠自己 50 万元蔬菜款为由主张抵销权，不考虑利息的话，付给丙方 50 万元即可。

（2）债务人的债权与转让的债权是基于同一合同产生时，债务人也可以成立抵销权。例如，甲在与乙的施工合同中，享有 1 000 万元施工费的债权，但由于其逾期交付工程，应当按约定向乙交付 90 万元迟延履行的违约金。甲通知乙，1 000 万元债权已经转让给了第三人丙，当丙向乙主张债权时，乙有权抵销 90 万元。道理在于，乙的抵销权本来是可以向甲行使的，不能因甲转让债权而消灭。

三、债务转移

（一）债务转移的含义

债务转移包括狭义的债务转移和债务加入。

狭义的债务转移又称为免责的债务承担，是指债务人将合同的全部债务或者部分债务转移给第三人。债务转移分为金钱债务的转移和非金钱债务的转移。例如，甲欠乙 3 万元货款，经乙同意，甲将全部金钱债务转移给丙，自己抽身而退了，那么丙即为乙的债务人，承担清偿债务的责任。再如，甲收乙货款 10 万元，经乙的同意，将发货的义务转移给丙，这是非金钱债务的转移。

债务加入，又称为并存的债务承担，是在原债务人不变的情况下，加入了新的债务人。债务加入，属于广义的债务转移。

合同债务之外的其他债务的转移，适用合同债务转移的规定。

（二）狭义的债务转移的条件

狭义的债务转移的条件是：“债务人将债务的全部或者部分转移给第三人的，应当经债权人同意”（第 551 条第 1 款）。与债权转让要求的“通知”对方不同，债务转移要经对方“同意”。

“债务人或者第三人可以催告债权人在合理期限内予以同意，债权人未作表示的，视为不同意”（第 551 条第 2 款）。第三人是债务受让人，也称为债务承担人。对于催告，债权人可以明示拒绝，债权人在合理期限内保持沉默（未表态）的，视为不同意。合理期限的长度，应结合个案具体情况依据诚实信用原则予以判断。比如，甲公司将对乙公司的债务转让给第三人并催告乙公司在一天内予以同意，由于债务数额较大，乙公司需要通过董事会作出决议，一天的时间过短，显然不是合理期限。如果时间过长，也可能不是合理期限。

（三）债务加入

债务加入，是指第三人加入既存的债的关系，成为并列的债务人，第三人与原债务人构成连带债务。《民法典》第552条规定："第三人与债务人约定加入债务并通知债权人，或者第三人向债权人表示愿意加入债务，债权人未在合理期限内明确拒绝的，债权人可以请求第三人在其愿意承担的债务范围内和债务人承担连带债务。"

第三人债务加入有两种方式：其一，与债务人"约定"并通知债权人，该"约定"是委托合同。其二，第三人与债务人没有约定，直接向债权人表示愿意加入债务，而债权人未在合理期限内明确拒绝，此种情形下，第三人与债务人是无因管理关系。例如，张甲借给李乙1万元。债务人李乙到期不还，债权人张甲找到居间人王丙，说："看你的面子，我才借给李乙钱的，你看怎么办吧?"王丙内心愧疚，就给张甲写了一张1万元的欠条。王丙是债务加入，与李乙一起承担连带债务。王丙是无因管理人。

（四）抗辩权利的转移及抵销的禁止

"债务人转移债务的，新债务人可以主张原债务人对债权人的抗辩；原债务人对债权人享有债权的，新债务人不得向债权人主张抵销"（第553条）。

（1）狭义的债务转让，债务人向第三人转移债务，债务人的抗辩权和其他抗辩的权利，随同转移给第三人（新债务人），新债务人可以主张原债务人对债权人的抗辩。债务加入，原债务人"原地不动"，仍然是债务人，新债务人（加入人）也可以主张原债务人对债权人的抗辩。

参考案例6-5

甲、乙双方订立承揽合同，约定甲方4月1日交付工作成果，乙方同年5月5日付款7万元。甲方履行义务、乙方接受工作成果后，乙方经甲方同意在4月2日将债务转让给丙方，乙方在4月3日将检验结果通知丙方，说明接受的工作成果基本不符合要求。

——丙方可以向甲方行使履行抗辩权，在甲方修理或重做之前，拒绝支付7万元。

（2）新债务人不得以"原债务人的债权"向债权人主张抵销，因为，这样就会剥夺原债务人的权利，新债务人可以"自己的债权"向债权人主张抵销。

（五）从债务的转移

"债务人转移债务的，新债务人应当承担与主债务有关的从债务，但是该从债务专属于原债务人自身的除外"（第554条）。与主债务有关的从债务，包括利息债务、"从给付义务"等。"从给付义务"是相对于"主给付义务"而言的，例如，甲给乙发货应当附产地证明书，"发货"是主给付义务，"交付产地证明书"是从给付义务。

参考案例6-6

甲、乙双方约定，甲借给乙100万元人民币，乙除到期返还100万元本金外，还要给甲画一幅肖像充抵利息，因为乙是著名画家。当100万元本金债务转移时，乙给甲画一幅肖像的从债务不发生转移。

四、概括转让

（一）概括转让的含义和条件

概括转让，是指合同一方当事人将自己在合同中的权利和义务一并转让。“合同的权利和义务一并转让的，适用债权转让、债务转移的有关规定”（第 556 条）。

当事人一方将自己在合同中的权利和义务一并转让给第三人的条件，是取得对方当事人的同意。例如，买卖合同的出卖人甲将收款的权利和发货的义务转让给第三人丙，应当取得买受人乙的同意；转让之后丙成为该合同的出卖人。

（二）从权利和从债务的转移

在概括转让的情况下，新的合同当事人取得与债权有关的从权利，但该从权利专属于债权人自身的除外；新的合同当事人应当承担与主债务有关的从债务，但该从债务专属于原债务人自身的除外。

（三）抗辩的权利和抵销权的转移

在概括转让的情况下，债务人对让与人抗辩的权利（抗辩权和其他抗辩的权利），可以向受让人主张；债务人对让与人的抵销权可以向受让人行使。

【引例分析】

1. 债务转移中，原债务人退出合同关系，不再受债务约束；而指定第三人履行时，债务人并没有退出合同，仍然由他向债权人承担合同义务和责任。

2. 本案中，债务由 B 转移至 C，此时，B 退出债务关系，不再承担债务。其后，A 与 C 又变更了债务——变更为由第三人（D）履行，但债务人 C 并没有退出合同，仍然由 C 向债权人 A 承担合同义务和责任。

【本章小结】

合同的变更，是合同内容的某些变化，包括合意变更和单方行使变更权两种情况。

合同转让是合同主体的变化，包括债权转让、狭义的债务转移、债务加入和概括转让。要注意区分债权转让中的“通知”和债务转移中的“同意”。债权转让后，从权利（特别是担保权）随同转让，这在实务中特别重要。

即测即评

第七章　合同权利义务的终止

【本章引例】

甲公司向乙公司购买1 000辆Y牌自行车，双方签订了书面合同。合同规定，乙公司分四次发货，每批货到后甲公司即付款。第一批250辆自行车到货后，甲公司即上架销售，但购买者寥寥无几。甲公司以书面形式向乙公司提出解除后三批的订货，乙公司以书面形式表示同意。

请问：合同的效力状态发生了什么变化？

【本章学习目标】

通过学习本章，你应该能够：

1. 了解合同权利义务终止的含义。
2. 了解导致合同权利义务终止的原因。
3. 掌握充抵的规则。
4. 掌握法定解除的事由。
5. 掌握法定抵销的要件。
6. 了解合同解除的效力。

第一节　合同权利义务终止概述

一、合同权利义务终止的含义

合同权利义务的终止，是指由于一定的法律事实发生，使合同设定的权利义务归于消灭的法律现象。如李某买了一部电话机，发现质量不好，遂到商店退货，收回自己已经支付的价款。这就是通过解除的方式终止其与商店建立的买卖合同关系。

合同是有期限的民事法律关系，不可能永久存续。合同是一个运动过程，因订立而产生，因履行、解除、抵销、免除、混同等事由而消灭。

“合同的权利义务关系终止，不影响合同中结算和清理条款的效力”（第567条）。结算和清理条款，是指当事人在合同中约定的关于经济往来或财务的结算以及合同终止后处理遗留财产问题的条款。可以说，结算和清理条款是为合同终止而事先约定的，具有相对独立的效力，不因合同的终止而失去效力。如本章引例中，甲公司要求取消后三批的订货，乙公司表示同意。如果合同中有结算和清理条款，将继续有效。在此情况下，这种条款实际上是解决遗留问题的条款。

合同权利义务的终止，也不影响合同中有关解决争议方法的条款的效力。

二、合同权利义务终止的原因

“有下列情形之一的，债权债务终止：（一）债务已经履行；（二）债务相互抵销；（三）债务人依法将标的物提存；（四）债权人免除债务；（五）债权债务同归于一人；（六）法律规定或者当事人约定终止的其他情形。合同解除的，该合同的权利义务关系终止”（第557条）。

法律规定或者当事人约定终止的其他情形包括：合同当事人死亡、破产而债务无人继受，约定的终止期限届满，等等。

在上述导致合同权利义务终止的诸原因中，债务已经按约定履行，是合同终止最正常、最主要的原因。如李某买一部电话机，交钱收货，双方无争议，则双方的买卖合同因得到正常履行而终止。从满足债权的角度而言，履行又称为清偿。按约、全面履行合同，使债权人实现了债权，债权人的债权因此而消灭，债务人的债务同时消灭，合同不复存在。

三、合同后义务

“债权债务终止后，当事人应当遵循诚信等原则，根据交易习惯履行通知、协助、保密、旧物回收等义务”（第558条）。此为合同后义务的规定。合同后义务也称为后合同义务，是合同终止后当事人应当履行的义务。例如，甲公司与乙公司签订使用其技术秘密三年的合同，至三年期满，合同终止，甲公司不能继续使用该技术秘密。但由于甲公司仍然掌握这种技术秘密，因此不向外泄露技术秘密就是甲公司的合同后义务。

合同后义务可以是作为方式，如通知、协助等；也可以是不作为方式，如不泄露他人的商业秘密等。合同后义务是基于诚实信用原则和交易习惯而产生的法定义务。对合同后义务，当事人也可以在合同中特殊约定。法律规定及当事人约定合同后义务，是为了维护履行效果或者妥善处理合同终止事宜。

四、从权利的消灭

“债权债务终止时，债权的从权利同时消灭，但是法律另有规定或者当事人另有约定的除外”（第559条）。例如，解除是终止的一种原因，甲方违约，乙方在解除合同后，请求支付违约金的从权利并不消灭。

第二节 清偿充抵

一、数项债务的清偿充抵

清偿是满足债权的履行。清偿充抵，是指对同一债权人负担两项以上相同种类的债务，债务人的给付不足以清偿全部债务时，决定应当充偿何项债务的办法。

清偿充抵分为约定充抵、指定充抵和法定充抵。约定充抵优于指定充抵，指定充抵优于法定充抵。

（一）约定充抵与指定充抵

约定充抵是指由双方当事人约定债务人的给付充偿何笔债务。指定充抵是指由债务人指定其给付充偿何笔债务。

“债务人对同一债权人负担的数项债务种类相同，债务人的给付不足以清偿全部债务的，除当事人另有约定外，由债务人在清偿时指定其履行的债务”（第560条第1款）。

参考案例7-1

张某（女）与李某（男）在离婚协议中约定，李某补偿张某10万元，在离婚后3个月内支付，若到期不支付，李某个人的房屋归张某所有。离婚后2个月，李某向张某的银行卡上拨付了12万元。后张某起诉李某，称李某清偿的12万元为清偿婚前债务的本息，请求法院判决李某个人的房屋为自己所有。李某则称，拨款时已告诉张某，该12万元是清偿离婚协议中所确定的债务，多出来的2万元是赠与性质。

——应认定李某为指定充抵，即李某在约定的时间内清偿了自己在离婚协议中所确定的债务。

（二）法定充抵

法定充抵是指由法律直接规定债务人清偿充抵的标准。“债务人未作指定的，应当优先履行已经到期的债务；数项债务均到期的，优先履行对债权人缺乏担保或者担保最少的债务；均无担保或者担保相等的，优先履行债务人负担较重的债务；负担相同的，按照债务到期的先后顺序履行；到期时间相同的，按照债务比例履行”（第560条第2款）。

（1）应当优先履行已到期的债务。例如，甲欠乙货款8万元、承揽费10万元，货款尚未到期，承揽费已经到期。甲向乙的账户打款8万元，应认为偿还了10万元承揽费中的8万元。

（2）数项债务均到期的，优先履行对债权人缺乏担保或者担保最少的债务。例如，甲欠乙货款8万元、承揽费10万元，均已到期，货款有抵押担保。甲向乙的账户打款8万元，应认为偿还了10万元承揽费中的8万元。

（3）数项债务均已到期，均无担保或担保相等的，优先履行债务人负担较重的债务。例如，甲欠乙货款8万元、承揽费10万元，均已到期，均设定了担保，两个担保的数额都是8万元（承揽费不是全额担保）。货款的迟延利息是每日万分之三，承揽费的迟延利息是每日万分之四。甲向乙的账户打款8万元，应认为偿还了10万元承揽费中的8万元。

（4）债务人负担相同的，按照债务到期的先后顺序履行。例如：甲欠乙货款8万元、承揽费10万元，均已到期且迟延违约金的比例相同，货款先到期。甲向乙的账户打款8万元，应认为偿还了8万元货款。

（5）到期时间相同，其他也相同的，按照债务比例履行。例如：甲欠乙货款5万元、承揽费10万元，同时到期。甲向乙的账户打款3万元，应认为偿还了货款1万元、承揽

费 2 万元。

二、主债务、费用债务、利息债务的清偿充抵

当一项主债务与费用债务、利息债务同时存在，债务人的给付不足以清偿全部债务时，按法定顺序充抵。“债务人在履行主债务外还应当支付利息和实现债权的有关费用，其给付不足以清偿全部债务的，除当事人另有约定外，应当按照下列顺序履行：（一）实现债权的有关费用；（二）利息；（三）主债务”（第 561 条）。

例如，甲向乙借款 10 000 元，将自己的白骆驼质押给乙，到期甲未向乙清偿，乙委托拍卖公司将白骆驼拍卖了 10 000 元。该 10 000 元借款有 1 000 元的利息，拍卖费为 300 元。10 000 元拍卖款先充抵实现债权的费用 300 元，然后充抵利息 1 000 元，最后充抵本金 8 700 元，甲尚欠乙 1 300 元。

学生提问

在利息与本金之间，为什么要先充抵利息？为什么实现债权的费用要排在利息、本金之前？

——这是因为先充抵本金就会降低产生利息的基数，造成不公平的结果。如果把实现债权的费用排在后面，会不合理地减轻债务人对迟延支付利息和本金的违约责任。

第三节　合同的解除

一、合同解除概述

合同解除是指在合同有效成立之后，没有履行或没有依约履行之前，当事人双方通过协议或者一方行使法定或约定解除权的方式，使当事人设定的权利义务关系终止的行为。双方当事人以协议方式行使合同解除权而解除合同称为合意解除；一方行使法定解除权或者约定的解除权而解除合同称为单方解除。如甲方严重违约，乙方通知甲方解除合同就是单方解除的一种情况。

合同解除适用于有效成立的合同。对于无效合同，因其自始不发生履行效力，不能也无须适用解除的规则。比如，买卖走私物品的合同，它本身就是无效的，不需要双方协商一致解除，也不存在一方通知另一方解除的问题。

可撤销的合同在被撤销之前是产生履行效力的合同。对可撤销的合同，一般是请求人民法院或者仲裁机构予以撤销，但这并不排除对可撤销的合同进行解除的可能性。比如，在当事人放弃撤销权的情况下，当事人还可以协商解除合同或者在符合条件的情况下，一方通知另一方解除合同。

合同解除不是自动解除，必须有当事人的解除行为。这种解除行为表现为双方协商一致，解除在双方协商一致的基础上一方行使约定的解除权，以及一方依据法定条件通知对方解除。当事人一方行使法定或者约定解除权而解除合同，对方有异议的，可以请求人民法院或者仲裁机构确认解除合同的效力。法律规定或者当事人约定解除权行使期限，期限届满当事人不行使的，该权利消灭。法律没有规定或者当事人没有约定解除权行使期限，经对方催告后在合理期限内不行使的，该权利消灭。法律、行政法规规定解除合同应当办理批准、登记等手续的，依照其规定。

二、合意解除与一方行使约定的解除权

（一）合意解除

“当事人协商一致，可以解除合同”（第 562 条第 1 款）。合意解除又称为双方解除、协商解除。合意解除是当事人协商一致，以成立合同的方式解除原有的合同。

合意解除是当事人“以第二个合同解除第一个合同”，适用要约和承诺的规则。协商解除的合同一旦有效成立，即发生解除原合同的效果。在本章引例中，甲公司要求解除后三批的订货，这是要约；乙公司表示同意，这是承诺。双方意思表示一致，第二个合同成立，第一个合同遂告解除。也就是说，甲、乙双方以第二个合同终止了第一个合同设定的权利和义务。

（二）一方行使约定的解除权

“当事人可以约定一方解除合同的事由。解除合同的事由发生时，解除权人可以解除合同”（第 562 条第 2 款）。当事人在订立合同时预先约定一方解除合同的事由，事由发生时，成立解除权，解除权人可以单方通知对方解除合同。如果解除合同的事由发生，而有解除权的一方不通知对方解除，则合同并不自然解除。这就不同于附解除条件的合同。附解除条件的合同在条件成就时自动失去效力，而事先约定解除权的合同在解除合同的条件成就时，并不当然解除，须由有解除权的一方通知对方解除（行使解除权），合同才能解除。如果有解除权的一方不行使或者放弃了解除权，则合同继续有效。

三、法定解除

（一）法定解除的含义

法定解除又称法定单方解除，是指在符合法定条件时，当事人一方有权通知另一方解除合同。法定解除不同于合意解除，合意解除须当事人协商一致才能解除（以第二个合同解除第一个合同）。法定解除与一方行使基于约定产生的解除权，当事人都享有单方解除合同的权利，但前者是依据法律规定产生的权利，后者的产生需要当事人事先协商一致，本质上属于意定解除权。

法定解除权是一种单方解除权，但不是指一方独享解除权，而是指在符合法定条件时一方当事人将解除合同的意思表示通知对方，即可产生解除的效果。法定解除权可以是一方所独享的，比如，一方根本性违约或重大违约，被违约方享有解除权；法定解除权也可能双方都享有，比如，因不可抗力导致合同目的不能实现，此时法定解除权双方都可能享有。法定解除权是根据法律规定产生的解除权，法定解除又可分为法定事由解除和法定任意解除。所谓法定事由解除，是指必须有法定的事由出现，一方或双方才能享有单方解除权；所谓法定任意解除，是指对于特定的合同，无须法定事由，一方或双方即有解除权。

（二）法定解除事由

“有下列情形之一的，当事人可以解除合同：（一）因不可抗力致使不能实现合同目

的；（二）在履行期限届满前，当事人一方明确表示或者以自己的行为表明不履行主要债务；（三）当事人一方迟延履行主要债务，经催告后在合理期限内仍未履行；（四）当事人一方迟延履行债务或者有其他违约行为致使不能实现合同目的；（五）法律规定的其他情形”（第 563 条第 1 款）。

1. 因不可抗力致使不能实现合同目的

不可抗力是指不能预见并且不能避免的客观情况。不可抗力可以导致合同不能履行、不能完全履行或不能按时履行。不可抗力导致合同不能履行时，合同目的不能实现。部分履行或迟延履行时，合同目的有可能实现或者部分实现，对当事人仍有履行利益，此时合同可继续履行。不可抗力致使合同只能部分履行或者迟延履行，当这种履行对当事人没有意义，不能实现合同目的时，合同应当解除。因不可抗力导致合同目的不能实现，解除权原则上属于直接承受不可抗力的一方，但也不能排除相对方的解除权。比如，在不可抗力致使合同只能部分履行或迟延履行的情况下，直接承受不可抗力的一方主张履行，而相对方可以不能实现合同目的为由单方解除合同。

2. 在履行期限届满以前，当事人一方明确表示或者以自己的行为表明不履行主要债务

履行期限尚未届满，债务人即明示或默示毁约，这种行为被称为预期违约。所谓明示预期违约，即债务人以通知或声明的方式表示到期将不履行合同。所谓默示预期违约，是债务人以行为表明其到期将不履行合同。比如，债务人将唯一的标的物出卖给第三人，第三人善意地取得了标的物的所有权。此时，预期违约人到期不可能履行合同，这就是默示预期违约。对根本预期违约（或称为重大预期违约），被违约的一方获得单方解除权，其有权通知对方解除合同。根本预期违约是完全撕毁合同或表示不履行主要债务的违约行为。如果没有构成根本预期违约，则另一方没有单方解除权。

3. 当事人一方迟延履行主要债务，经催告后在合理期限内仍未履行

迟延履行是指债务人在履行期限届满后仍未履行债务。当事人一方迟延履行主要债务，如果继续履行仍能实现合同目的或者债权人的履行利益仍然能够实现的情况下，债权人不能径直通知债务人解除合同，而应催告债务人履行合同义务。经催告后，债务人在合理的时间内仍未履行，此时债权人产生单方解除权，可以通知债务人解除合同。催告是债权人向债务人发出的请求履行的通知。催告是不要式行为，可以是书面形式，也可以是口头形式。

合理期限，是指给予债务人的必要的履行准备时间。合理期限的长短，应当根据合同的具体情况确定。

参考案例 7-2

甲方向乙方订购了 1 万台电扇，要求 4 月份到货。甲方订购的这 1 万台电扇准备在 6 月初上架零售。乙方到期未交货。

——此种情况下，依诚实信用原则，甲方不能直接通知乙方解除合同而应先催告，要求其在 5 月底以前交货（这样不影响 6 月初上架销售）。至 5 月底乙方仍不交货，甲方可通知乙方解除合同。

4. 当事人一方迟延履行债务或者有其他违约行为致使不能实现合同目的

当事人迟延履行合同（到期未履行）或者有其他违约行为致使合同的目的不能实现，就已经构成了根本违约，此时无须经催告程序，可直接通知对方解除合同。

参考案例7-3

甲定于5月4日举办运动会，其与乙订立承揽合同，要求乙将特制的在运动会开幕式上使用的大钟于5月3日前送到。至5月3日，乙没有送货。甲了解到乙还没有将钟装好，根本不能保证5月4日的使用，遂通知乙解除合同，并要求乙赔偿损失。

——本案中，甲解除合同不需要事先经过催告程序。

不履行从给付义务致使被违约人不能实现合同目的，被违约人也有权解除合同。例如，甲公司出卖给乙公司一台高精仪器，交付后甲公司既不对乙公司操作人员进行培训，也不交付使用说明书等资料，导致乙公司不能使用该仪器，因此，乙公司有权通知甲公司解除合同。交付仪器是主给付义务，交付辅助单证、提供培训等属于从给付义务。

餐饮合同中饭店提供桌椅、客运合同中承运人的行李运输等都是从给付义务。

5. 法律规定的其他情形

属于法定解除的情况很多，因而法律设立了未尽条款。“法律规定的其他情形”不仅指《民法典》的有关规定，还包括其他法律的有关规定。

（三）法定任意解除权

任意解除是指无须具体的法定事由，依一方的意思表示即可产生解除效力。这种随时解除合同的权利，因不需要具体法定事由，因而称为任意解除权。任意解除权只产生于法律明文规定的情形，在这个意义上，任意解除也是法定解除。只不过对于一般的法定解除，法律规定了解除的具体原因，而对于任意解除，法律针对特定的合同性质、合同种类作出了享有解除权的规定。

1. 不定期的持续性合同的任意解除权

《民法典》第563条第2款规定：“以持续履行的债务为内容的不定期合同，当事人可以随时解除合同，但是应当在合理期限之前通知对方。”持续履行债务的合同，也称为持续性合同、继续性合同，如租赁合同出租人的债务，是持续履行的债务，因而租赁合同被归入持续性合同。不定期合同是没有约定履行期限的合同。不定期的持续性合同，双方都有任意解除权。“任意”，是指不需要理由。比如，不定期租赁合同的出租人和承租人都可以单方通知对方解除合同。

不定期的持续性合同的任意解除，也要给对方必要的准备时间，即应在合理期限之前通知，比如房屋出租人解除租赁合同，应当给承租人以搬家的时间。法律规定期限的，自应遵照执行。例如，《民法典》第948条第2款规定：“当事人可以随时解除不定期物业服务合同，但是应当提前六十日书面通知对方。”

2. 特定合同的任意解除权

比如，《民法典》第787条规定：“定作人在承揽人完成工作前可以随时解除合同，造成承揽人损失的，应当赔偿损失。”在第933条中规定：“委托人或者受托人可以随时解除委托合同。”

四、解除权的期限及解除权行使的方式

（一）解除权的期限及解除之催告

“法律规定或者当事人约定解除权行使期限，期限届满当事人不行使的，该权利消灭。

法律没有规定或者当事人没有约定解除权行使期限，自解除权人知道或者应当知道解除事由之日起一年内不行使，或者经对方催告后在合理期限内不行使的，该权利消灭”（第564条）。这种解除权消灭的规定，不适用于享有任意解除权的当事人（见第563条2款、第787条、第933条等）。

有法定或者约定解除合同的期限，性质分别属于法定除斥期间和意定除斥期间，解除权人在期限内不解除合同，解除权消灭。没有上述解除期限，则解除的期限分为两种情况：

（1）对方没有催告的，法定除斥期间为一年，该一年的起算标准是主观标准，即从知道或者应当知道解除事由之日起计算。

（2）对方催告的，解除的期限为合理期限。即经对方催告，解除权人在合理期限内不解除合同的，解除权消灭。此处的催告，称为“解除之催告”。

（二）解除权行使的方式

解除权是实体法上的权利，可以采用通知的方式行使，也可以通过诉讼或者仲裁行使。

1. 以通知的方式行使（解除之通知）及对解除之异议的处理方式

“当事人一方依法主张解除合同的，应当通知对方。合同自通知到达对方时解除；通知载明债务人在一定期限内不履行债务则合同自动解除，债务人在该期限内未履行债务的，合同自通知载明的期限届满时解除。对方对解除合同有异议的，任何一方当事人均可以请求人民法院或者仲裁机构确认解除行为的效力”（第565条第1款）。

（1）解除权行使的方式，是通知方式。解除通知送达对方时发生解除的效力，但解除通知可以附加条件，在条件成就时合同解除。这个条件就是债务人在债权人规定的期限内仍未履行债务。

（2）对方（被解除人）对解除合同有异议的，解除权人和被解除人都可以请求人民法院或者仲裁机构确认解除行为的效力。此种请求称为“确认之诉”或者“确认仲裁”。

2. 以提起诉讼或者申请仲裁的方式行使

“当事人一方未通知对方，直接以提起诉讼或者申请仲裁的方式依法主张解除合同，人民法院或者仲裁机构确认该主张的，合同自起诉状副本或者仲裁申请书副本送达对方时解除”（第565条第2款）。当事人有解除权，可以不采用通知的方式解除，而直接请求法院判决解除或者依据仲裁协议请求仲裁机构裁决解除。当事人在要求解除的同时还可以主张对方的违约责任，这样，“胜诉”以后即可以对违约责任申请强制执行，解除本身不存在强制执行的问题。

按《民事诉讼法》和《仲裁法》的规定，人民法院、仲裁机构应当将起诉状副本或者仲裁申请书副本在法定期限内送达对方，当事人“胜诉”的，在“送达”时解除。

《民法典》规定了履行之催告（第563条第1款）、解除之催告（第564条第2款）、解除之通知（第565条第1款）、解除之异议（第565条第1款），这是四种不同的行为，应注意把握行使的主体、条件和效力。

五、合同解除的效力

合同解除，终止了当事人设定的权利义务关系。“合同解除后，尚未履行的，终止履行；已经履行的，根据履行情况和合同性质，当事人可以请求恢复原状或者采取其他补救措施，并有权请求赔偿损失。合同因违约解除的，解除权人可以请求违约方承担违约责任，但是当事人另有约定的除外。主合同解除后，担保人对债务人应当承担的民事责任仍应当承担担保责任，但是担保合同另有约定的除外”（第 566 条）。

（一）终止履行

合同解除，履行效力丧失。尚未履行的，终止履行。

（二）解除后，区分合同自始失去效力和面向将来失去效力确定后果的处理

合同解除可以使合同效力溯及既往地消灭。在需要恢复原状的情况下，被解除的合同自始失去效力。比如，买卖合同的退货（解除），合同自始失去效力。

按照合同的性质，合同解除的效力也可以面向将来发生。比如，对于租赁等持续性的合同，自解除合同的通知送达后失去效力，并不自始失去效力。在本章引例中，双方只是解除后三批的订货。在双方协商一致的情况下，合同失去效力，但并不溯及既往，已经履行的第一批货保持效力。

（三）合同解除不影响违约责任的承担

合同解除不影响当事人要求对方承担赔偿损失等违约责任。在一方违约，另一方行使解除权的情况下，被违约一方可以要求违约一方赔偿可得利益。非如此，不足以保护被违约人的利益。也就是说，合同解除后的赔偿范围仍适用《民法典》第 584 条关于赔偿范围的规定。

合同解除除了不影响损害赔偿的权利，也不影响违约金、定金的适用。合同解除之后只能适用“不履行的违约金”（针对不履行约定的违约金）。

参考案例 7-4

甲公司采用欺诈手段与乙公司签订了一份买卖合同。双方在合同中约定不履行合同的一方要按合同标的额（100 万元）的 30%向对方支付违约金。后甲公司不履行合同，乙公司该如何选择救济方式？

——乙公司有两种选择。其一，依照《民法典》第 148 条的规定，请求人民法院撤销合同，追究甲方的缔约责任，但乙方须就自己所受的损害大小承担举证责任。其二，乙公司依照《民法典》第 563 条第 1 款的规定，通知对方解除合同。合同解除，不影响要求赔偿损失的权利。当然，也不影响以违约金弥补损失的权利（违约金是预先约定的赔偿金）。有了 30%违约金的约定，乙公司无须就损害的大小承担举证责任。两种方案进行比较，第二种方案对乙方更为有利。

第四节　抵销

一、抵销的含义

抵销是指双方当事人互负债务时，一方通知对方将自己的债务与对方的债务折抵以代替清偿或者双方协商将双方的债务折抵以代替清偿的行为。

我国《民法典》是从“债务与债务”相抵的角度作出规定的，作出抵销行为的债务人，必须同时又是债权人，因此可以说，抵销是以自己的债权冲抵自己的债务。

抵销分为法定抵销与合意抵销。法定抵销是通知对方抵销，合意抵销是以成立合同的方式抵销。

抵销简化了履行债务的过程，有利于提高交易的效率。抵销也是维护交易安全的一种措施。

二、法定抵销

（一）法定抵销的含义

法定抵销是指债权人依法享有抵销权，此抵销权称为法定抵销权。法定抵销权是债权人以自己的债权充抵自己债务的权利。法定抵销权是形成权，行使的方式是向债务人发出抵销通知。

（二）法定抵销的要件

“当事人互负债务，该债务的标的物种类、品质相同的，任何一方可以将自己的债务与对方的到期债务抵销；但是，根据债务性质、按照当事人约定或者依照法律规定不得抵销的除外。当事人主张抵销的，应当通知对方。通知自到达对方时生效。抵销不得附条件或者附期限”（第 568 条）。据此，法定抵销的要件有四项。

1. 当事人互负债务，对方债务到期

当事人互负债务，说明当事人之间存在两个债权债务关系。如果一方只有债务，而无债权，则无从抵销；如果对方的债务尚未到期，债权人也无法强求对方提前履行，也不能以自己未到期的债权充抵自己到期的债务，也就是说，不能产生抵销权。

2. 债务的标的物种类、品质相同

依此要件，抵销适用于货币及同种类之债。如果债务的标的物种类、品质不相同，说明履行的要求、目的不同，同时依一方的意思无法确定可供抵销的债务数额，因此不能采用法定抵销的方式。如需抵销，只能双方协商一致才能达到抵销的效果。比如，甲对乙有交付一吨 A 号涂料的债务，乙对甲有交付一吨 B 号涂料的债务，双方都没有单方通知对方抵销的权利。

参考案例 7－5

甲公司应当向乙公司交付 2 万吨铝锭。甲公司向丙公司（仓库）求援，于是丙公司向乙公司交付了 2 万吨铝锭。后甲公司在丙公司储存了 10 万吨铝锭，该 10 万吨铝锭与之前丙公司交付的 2 万吨铝锭完全相同。后甲公司到丙公司提取货物，丙公司只同意交付 8 万吨。请问：丙公司的做法是否于法有据？

——丙公司依据《民法典》第 568 条的规定，享有法定抵销权。

3. 当事人所负债务不属于按性质不得抵销的债务，不属于依法、依约不得抵销的债务

按性质不得抵销的债务，如因侵害人身产生的债务、支付劳动报酬或抚恤金的债务等不得抵销。

法律规定不得抵销的债务，自不得抵销①。

---

① 如我国《企业破产法》第 40 条规定：“债权人在破产申请受理前对债务人负有债务的，可以向管理人主张抵销。但是，有下列情形之一的，不得抵销：（一）债务人的债务人在破产申请受理后取得他人对债务人的债权的；（二）债权人已知债务人有不能清偿到期债务或者破产申请的事实，对债务人负担债务的；但是，债权人因为法律规定或者有破产申请一年前所发生的原因而负担债务的除外；（三）债务人的债务人已知债务人有不能清偿到期债务或者破产申请的事实，对债务人取得债权的；但是，债务人的债务人因为法律规定或者有破产申请一年前所发生的原因而取得债权的除外。”

为满足某种特殊需要，当事人约定不得抵销债务，此时采取“约定优于法定”的规则，认定当事人通过合意排除了抵销权。

4. 抵销权人将抵销的意思表示通知对方

抵销不能自动发生，须由抵销权人将抵销的意思表示通知对方。法定抵销权属于形成权，抵销权人只要将抵销的意思表示通知对方，抵销即可生效，不须借助对方的意思表示。因抵销在性质上为形成权，故抵销不得附条件或者附期限。附条件或者附期限，使抵销的效力处于不确定的状态，并不能达到抵销的效果，与抵销的本义相悖。附条件、附期限的抵销无效。

参考案例7-6

甲方向乙方提出，如乙方能借出200万元，甲方就将工程发包给乙方。乙方借给甲方200万元，甲方将工程发包给乙方。乙方迟延交付工程3个月，按约定要支付60万元迟延履行的违约金。请问：甲方能否在还欠款时，扣除60万元的违约金？

——本案中甲方能在还欠款时扣除60万元的违约金，因为符合抵销的条件。

（三）法定抵销的效力

（1）抵销通知自到达对方时生效，但抵销的效力回溯至可以抵销时（抵销权成立时）。比如，甲在1月1日就可以通知乙抵销，但同年10月10日才发出抵销通知，抵销通知第2日（10月11日）到达乙，则抵销通知10月11日生效，抵销通知的效力是使甲、乙的相应债务在1月1日抵销。

（2）抵销使双方互负的债务在数额相等的范围内消灭。双方债务额相等时，全部债务消灭；双方债务额不相等时，债务数额大的一方就超出的债务仍负清偿之责。当抵销生效后，就消灭的债务不再发生支付利息的债务。抵销权发生后给付迟延责任归于消灭。

参考案例7-7

6月1日，甲某向乙某借得人民币5万元，约定同年9月1日前还款。至9月1日，甲某称同年4月乙某欠其5 000元粮食款至今尚未归还，因此只还给乙某4.5万元。乙某的律师认为，粮食款与所欠借款是两个法律关系，不能混为一谈。

——本案中甲某只还4.5万元应当允许，甲的抵销权依法成立。抵销制度，使两个相互独立的法律关系产生的债权债务能够充抵，才有意义。而同一合同，即同一法律关系产生的作为对价关系的债务，是不能抵销的，否则合同就不可能有约束力。

三、合意抵销

“当事人互负债务，标的物种类、品质不相同的，经协商一致，也可以抵销”（第569条）。合意抵销是双方当事人协商一致将各自的债务抵销。合意抵销，实际上是当事人订立以抵销债务为内容的合同，故合意抵销适用合同成立、生效的一般条件。当符合法定条件时，当事人一方可以行使抵销权；当事人互负债务，但标的物种类、品质不同时，当事人可以协商一致抵销。合意抵销的效力与法定抵销的效力基本相同。但由于合意抵销是双

方协商一致的产物，当事人得特别约定抵销的效力。

参考案例7－8

甲公司向乙商业银行借款100万元，甲、乙双方在合同中约定：甲公司到期不能偿还借款，而甲公司在乙银行开立的账户有款项时，可以扣划款项。后甲公司未能按期还本付息。乙银行发现甲公司的账户上有100万元，就划到自己的账户上。甲公司对乙银行扣划的行为一无所知，以致给他人开出了空白支票。对乙银行的行为有两种观点，一种观点认为乙银行有权扣划，另一种观点认为乙银行的行为是侵权行为。

——本案中乙银行有权扣划。乙银行是在合意的基础上行使抵销权，即以自己的100万元债权，充抵自己的100万元债务。如果甲公司的账户上还有钱，乙银行还可以扣划约定的利息。但乙银行实施扣划行为，有通知甲公司的附随义务，未履行通知义务造成甲公司损失的，应当给予赔偿。

第五节　提存

一、提存的概念

提存是指债务人在无法履行债务或者难以履行债务的情况下，将标的物交由提存部门保存，以终止合同权利义务关系的行为。设立提存制度的目的，主要在于保护债务人，同时也兼顾了债权人的利益。

提存涉及三个方面的当事人：一是提存人，提存人是合同债务人；二是提存受领人，提存受领人是合同债权人；三是提存部门，我国目前的提存部门是公证机关。标的物提存后，债务人从原有的债权债务关系中解脱出来。标的物提存后，除债权人下落不明的以外，债务人应当及时通知债权人或者债权人的继承人、监护人。

二、提存的要件

（一）提存的主体适格

提存是一种特殊的履行行为。提存人是对提存受领人负有履行义务的人，即债务人。未构成债务人的第三人不能作为提存人。

（二）有合法的提存原因

"有下列情形之一，难以履行债务的，债务人可以将标的物提存：（一）债权人无正当理由拒绝受领；（二）债权人下落不明；（三）债权人死亡未确定继承人、遗产管理人，或者丧失民事行为能力未确定监护人；（四）法律规定的其他情形"（第570条第1款）。

1. 债权人无正当理由拒绝受领

债权人拒绝受领通常是为了追究债务人的违约责任。例如，房屋出租人拒绝受领承租人交付的房租，达到一定的期限后，再单方通知承租人解除合同。如承租人不能对自己的履行举证，将陷于被动状态。在这种情况下，承租人可以将租金提存。

2. 债权人下落不明

债权人下落不明是指债权人处于"失踪"状态，此时债务人欲履行而不能或难以履行，因而可将标的物提存。债权人下落不明，可以指债权人作为自然人下落不明，也可以指债权人作为法人、非法人组织下落不明。如《民法典》第529条规定："债权人分立、合并或者变更住所没有通知债务人，致使履行债务发生困难的，债务人可以中止履行或者将标的物提存。"这里的分立、合并就是指法人和非法人组织的分立、合并。

3. 债权人死亡未确定继承人、遗产管理人，或者丧失民事行为能力未确定监护人

债权人死亡，债权由继承人继承，由继承人受领债务人的给付，没有确定继承人又没有确定遗产管理人的①，履行受领人不明确，因此可以提存。

债权人丧失行为能力应由其监护人代管财产。监护人未确定，债务人无法履行义务，因此可以将标的物提存。

4. 法律规定的其他情形

当出现法律规定的债务人难以履行债务的其他情形时，其可以将标的物提存。

（三）提存的标的物符合要求

提存的标的物可以是货币、有价证券、票据、提单、权利证书、货物等，动产和不动产都可以提存。除不适于提存或者提存费用过高的以外，提存的标的物应当与合同约定的标的物相符。

"标的物不适于提存或者提存费用过高的，债务人依法可以拍卖或者变卖标的物，提存所得的价款"（第570条第2款）。不适于提存的标的物主要是指不适宜长期保存的物品，如鲜活类的产品，这类产品如果提存会使标的物的价值降低。提存费用过高的标的物包括保管技术要求高、保管支出费用大的物品。因提存费用由债权人承担，费用过高可能会使债权人得不偿失。

三、提存的成立及通知义务

（一）提存的成立

"债务人将标的物或者将标的物依法拍卖、变卖所得价款交付提存部门时，提存成立"（第571条第1款）。债务人（提存人）与提存部门之间的提存合同，须交付标的物或变卖价款才成立，是一种实践合同。

（二）通知义务

"标的物提存后，债务人应当及时通知债权人或者债权人的继承人、遗产管理人、监护人、财产代管人"（第572条）。通知义务人是债务人（提存人）而非提存机关。"及时"，是最短的合理期间。

四、提存的效力

提存涉及三个方面的当事人，故应区分债务人与债权人之间、提存人（债务人）与提存部门之间和债权人与提存部门之间的效力。

（一）债务人与债权人之间的效力

（1）"提存成立的，视为债务人在其提存范围内已经交付标的物"（第571条第2款）。

---

① 《民法典》第1145条规定："继承开始后，遗嘱执行人为遗产管理人；没有遗嘱执行人的，继承人应当及时推选遗产管理人；继承人未推选的，由继承人共同担任遗产管理人；没有继承人或者继承人均放弃继承的，由被继承人生前住所地的民政部门或者村民委员会担任遗产管理人。"

即视为向债权人履行了交付义务，发生与履行相同的效力。自提存之日起，债务人与债权人之间的合同权利义务终止，债权人不得再向债务人请求履行合同。

(2)“标的物提存后，毁损、灭失的风险由债权人承担。提存期间，标的物的孳息归债权人所有。提存费用由债权人负担”(第573条)。

1) 风险由债权人承担，是相对于债务人(提存人)而言的，是在此二者之间风险的分配。在提存人与债权人之间，应按《民法典》对有偿保管的规定确定责任①。

2) 此处孳息包括天然孳息和法定孳息。

3) 提存合同等于替债权人保管标的物，故提存费用由债权人负担。

(二) 提存人(债务人)与提存部门之间的效力

提存人(债务人)与提存部门之间成立提存合同，该提存合同在性质上是保管合同、有偿合同、第三人取得债权合同。提存在提存人(债务人)与提存部门之间的效力，也就是提存合同在二者之间的效力。

双方按提存合同的约定享有权利、承担义务。债权人也是提存合同的债权人，因此提存物由债权人领取。符合法定条件的，债务人可以取回(见第574条第2款)。

(三) 债权人与提存部门之间的效力

(1)“债权人可以随时领取提存物。但是，债权人对债务人负有到期债务的，在债权人未履行债务或者提供担保之前，提存部门根据债务人的要求应当拒绝其领取提存物”(第574条第1款)。

(2)“债权人领取提存物的权利，自提存之日起五年内不行使而消灭，提存物扣除提存费用后归国家所有。但是，债权人未履行对债务人的到期债务，或者债权人向提存部门书面表示放弃领取提存物权利的，债务人负担提存费用后有权取回提存物”(第574条第2款)。

1) 此处所言“五年”，是除斥期间(不变期间)，不是诉讼时效。此“五年”从提存之日开始计算，而不是从债权人知道提存之日起开始计算。

2) 债务人取回提存物的情形有两种：其一，债权人和债务人之间的合同是双务合同，在债务人先履行债务的情况下其办理提存后还要等待债权人的履行，债权人到期不履行的，提存部门应当拒绝交付而待债务人取回。其二，债权人以书面形式向提存部门表示放弃提存受领权的，提存人得取回提存物。

债务人取回提存物的，因提存和取消提存产生的费用应由提存人负担。

(3) 提存部门有妥善保管提存物的义务。因提存部门的过错致使提存标的物毁损、灭失的，提存部门应当向债权人承担赔偿责任。

第六节　免除与混同

一、免除

(一) 免除的概念

免除是指债权人免除债务人的债务，是债权人以消灭债务人的债务为目的的放弃债权

① 《民法典》第897条规定：“保管期内，因保管人保管不善造成保管物毁损、灭失的，保管人应当承担赔偿责任。但是，无偿保管人证明自己没有故意或者重大过失的，不承担赔偿责任。”

的意思表示。免除是一种民事法律行为，须债权人有放弃债权的意思表示。免除债务由债权人单方为意思表示即可生效，故免除一般是单方法律行为。免除虽可由一方为意思表示而生效，但也不排除债权人与债务人订立免除合同，从而免除债务人的债务，免除合同是双方法律行为。

（二）免除的成立

（1）免除须有债权人放弃债权的意思表示。免除的意思表示应当告知债务人或者告知其代理人，如果向第三人为免除的意思表示，则合同关系并不消灭。

（2）免除是处分债权的行为，故债权人须有相应的行为能力。如限制民事行为能力人免除他人债务是否须法定代理人的同意应当视具体情况而定。无处分权人不得免除他人债务，例如债权人被他人申请宣告破产时，不得免除对自己债务人的债权。

（3）免除本身是无偿行为。免除债务人的债务无须债务人为此支付对价。

（三）免除的效力

（1）免除是债消灭的原因。“债权人免除债务人部分或者全部债务的，债权债务部分或者全部终止，但是债务人在合理期限内拒绝的除外”（第575条）。

1）债权人单方免除债务人的债务，债务人可能不愿意接受而予以拒绝，在合理期限内拒绝的，不发生免除的效力。

2）对可分之债，可以免除部分债务。比如甲对乙有10万元债权，甲可以免除其中的5万元债权。

（2）主债务消灭时，从债务随同消灭。但债权人特别表明免除“主债务”保留“从债务”时，视为部分免除。例如，贷款人免除借款人50万元本金的债务，要求借款人归还5万元的利息，这实际上是部分免除债务。债权人仅免除从债务时，主债务并不消灭。

二、混同

（一）混同的含义

合同关系或债的关系的主体是对立的双方，当债权与债务同归于一人，不存在债权人和债务人，由此导致权利义务关系终止的，称为混同。

（二）混同的成立

债权、债务的混同，由债权或债务的承受而产生。承受包括概括承受和特定承受两种。概括承受是发生混同的主要原因。如两个企业法人之间发生合并，债权、债务因同归于一个企业而消灭。特定承受是指债权人承受债务人的债务或债务人承受债权人的债权，此时债权、债务也因混同而消灭。

（三）混同的效力

混同是债的消灭的独立原因。“债权和债务同归于一人的，债权债务终止，但是损害第三人利益的除外”（第576条）。

混同导致债的绝对消灭，主债及从债均不复存在。当债权、债务同归于一人，又涉及第三人利益时，对第三人的合法利益自应给予保护。比如，债权人将债权质押给第三人时，混同不影响第三人质权的效力。

【引例分析】

甲、乙之间合意“部分解除”了原合同。“部分解除”的本质是变更。本案因已经履行了一部分，“部分解除”导致了合同终止。

【本章小结】

本章分析了合同权利义务终止的含义，对合同权利义务终止的原因——清偿充抵、解除、抵销、提存、混同、免除等作了阐释。要注意合同权利义务终止的条件和后果。合同履行也是合同权利义务终止的重要原因。因本书对合同履行设有专章，本章不再就此展开说明。

即测即评

第八章　违约责任

【本章引例】

甲演出公司依合同要求著名演员张某演出，张某提前告知甲公司，到期将无法参加演出。甲公司欲请求法院强制张某到期到现场演出。

请问：

1. 到期对违约人张某是否能够强制其实际履行？
2. 甲可以采取什么救济措施？

【本章学习目标】

通过学习本章，你应该能够：

1. 掌握违约责任的概念和特征。
2. 掌握承担违约责任的规则。
3. 掌握承担违约责任的方式及其相互之间的关系。

第一节　违约责任概述

一、违约责任的概念

责任是违反义务的后果，违约责任是违反有效合同约定义务的后果。这种后果，是一种财产责任。“当事人一方不履行合同义务或者履行合同义务不符合约定的，应当承担继续履行、采取补救措施或者赔偿损失等违约责任”（第577条）。上述继续履行、采取补救措施或者赔偿损失等，都属于财产责任。

二、违约责任的特征

（1）违约责任是违反有效合同构成的责任。未成立的合同、无效合同、被撤销的合同以及效力未定的合同未被追认时均不产生违约责任，因为上述合同不具有履行效力，当事

人的约定不被法律所承认。

（2）违约责任是当事人约定义务的转化形式。当事人约定的合同义务是第一次给付；违约责任是第二次给付。对债权人来说，要求相对人为给付，是原权利；要求相对人承担违约责任是救济权。

（3）违约责任是财产责任，不是人身责任。

（4）违约责任制度是公力救济的体现。违约责任具有强行性。

（5）违约责任可以约定（如约定违约金、约定定金），也可以直接适用法律的规定（如支付赔偿金、强制实际履行等）。

三、违约责任与缔约责任的区别

（1）违约责任产生于对有效合同的违反，而缔约责任产生于因过错缔结非有效合同。

（2）违约责任体现了对履行利益的保护，而缔约责任体现了对信赖利益的保护，因而二者的赔偿范围不一致。

（3）违约责任的归责原则是多元化的（过错责任原则、无过错责任原则等），而缔约责任的归责原则是一元化的，即过错责任原则。

四、违约责任与侵权责任的竞合

对同一种行为造成的同一损害，发生两种或者两种以上的责任称为竞合。“因当事人一方的违约行为，损害对方人身权益、财产权益的，受损害方有权选择请求其承担违约责任或者侵权责任”（第186条）。条文中的“选择”，说明当事人不能为重复请求。

参考案例8－1

张某购买了一箱啤酒，其中一瓶发生爆炸。除该箱啤酒全部破损以外，张某家的窗户玻璃也被击碎。张某提起侵权之诉，要求商家赔偿。有人认为，对一箱啤酒的赔偿应当另行提起违约之诉。

——只要不为重复请求，就不必另行提起违约之诉。

五、第三人原因违约

“当事人一方因第三人的原因造成违约的，应当依法向对方承担违约责任。当事人一方和第三人之间的纠纷，依照法律规定或者按照约定处理”（第593条）。例如，出卖人甲未能按期向买受人乙发货，是因为其上游合同供货人丙未按期供货，则甲仍应对乙承担违约责任。

第二节 违约责任的构成要件

违约责任的构成要件可以概括为“一有一无”，即有违约行为，无免责事由。

一、有违约行为

违约行为，分为不履行和履行不符合约定。

（一）不履行

不履行可以分为拒绝履行与履行不能。

1. 拒绝履行

拒绝履行是能够履行而不履行。拒绝履行是故意毁约的行为，自然构成违约责任。

2. 履行不能

履行不能分为自始履行不能和嗣后履行不能。

（1）自始履行不能构成缔约责任，不构成违约责任。其又分为法律不能和事实不能。自始法律不能（如标的物为禁止流转物），合同无效。自始事实不能（如作为标的物的特定物不存在），合同不成立。

（2）嗣后履行不能又分为法律不能和事实不能。如合同订立之后、履行之前，标的物被禁止流通，这属于法律不能，违约人可以免责。再如，订立合同之后，特定标的物意外灭失，出卖人无法交付，这属于事实不能。嗣后履行事实不能是否构成违约责任，要具体问题具体分析。如果标的物是因不可抗力灭失，则出卖人免责。如果承揽人转产，以致不能交付工作成果，则应当承担违约责任。

参考案例8-2

甲方（房地产开发公司）卖给乙方（李某）一幢商品房（特定物），在买卖合同签订之后，甲方又与丙方（王某）签订合同，将该商品房卖给王某并办理了过户手续。请问：李某应当如何主张权利？

——甲、乙之间的合同因甲方的违约而嗣后履行不能，合同应当解除。出卖人就同一标的物订立多重买卖合同，合同均不具有的无效情形，买受人因不能按照合同约定取得标的物所有权，请求追究出卖人违约责任的，人民法院应予支持。李某有权请求房地产开发公司返还已付房款及其利息、赔偿损失。

（二）履行不符合约定

履行不符合约定可以分为迟延履行、瑕疵履行等。

1. 迟延履行

这里所说的迟延履行，是指时间上的履行不当。当事人约定迟延履行违约金的，违约人应当向对方支付违约金。迟延履行的违约金与其他违约金一样，可以根据《民法典》第585条第2款的规定予以调整。

2. 瑕疵履行

瑕疵履行主要指标的物的质量不符合要求，也可以指履行的数量、规格、方法、地点、时间等不符合要求。

二、无免责事由

未按合同履行，但有免责事由，则不承担违约责任；未按合同履行，无免责事由，则要承担违约责任。存在免责事由，由违约人举证。

免责事由是指不履行合同或者履行合同不符合约定，但导致免除违约责任的原因。免责事由分为法定的免责事由和约定的免责事由。

（一）不可抗力

1. 不可抗力的概念

“不可抗力是不能预见、不能避免且不能克服的客观情况”（第180条第2款）。简言之，不可抗力是当事人不可抗拒的外来力量，是不受当事人意志左右、支配的自然现象和社会现象。不可抗力是主要的法定免责事由。

2. 不可抗力的特点

（1）不可抗力是当事人不能预见的事件。

当事人订立合同时对不可抗力事件不能预见，这是构成不可抗力的主观要件。不能预见要求按通常的标准去衡量，当事人已尽了善良人的注意义务。只有尽到了应有的注意义务而仍不能预见，才能具备不可抗力的主观要件。如果当事人能够预见，而由于疏忽大意或其他原因没有预见，则不能构成不可抗力。

（2）不可抗力是当事人不能控制的事件。

除不可预见以外，不可抗力还必须是合同当事人不能避免并且不能克服的阻碍合同履行的事件，也就是说，当事人对事件的发生和结果，不能进行人为的控制，事件的发生不为当事人的意志所左右。如果事件的发生能够避免或者虽然不能避免但能克服，那么就不存在履行合同的不可克服的障碍了。比如，甲方为乙方运送货物，道路被洪水冲毁，甲方应当改换运输路线或改变运输方式，一般不能以不可抗力为由要求免除履行义务。因为，甲方可以克服洪水冲垮道路带来的履行障碍。

（3）不可抗力是独立于当事人意志和行为以外的事件。

当事人可以约定不可抗力的范围，但不可抗力本身是当事人意志和行为以外的客观事件，或者说，不可抗力具有客观性、外在性。

（4）不可抗力是阻碍合同履行的客观事件。

合同法理论中的不可抗力是与合同履行密切相关的。如果事件的发生与合同的履行无关，就无所谓不可抗力。不可抗力对合同履行的阻碍有三种情况：其一，导致合同全部不能履行；其二，导致合同部分不能履行；其三，导致合同不能如期履行。不可抗力作为一种外来事件，对合同的履行效力发生了直接影响。

3. 不可抗力事件的范围

构成不可抗力的事件繁多，法律对不可抗力的范围难以全部列举。当事人可以在合同中订立不可抗力条款，使法律对不可抗力的规定具体化。当事人没有在合同中规定不可抗力条款的，法院仍可根据事实认定不可抗力的存在。

总而言之，不可抗力事件的范围，包括自然灾害和社会事件。自然灾害有火灾、水灾、旱灾、风灾、地震等。我国法理上承认社会事件可以构成不可抗力，但究竟哪些事件可以构成不可抗力，并没有定论。

4. 不可抗力免责及通知义务、举证责任

“当事人一方因不可抗力不能履行合同的，根据不可抗力的影响，部分或者全部免除责任，但是法律另有规定的除外。因不可抗力不能履行合同的，应当及时通知对方，以减轻可能给对方造成的损失，并应当在合理期限内提供证明”（第590条第1款）。

不可抗力导致合同全部不能履行的，全部免责；导致合同部分不能履行的，就该部分不能履行免责；导致合同不能如期履行的，就迟延免责。

"当事人迟延履行后发生不可抗力的，不免除其违约责任"（第 590 条第 2 款）。比如，甲公司应当在 3 月 20 日以前给乙公司发货，其到期没有发货，在 5 月份遭遇不可抗力以致不能履行合同，甲公司应当承担不履行合同的违约责任。

参考案例8-3

某银行借给乙公司 500 万元，用于设备改造。乙公司拿到钱后，积极进行并完成了设备改造。乙公司原打算用新设备生产产品，以产品价款偿还借款，但因不可抗力，设备毁损。

——乙公司不能以不可抗力要求免除还款义务。已经发生的金钱债务不发生履行不能的问题。乙公司如果迟延还款，则不免除迟延还款的利息。因为，利息是对价，不可抗力不免除对价，否则就等于法律允许一方剥夺另一方的财产。

遭受不可抗力的一方，具有及时通知义务和举证责任。没有及时通知造成对方损失扩大的，就扩大的损失应当承担责任。

（二）相对人（被违约人）有过错

相对人有过错，是指相对人对损害的发生有故意或者过失，即损害与相对人的过错行为有因果关系。如《民法典》第 823 条第 1 款规定："承运人应当对运输过程中旅客的伤亡承担赔偿责任；但是，伤亡是旅客自身健康原因造成的或者承运人证明伤亡是旅客故意、重大过失造成的除外。"再如，第 832 条规定："承运人对运输过程中货物的毁损、灭失承担赔偿责任。但是，承运人证明货物的毁损、灭失是因不可抗力、货物本身的自然性质或者合理损耗以及托运人、收货人的过错造成的，不承担赔偿责任。"

（三）免责条款

免责条款，是当事人在合同中预先确定的免除违约责任的条款。约定免责事由属于当事人意思自治范畴。但免责的条款应当根据《民法典》的专门规定判断是否有效（见第 497 条、第 506 条）；判断其作为格式条款时是否进入合同（见第 496 条）。例如，马戏团招募演员的时候，在雇佣合同中注明，演员在演出时负伤，马戏团不承担赔偿责任，这种约定当然是无效的。

参考案例8-4

甲、乙约定，甲方在履行合同中由于过失造成乙方损失时，乙方同意甲方免责。

——这种约定的效力如何，要看甲方是由于重大过失违约，还是由于一般过失违约，前者不能免责，后者可以免责。

第三节　违约责任的形式

一、继续履行

（一）继续履行的含义

继续履行有时也称为实际履行、强制实际履行，是指债务人未履行合同或履行合同不

符合约定时，债权人依法请求其按合同的规定继续履行合同义务。继续履行，最终使债权人实现原合同的履行利益。对继续履行，可以请求法院强制执行。

继续履行，原给付形态不变。例如，原来是发货义务，继续履行是继续履行发货义务；原来是给付租金，继续履行仍是给付租金。履行后还有其他损失的，可以请求赔偿损失。

实际履行不宜解释为实物履行。实物，应指有形财产，而合同的标的不以有形财产为限，还可以是行为、无形财产、无体财产。当合同的标的物是有形财产时，实际履行也可以称为实物履行。

（二）继续履行的适用

1. 继续履行的一般规定

违约的效力既表现为违约人应当承担的责任，也表现为另一方请求救济的权利。当事人应当有选择救济方式的权利。当被违约人要求继续履行且符合继续履行的条件时，才可令违约人继续履行。除非为了公共利益，法院不能强制被违约人接受继续履行。

继续履行作为承担违约责任的一种形式，与合同期限届满以前的合同义务的履行有着本质的区别：继续履行具有强制性，不以违约人同意履行为条件，否则，就无所谓“强制”了。继续履行既可以适用全部合同义务未履行的情况，也可以适用部分合同义务未履行的情况。

合同的履行可以是积极的行为（作为），也可以是消极的行为（不作为），继续履行一般是针对前者而言，但对不作为的债务，有时也可以强制继续履行。当违约人承担不作为的义务而不履行这种义务时，法院可以禁止他的行为。这是保障合同继续履行的一种方式。

继续履行分为金钱债务的继续履行和非金钱债务的继续履行。

债务人承担继续履行的责任，根据债务的性质不得强制履行的，可以由第三人替代履行。

2. 金钱债务的继续履行

“当事人一方未支付价款、报酬、租金、利息，或者不履行其他金钱债务的，对方可以请求其支付”（第 579 条）。已经发生的金钱债务，不存在因不可抗力而履行不能的问题。

3. 非金钱债务的继续履行及合同僵局的打破

（1）非金钱债务的继续履行。

《民法典》第 580 条第 1 款规定：“当事人一方不履行非金钱债务或者履行非金钱债务不符合约定的，对方可以请求履行，但是有下列情形之一的除外：（一）法律上或者事实上不能履行；（二）债务的标的不适于强制履行或者履行费用过高；（三）债权人在合理期限内未请求履行。”该款规定了非金钱债务继续履行的三种除外情形，要考察、注意以下几个问题：

1）法律不能。

法律上不能履行主要有以下几种情况：

其一，特定的标的物已经被他人善意取得。如卖方一物双卖或预期违约，其所有的标的物已经被一买受人善意取得，此时要求卖方继续履行合同则会侵犯第三人的合法权益。

故实际履行属法律上不能。

其二，强制实际履行侵害债务人的人身自由。当继续履行涉及当事人的人身自由时，法院不能判决合同继续履行。如对雇佣合同中的被雇用人、演出合同中的演员、技术合同中的开发人员等，均不得强制实际履行。

其三，债务人破产。当债务人进入破产程序时，若强制债务人实际履行，则等于授予债权人以优先权，这对于债务人的其他债权人是不公平的，也违反了法律关于破产的规定。

其四，债务为自然债务。如果经过诉讼时效，债务人的债务就转化为自然债务。自然债务是不能强制执行的债务。

其五，债务为实践合同约定的债务。在交付标的物或履行合同约定的其他义务之前，实践合同约定的义务还没有发生效力，因此不能强制实际履行，否则，就等于否定了法律赋予当事人的反悔权。

参考案例8－5

5月1日黄某答应在同年5月6日借给李某一辆汽车。至5月6日，黄某并没有提供汽车，李某向法院提起诉讼，要求黄某提供汽车。

——对李某的诉讼请求，法院不能予以支持。因为借用合同是实践合同，黄某有反悔权。

其六，债务为无偿合同约定的债务。无偿合同如赠与合同，赠与人有任意撤销权，因此也不能强制实际履行。但是根据《民法典》第658条的规定，经过公证的赠与合同或者依法不得撤销的具有救灾、扶贫、助残等公益、道德义务性质的赠与合同，赠与人（债务人）没有任意撤销权，可以强制实际履行。

2）事实不能。

事实不能主要是基于自然法则的不能。比如一幅古画已经被火烧成灰烬或已经丢失，这幅古画是独一无二的、无法替代的，因而强制实际履行在事实上不能。

3）债务的标的不适于强制履行。

例如，合伙合同不仅需要合伙人的投资，还需要合伙人的主观努力，因而合伙合同不适于强制实际履行。再如，履行期限过长的合同，也是不适于强制实际履行的合同。

4）履行费用过高。

继续履行费用过高，不合理、不必要地加大了违约成本。违约成本是因违约而付出的代价。实际履行应当着眼于对被违约人的救济，而不能把它当成对违约的惩罚手段。如果继续履行只是为了惩罚违约人，此时继续履行属于不合理。如果可以选择数种方法弥补被违约人的损失，而继续履行的成本最大，则不宜采取继续履行的方法。当标的物为种类物，很容易在市场上买到或可以替代时，一般不宜采用实际履行的救济方法。

履行费用过高应当如何衡量？如履行费用比赔偿金、违约金还高，则可以认为是履行费用过高。

参考案例 8-6

甲应当卖给乙普通红砖 5 000 块，甲违约，乙向法院要求强制甲履行。但甲已经拆炉停止烧砖。若甲对乙进行赔偿，则需赔偿 50 万元（包括可得利益）；若甲实际履行，重新开炉烧砖，则需花费 150 万元。

——普通红砖在市场上很容易买到，本案应当判决赔偿，而不应当判决强制实际履行。这种情况下，也不宜判决甲方购买普通红砖给乙方，因为这样仍然增加费用。

5）债权人在合理的时间内没有要求实际履行。

债权人在合理的时间内没有要求履行，视为放弃了要求继续履行的权利。"合理的时间"，要根据诚实信用原则结合具体情况来判断。

参考案例 8-7

债权人甲在债务人乙（果园主）到期不交付 10 吨苹果后，请求法院强制履行，但甲提出实际履行的要求时，苹果收获的季节已过。

——甲此时的要求不合理，不应当予以支持。不能把"合理的时间"理解为诉讼时效。

（2）非金钱债务合同僵局的打破。

如果具有《民法典》第 580 条第 1 款继续履行的任何一种除外情形，债权人就不能请求实际履行，若其不采取或不能采取替代履行措施又不解除合同，就造成了合同僵局。为打破这种僵局，第 580 条第 2 款规定："有前款规定的除外情形之一，致使不能实现合同目的的，人民法院或者仲裁机构可以根据当事人的请求终止合同权利义务关系，但是不影响违约责任的承担。"

《民法典》第 580 条第 2 款中的"请求终止"，实际是"请求解除"。请求终止不是简单形成权（单纯形成权），不能以通知对方的方式行使，而只能请人民法院判决终止，有仲裁协议的，只能请求仲裁机构裁决终止。"当事人"，包括债权人和债务人。债务人违约符合法定情形的，债权人可以通知其解除（见第 563 条、第 565 条），债权人的解除权是简单形成权，其不必适用本款规定。债务人可以适用本款以打破合同僵局，摆脱"不死不活"的局面。

4. 第三人替代履行

第三人替代履行即第三人替代继续履行。"当事人一方不履行债务或者履行债务不符合约定，根据债务的性质不得强制履行的，对方可以请求其负担由第三人替代履行的费用"（第 581 条）。例如，1 月 1 日，甲演艺公司与张乙签订了演出合同，约定张乙 6 月 1 日到南京某剧场独唱。5 月 1 日，张乙通知甲公司他将出国深造，无法参加 6 月 1 日的演出。张乙构成预期违约，对其不能强制执行，故请了李丙救场。给李丙的费用，可以请求张乙负担。

二、采取补救措施

采取补救措施是指采取修理、重作、更换、退货、减少价款或者报酬等措施。

“履行不符合约定的，应当按照当事人的约定承担违约责任。对违约责任没有约定或者约定不明确，依据本法第五百一十条的规定仍不能确定的，受损害方根据标的的性质以及损失的大小，可以合理选择请求对方承担修理、重作、更换、退货、减少价款或者报酬等违约责任”（第 582 条）。上述规定有递进关系：第一，按约定确定承担违约责任的形式；第二，按《民法典》第 510 条的规定补缺（补充性解释）；第三，由受害人在诸种违约责任形式中合理选择（选择之债）。

（一）修理、重作、更换

修理，是指消除标的物缺陷或瑕疵的行为；重作，是指重新制作定作物；更换，是指以合格物品调换不合格物品。修理、重作或更换，并不当然免除违约人赔偿损失的责任，视具体情况，被违约人在要求修理、重作或更换时，得主张损害赔偿。

（二）退货

退货与换货不同，退货是解除合同的必然结果。

（三）减少价款或者报酬

当标的物质量或者服务质量不符合约定时，则不能构成原约定价款或者报酬的充分对价，受损害方有权利要求将价款或者报酬减少相应数额，以求对价大体相当。

三、赔偿损失

（一）赔偿损失的概念

赔偿损失，是指违约方不履行或不按合同约定履行时，以金钱或实物弥补被违约人损失的责任。赔偿，可以是金钱赔偿，也可以是实物赔偿。我国法律所言赔偿，主要是指金钱赔偿，但也不排除以物、劳务或其他形式的赔偿。如果当事人没有特别约定，赔偿就是指金钱赔偿。

对违约后赔偿损失责任的适用，有两种情形：其一，在继续履行义务或者采取补救措施后进行赔偿。“当事人一方不履行合同义务或者履行合同义务不符合约定的，在履行义务或者采取补救措施后，对方还有其他损失的，应当赔偿损失”（第 583 条）。其二，不继续履行或者采取其他补救措施，而采用赔偿损失等方法填补被违约人的所有损害，比如，解除合同后的赔偿就是如此。

（二）赔偿损失的范围

“当事人一方不履行合同义务或者履行合同义务不符合约定，造成对方损失的，损失赔偿额应当相当于因违约所造成的损失，包括合同履行后可以获得的利益；但是，不得超过违约一方订立合同时预见到或者应当预见到的因违约可能造成的损失”（第 584 条）。

1. 完全赔偿原则

完全赔偿原则要求赔偿范围包括两个部分：其一，被违约人现有财产的减少（实际损失）；其二，可得利益。

可得利益损失在本质上也是一种直接损失。因为它是在正常履行合同情况下必然实现的利益。可得利益损失是违约的必然后果。

违约方所承担的赔偿责任，在一般情况下是完全赔偿责任。当事人如果有约定，只赔偿实际损失，自当允许。如果法律、法规对赔偿范围有特别规定的，应当按规定办理。从我国现行的一些法律、法规来看，为体现对某些经营风险比较大的公用、公共企业的保护，限制了这些企业的赔偿范围。比如《铁路货物运输合同实施细则》规定，从承运货物时起，至货物交付收货人或依照有关规定处理完毕时止，货物发生灭失、短少、变质、污染、损坏的，除保险和保价运输的以外，均由承运人按货物的实际损失赔偿。

参考案例 8-8

河北农民李某向北京贩运土豆，由于车站的疏忽，未将装载土豆的车皮挂车，结果土豆全部冻坏。李某向法院起诉，要求铁路承运人赔偿实际损失和可得利益，按北京的土豆销售价赔偿。请问：是否应支持李某的诉讼请求？

——法院应支持李某的诉讼请求，除应判决车站退回运费外，还应判决被告按车站当地的土豆收购价格赔偿。

2. 可预见规则

违约人在订立合同时相应的预见能力，是确定赔偿范围的一个重要因素。换言之，违约人的赔偿范围，是其在订立合同时已经预见或可能预见到的违约所造成的后果。可预见规则，是对完全赔偿规则的一个限制。

如果不是当事人能够合理预见的损失，那么，这种损失就不在合意的效力范围之内。合同正义体现在利益的分配和风险的分配上。风险的分配又包括标的物意外毁损、灭失风险的分配和违约风险的分配。可预见规则，是违约风险分配规则。合同的订立，是以当事人当时了解的情况为基础的，而且是在这种基础上通过讨价还价确定了风险的分配（承担）。如果当事人预见到这种风险，就会提高价格，以提高自己应付风险的能力，或者通过免责条款限制自己的责任；可能承担风险的一方，也可能以承担风险为条件来降低对方的要价。如果当事人没有预见到风险，从当时的环境来说，也不能合理地预见风险，此时要违约人承担责任，可能会有显失公平的后果。

应当注意：预见的主体，是违约人；预见的时间，是在合同订立时。可预见规则是对不可预见违约风险的分配，因此只能适用于过失违约，不能适用于故意违约。

（三）损益相抵的规则

所谓损益相抵，是指违约人因违约的赔偿额应当减去被违约人因违约而减少的支出或获得的利益。

参考案例 8-9

买卖合同的甲方（出卖人）违约，乙方提出赔偿请求。乙方认为若合同履行，其能赚 100 万元。甲方有证据表明，乙方所称 100 万元只是毛收入，尚须库存 10 天，花去保管费 4 万元，因此主张只能赔偿 96 万元。

——甲方的主张正确。按损益相抵的规则，甲方在赔偿的时候应当扣除 4 万元。

（四）减损义务

减损义务，是指被违约人应当及时采取适当措施防止损失扩大的法定义务。减损义务也是对赔偿的限制，体现了合同法的公正原则。

“当事人一方违约后，对方应当采取适当措施防止损失的扩大；没有采取适当措施致使损失扩大的，不得就扩大的损失请求赔偿。当事人因防止损失扩大而支出的合理费用，由违约方负担”（第 591 条）。

履行减损义务有时需要支出费用。如果费用的支出是必要与合理的，那么，不管是否起到了减损的效果，费用都应当由违约人承担。费用的支出是否必要与合理，应依诚实信用原则进行判断。

被违约人没有履行减损义务而致使损失扩大，扩大的这一部分与另一方违约无直接因果关系的，受损害方无权要求赔偿。因为，这些损失本来是可以避免的，不是违约的必然产物。只要被违约人出于善意，即使减损无效果，也应认定其完成了减损义务。

（五）双方违约与过错相抵规则

1. 双方违约

“当事人都违反合同的，应当各自承担相应的责任”（第 592 条第 1 款）。双方违约是两个违约行为、两个违约结果，且两个违约之间没有因果关系。一方违约、另一方行使抗辩权不是双方违约。比如，甲、乙签订了施工合同，发包人甲的“三通一平”晚了一个月，导致施工人乙进场施工晚了一个月，造成了误工误料的损失。乙施工技术不到位，造成楼顶大面积开裂，构成明显的质量瑕疵。本案甲有一个违约行为，乙有一个违约行为，各造成一个违约结果，两个违约之间没有因果关系，甲违约在先，乙施工质量有问题，并非行使履行抗辩权。双方应承担各自的违约责任。

学生提问

甲、乙签订出资人协议，约定成立公司，各出资 1 000 万元，公司成立后，甲起诉乙，说乙只出资 200 万元，要求追究乙的违约责任。乙抗辩说，甲只出资 600 万元，也违约了，双方应互不追究，各自承担自己的损失，应驳回甲的诉讼请求。乙的观点对不对？

——乙的观点不对。双方违约是各自追究对方的责任，双方的责任不能“对冲”，不能成为互相抗辩的理由，要互相追究、互相担责，并非“各自承担自己的损失”。

2. 过错相抵规则

“当事人一方违约造成对方损失，对方对损失的发生有过错的，可以减少相应的损失赔偿额”（第 592 条第 2 款）。过错相抵规则也称为混合过错规则，是指对同一损害，双方都有过错。过错相抵不同于双方违约，双方违约是两个损害。例如，甲将汽车交给乙保管，甲违约未交付保管费，乙有过错致保管的汽车毁损，双方应当各自承担相应的责任。过错相抵是对一个损害的相抵。

参考案例 8-10

黄老太乘坐公共汽车，对司机说："你开的车太颠簸，我要下车。"司机说："此地无法停车，再往前有停车站，我在那儿给你停车。"司机一边说一边放慢了车速。但是黄老太性如烈火，自己伸手将车门打开，纵身跳了下去，摔死在路上。

——此案中，承运人有过错，因为客运合同的承运人提供了不安全的服务。汽车在行驶过程中，车门应当不能被乘客轻易打开，如果车门容易打开，则应有售票员进行管理，以防止不测之事故。因此承运人赔偿责任的成立，自不成问题。乘客跳车，也有过错，所以应当减轻承运人的责任。

四、违约金

（一）违约金的概念

违约金是合同当事人预定的一方不履行合同或履行合同不符合约定条件时，应给付另一方当事人的一定数额的货币。"当事人可以约定一方违约时应当根据违约情况向对方支付一定数额的违约金，也可以约定因违约产生的损失赔偿额的计算方法"（第 585 条第 1 款）。

违约金的基本性质是预定的赔偿金。"预定"是事先约定，违约金是当事人在违约事实发生前确定的（一般在订立合同时确定）。

对同一损害，当事人没有约定违约金时，才适用赔偿金，否则会造成重复赔偿。

（二）违约金的调整

"约定的违约金低于造成的损失的，人民法院或者仲裁机构可以根据当事人的请求予以增加；约定的违约金过分高于造成的损失的，人民法院或者仲裁机构可以根据当事人的请求予以适当减少"（第 585 条第 2 款）。

在承认违约金的基本性质是补偿性的基础上，我国《民法典》授予人民法院、仲裁机构提高或降低违约金的权力。变动违约金数额，是使违约金与违约产生的损失大体相当。当违约金过低时，提高违约金，有利于保护被违约人的利益，使其能够得到适当的补偿。当违约金过高时，降低违约金，使其减弱惩罚性，降低违约人的成本。

（三）违约金的种类

根据违约金针对的违约类型，可以将违约金分为以下三种。

1. 不履行合同的违约金

不履行合同的违约金，是指当事人没有给付主债务应当支付的违约金。这种违约金一般是按合同标的额的一定比例计算。当合同部分未履行时，按未履行的部分计算。

2. 逾期履行的违约金

逾期履行，是指当事人迟延给付主债务。逾期履行的违约金一般是按迟延的日期（天数等）计算的违约金。逾期履行有逾期付款和逾期交付标的物、逾期交付工作成果等。逾期交付标的物应当支付的违约金，按逾期付款的违约金执行。

"当事人就迟延履行约定违约金的，违约方支付违约金后，还应当履行债务"（第 585 条第 3 款）。也就是说，迟延履行的违约金可以与继续履行的责任并用。

逾期履行也是履行，因此，不履行违约金与逾期履行违约金不能并用。

3. 瑕疵履行的违约金

瑕疵履行的违约金，是指当事人履行的质量不符合要求而约定支付的违约金。瑕疵履行的违约金不能与实际履行并用，因为被违约人接受了履行，并从违约金中得到了损失的补偿。

五、定金责任

（一）定金的概念

定金是指订立合同时，为了担保主合同的履行，约定由当事人一方先行给付另一方的货币。合同履行后，定金应当收回或抵作价款。定金罚则的基本内容是：给付定金的一方违约，就丧失了定金，无权要求返还；接受定金的一方违约，根据对等原则，应当双倍返还定金。

定金的标的是货币，当事人约定以其他种类物充当定金的，自当有效。货币以外的定金非常罕见。

（二）定金合同的性质和定金的适用

1. 定金合同的性质

“当事人可以约定一方向对方给付定金作为债权的担保。定金合同自实际交付定金时成立。定金的数额由当事人约定；但是，不得超过主合同标的额的百分之二十，超过部分不产生定金的效力。实际交付的定金数额多于或者少于约定数额的，视为变更约定的定金数额”（第586条）。

（1）定金合同是实践合同，定金合同自实际交付定金时成立，是以交付现金还是转账等方式交付，由当事人在定金合同中约定。

因为定金合同是实践合同，所以实际交付的定金数额多于或者少于约定数额的，视为变更约定的定金数额。

（2）定金合同是担保合同。定金的数额不得超过主合同标的额的百分之二十，是不充分担保。超过部分不产生定金的效力，可以按预付款处理。

（3）定金合同是从合同，从属于被担保的主合同。

（4）定金合同是不要式合同，可以是口头形式，也可以是书面形式。书面形式的定金合同，可以是一份独立的合同书，也可以表现为主合同中的条款。

2. 定金的适用

定金的适用，也称为定金罚则的适用。“债务人履行债务的，定金应当抵作价款或者收回。给付定金的一方不履行债务或者履行债务不符合约定，致使不能实现合同目的的，无权请求返还定金；收受定金的一方不履行债务或者履行债务不符合约定，致使不能实现合同目的的，应当双倍返还定金”（第587条）。

定金罚则适用于两种违约的情况：其一，不履行；其二，相当于不履行，即履行债务不符合约定，致使不能实现合同目的。

合同解除的效力溯及至订立时的（视其自始失去效力的），法律效果是不履行，可以适用定金罚则。

定金之债是可分之债，因而可以按比例适用。

（三）定金与违约金、赔偿金在适用上的关系

"当事人既约定违约金，又约定定金的，一方违约时，对方可以选择适用违约金或者定金条款。定金不足以弥补一方违约造成的损失的，对方可以请求赔偿超过定金数额的损失"（第588条）。

1. 定金与违约金在适用上的关系

当事人约定了违约金且定金合同又生效的，构成选择之债，在一方违约时，对方可以选择适用。

定金具有预交的违约金的性质，但对定金的数额法律有限制（不得超过标的额的20%），因此定金又不具备违约金完全弥补损失的功能。定金若与违约金并用，使违约人同时承担两种性质相同的违约责任，会发生重复请求，造成不公平的后果，因此不能并用，而应由被违约人择其一适用。被违约人可以选择对自己有利的责任形式。

参考案例 8－11

A公司与B公司签订买卖合同，由A公司卖给B公司一套价款为200万元的设备。B公司按照约定给了A公司10万元定金。双方当事人在合同中还约定，任何一方不履行合同都要给对方15万元违约金。如果A公司不履行合同，B公司是要求其支付违约金，还是要求适用定金罚则？如果B公司撕毁合同，A公司是要求其支付违约金，还是要求适用定金罚则？

——如果A公司不履行合同，B公司应当选择适用违约金，因为违约金的金额是15万元。如果选择适用定金罚则，A公司双倍返还定金20万元，其中10万元是B公司自己的，B公司只能得到10万元的补偿。B公司选择适用违约金，不影响其向A公司要求退还10万元定金。

如果B公司撕毁合同，A公司也应当选择适用违约金，因为违约金有15万元。如果选择定金罚则，其只能没收B公司交付的10万元定金。A公司选择适用违约金，应当返还已收的10万元定金。A公司依主动债权与被动债权相抵销，实际上不需要返还10万元定金，B公司实际再向A公司交付5万元，就等于向A公司交付了15万元的违约金。

2. 定金与赔偿金在适用上的关系

合同的定金与赔偿金可以合并适用，不会发生重复请求。赔偿金数额应是损失减去定金的余数。被违约人就损失额承担举证责任。

参考案例 8－12

甲与乙订立了一份买卖合同，甲向乙支付定金2万元。合同订立后，甲无理拒绝履行，给乙造成损失3万元，此时，甲无权要求乙返还定金，而且还应再支付乙1万元的赔偿金，甲实际支出3万元。如果乙无理拒绝履行合同，给甲造成损失3万元，则乙应按定金罚则双倍返还定金，即返还4万元，而且还应支付给甲赔偿金1万元，乙实际支出3万元。

定金与赔偿金合并适用的规则是：先计算（适用）定金，不足部分再适用赔偿金。这样就避免了定金和损失赔偿的数额总和高于因违约造成的损失。

【引例分析】

对财物之债可以请求强制实际履行；对劳务之债，不能请求强制实际履行，否则就会构成对人权的侵犯。本案可采用损害赔偿的违约救济方式，也可以采用第三人替代履行的方式进行救济。

【本章小结】

本章对违约责任的概念、违约责任的承担形式及其相互之间的关系等进行了介绍和简要论述。在实务中，准确把握违约责任是很重要的。

即测即评

第九章　买卖合同

【本章引例】

甲方卖给乙方一匹马，约定于次年1月1日交付。价款2万元，约定分期付款，从1月起每月交付2 000元，10个月付清。该马交付后，乙方连续3个月没有付款，并将该马租给丙方1个月，获利80元，在租赁期间，该马生了一匹小马。

请问：

1. 所有权何时转移？风险何时转移？孳息归属权何时转移？
2. 甲方有无单方解除权？解除合同后应当如何处理财产后果？

【本章学习目标】

通过学习本章，你应该能够：

1. 了解买卖合同的概念和特征。
2. 了解买卖合同当事人的权利和义务。
3. 掌握标的物所有权转移的规则。
4. 掌握标的物风险负担的规则。
5. 了解特种买卖的特殊规则。

第一节　买卖合同概述

一、买卖合同的概念

“买卖合同是出卖人转移标的物的所有权于买受人，买受人支付价款的合同”（第595条）。该条所说的“买卖”是指实物买卖。

买卖是基本的交易方式。从经济实质上看，买卖是社会必要劳动时间的交换。从法律的角度看，买卖以物与货币互为对价。买卖的一般形式是以物换钱，或者以钱换物，买卖对象（买卖的标的物）的价值须通过货币来衡量。

“买卖合同的内容一般包括标的物的名称、数量、质量、价款、履行期限、履行地点和方式、包装方式、检验标准和方法、结算方式、合同使用的文字及其效力等条款”（第596条）。

二、买卖合同的特征

（一）买卖合同是最典型的有偿合同

买卖合同是最典型的有偿合同，标的物与货币互为对价。买卖合同的这一特征，区别于没有对价的赠与合同。因为买卖合同是最典型的有偿合同，所以其他有偿合同准用买卖合同的规定。“法律对其他有偿合同有规定的，依照其规定；没有规定的，参照适用买卖合同的有关规定”（第646条）。

法律对债权转让、股权转让等权利转让合同有规定的，依照其规定；没有规定的，可以参照适用买卖合同的有关规定。

学生提问

定作合同可以适用买卖合同的规定吗？

——定作合同是承揽合同的一种，兼有买卖合同的性质，可以适用法律对买卖合同的规定。不兼有买卖性质的其他有偿合同，也可以参照适用买卖合同的规定。

（二）买卖合同是最典型的双务合同

此特征实际上是有偿合同在特定角度上的表述方法。买卖合同双方互负义务，双方都履行自己应当承担的义务，才能完成交换。买卖合同的双务性，对买卖双方的履行顺序具有重要的意义。在对买卖合同履行顺序没有规定或者没有约定，按照交易习惯也不能确定时，双方应当同时履行。

（三）买卖合同是诺成合同

一般买卖合同，只要双方意思表示一致即可成立并生效。除非特别约定，买卖合同不以交付标的物或者交付货币为合同的成立条件。这与实践合同有重大区别，对于实践合同，当事人交付标的物或者开始履行合同，合同才能成立。把买卖合同规定为诺成合同，是为了方便商品的流转。买卖合同作为诺成合同，也可以理解为两个诺言的交换。

（四）买卖合同是不要式合同

因买卖是商品交换最普遍的方式，为方便商品流转，法律原则上对买卖合同的形式不作硬性要求，因此买卖合同是不要式合同。除非另有规定，买卖合同可以采用口头方式。

三、买卖合同与相关合同的区别

（一）买卖合同不同于易货合同

买卖合同是钱物交换，易货合同是物物交换，两者对价的表现形式不一样。

（二）买卖合同不同于租赁合同

买卖合同以转移标的物的所有权为目的，租赁合同以转移使用权、收益权为目的。

（三）买卖合同不同于承揽合同

在动态意义上，买卖合同以实物给付为标的；在静态意义上，买卖合同以实物为标的

物，以完成标的物所有权的转移为对价。承揽合同以完成约定的行为为对价，尽管承揽合同也有交付标的物的行为，但其作为对价的，实质上是物化的劳动成果。这种劳动成果，一般是将劳动与财产相结合，这样才能实现有形的交付。应当指出：承揽合同中的定作合同，具有买卖和承揽双重性质。

四、出卖人对标的物无处分权时合同的效力

“因出卖人未取得处分权致使标的物所有权不能转移的，买受人可以解除合同并请求出卖人承担违约责任。法律、行政法规禁止或者限制转让的标的物，依照其规定”（第597条）。出卖人对标的物负有交付并转移所有权的义务，因此，出卖人对标的物应当有处分权。但是，没有处分权也不因此导致债权合同无效。或者说，没有其他违法事由、仅没有处分权的，合同有效。合同虽然有效但最终由于出卖人没有取得处分权导致买受人不能取得所有权的，买受人可以解除合同并请求出卖人承担违约责任。例如，张甲擅自将与其妻子李乙共同共有的一套房屋出卖给王丙，双方约定了不履行合同的违约金，后由于李乙的反对，该房屋不能转移登记到买受人王丙的名下①，则王丙有权通知张甲解除合同并有权要求张甲支付违约金。

如果出卖人出卖的是法律、行政法规禁止转让的标的物，或者是没有相应资格而出卖限制转让的标的物，合同应为无效，而不应按无权处分处理。

出卖人对标的物没有处分权，有的是因为没有所有权，有的是虽然有所有权，但处分受到法定或者约定的限制。

出卖人对标的物没有处分权，买受人也有可能善意取得。

其他有偿合同可以参照对买卖合同无权处分的规定。例如，张甲将房屋借给李乙暂住，李乙却出租给王丙，张甲发现后将王丙“扫地出门”。本案中的租赁合同可参照出卖人无权处分标的物的规定，认定为有效，王丙有权追究李乙的违约责任。

五、一物多卖时合同的效力

债具有相容性，是指同一特定给付，可以成立两个以上的债的关系。在债的相容性中，一物多卖具有典型性。出卖人就同一标的物订立多重买卖合同，合同均不具有《民法典》规定的无效情形，买受人因不能按照合同约定取得标的物所有权的，可以请求追究出卖人的违约责任。

（一）普通动产的一物多卖

《买卖合同解释》第6条规定：“出卖人就同一普通动产订立多重买卖合同，在买卖合同均有效的情况下，买受人均要求实际履行合同的，应当按照以下情形分别处理：（一）先行受领交付的买受人请求确认所有权已经转移的，人民法院应予支持；（二）均未受领交付，先行支付价款的买受人请求出卖人履行交付标的物等合同义务的，人民法院应予支持；（三）均未受领交付，也未支付价款，依法成立在先合同的买受人请求出卖人履行交

① 《民法典》第301条规定：“处分共有的不动产或者动产以及对共有的不动产或者动产作重大修缮、变更性质或者用途的，应当经占份额三分之二以上的按份共有人或者全体共同共有人同意，但是共有人之间另有约定的除外。”

付标的物等合同义务的，人民法院应予支持。”

（1）普通动产是指机动交通运输工具以外的动产。普通动产不涉及登记的问题。

（2）本条适用的一个前提是，一物多卖的各个合同均有效。认定合同有效便于保护买受人的利益，未得到实际履行的买受人得向出卖人主张违约责任，定金罚则、违约金都可以适用。

（3）该买卖的标的物是特定物，买受人均要求实际履行合同时，应当作出抉择，看看应当谁优先、应当支持谁。

参考案例9－1

出卖人张三就一面雕刻龙凤的翡翠分别与A、B、C签订买卖合同。

其一：

张三3月1日与A签订买卖合同。

张三4月1日与B签订买卖合同。

张三5月1日与C签订买卖合同。

在对A、B、C均未交付的前提下，张三可以任意清偿，也就是说，他可以效益违约。交付给谁，都有效。

其二：

假设张三交付给C，C取得所有权。A、B起诉，请求实际履行合同，不应予以支持（法律不能），即使A、B先付款或者先签订合同。

占有（受领交付即取得占有）＞付款；占有＞合同成立在先。

其三：

在张三对A、B、C均未交付的前提下，买受人起诉，请求实际履行，则：

占有＞付款＞合同成立在先；先行付款＞后付款。

其四：

张三3月1日与A签订买卖合同并交付之后，又就同一标的物与他人签订买卖合同，不属于一物多卖，属于无权处分，已经不存在任意清偿的可能。

（二）特殊动产的一物多卖

机动交通运输工具是特殊动产。《买卖合同解释》第7条规定：“出卖人就同一船舶、航空器、机动车等特殊动产订立多重买卖合同，在买卖合同均有效的情况下，买受人均要求实际履行合同的，应当按照以下情形分别处理：（一）先行受领交付的买受人请求出卖人履行办理所有权转移登记手续等合同义务的，人民法院应予支持；（二）均未受领交付，先行办理所有权转移登记手续的买受人请求出卖人履行交付标的物等合同义务的，人民法院应予支持；（三）均未受领交付，也未办理所有权转移登记手续，依法成立在先合同的买受人请求出卖人履行交付标的物和办理所有权转移登记手续等合同义务的，人民法院应予支持；（四）出卖人将标的物交付给买受人之一，又为其他买受人办理所有权转移登记，已受领交付的买受人请求将标的物所有权登记在自己名下的，人民法院应予支持。”

先行受领的享有所有权；未交付时，办理登记手续的优先；未交付也未办理登记手续

的，先行成立合同的优先。即占有>办理登记手续>合同成立在先。

第二节　买卖合同当事人的权利和义务

一、出卖人的权利和义务

出卖人的主要权利是获取价金。其义务可以被分解为多项。

（一）交付标的物并转移标的物所有权的义务

1. 概述

《民法典》第 598 条规定："出卖人应当履行向买受人交付标的物或者交付提取标的物的单证，并转移标的物所有权的义务。"这是出卖人的基本义务。交付标的物和转移标的物的所有权是完成给付的两个要素。

交付，是指交付占有。对买卖一般动产而言，交付行为完成时，所有权实现转移，此时给付完成。例如，买卖一本书，出卖人将这本书交付给买受人，买受人取得占有的同时取得所有权。在法律另有规定或者当事人另有约定的情况下，交付行为完成，所有权不发生转移。例如，当事人约定所有权保留，尽管买受人占有了标的物，但在其未全部履行付款义务或者约定的其他义务时，所有权不发生转移。

须登记的动产（机动交通运输工具），在办理"过户登记"后，出卖人的给付才算全部完成。《民法典》第 225 条规定："船舶、航空器和机动车等的物权的设立、变更、转让和消灭，未经登记，不得对抗善意第三人。"

对出卖的不动产也应当交付，并办理不动产所有权转移登记（过户登记）。《民法典》第 209 条第 1 款规定："不动产物权的设立、变更、转让和消灭，经依法登记，发生效力；未经登记，不发生效力，但是法律另有规定的除外。"例如，甲方将一间旧房卖给乙方，甲方将该房屋交给乙方占有使用，但房屋的所有权在办理过户登记手续后才发生转移。

2. 动产的观念交付

交付，是指现实交付。动产的买卖，也可以通过观念交付的方式转移所有权。

观念交付，又称为象征交付，是指在标的物不能实际转移占有或者不需要实际转移占有的情况下，转让人（包括出卖人）将对标的物占有的权利移转给受让人（包括买受人），以代替实物的交付。观念交付只适用于动产，不适用于不动产。观念交付分为简易交付、指示交付和占有改定。

（1）简易交付。

简易交付，是指在合同订立前受让人已实际占有标的物时，自合同生效之日起即为交付。《民法典》第 226 条就简易交付作出规定："动产物权设立和转让前，权利人已经占有该动产的，物权自民事法律行为生效时发生效力。"例如，甲方将机器租给乙方，在租赁期间即乙方占有期间，双方协商买卖这台机器，买卖合同生效时（买卖合同作为诺成合同，成立时生效），交付就视为完成。

（2）指示交付。

指示交付，是指在标的物由转让、受让双方以外的第三人实际占有时，转让人将对第三人的返还请求权让与受让人，以代标的物的实际交付。《民法典》第227条就指示交付作出规定："动产物权设立和转让前，第三人占有该动产的，负有交付义务的人可以通过转让请求第三人返还原物的权利代替交付。"例如，出卖人将已经出租的标的物或由他人保管的标的物出卖的，可将对承租人的租赁物返还请求权或将对保管人、仓储人的返还请求权让与买受人，以代标的物的实际交付。

（3）占有改定。

占有改定，是指由双方当事人约定，标的物的所有权转移给受让人，但标的物仍旧由转让人实际占有，受让人取得标的物的间接占有，以代标的物的实际交付。《民法典》第228条就占有改定作出规定："动产物权转让时，当事人又约定由出让人继续占有该动产的，物权自该约定生效时发生效力。"例如，双方在签订买卖合同之后、交付之前，又签订租赁合同，由出卖人租用标的物，则自租赁合同生效之时起标的物即为交付。此时，标的物虽由出卖人继续占有，但买受人作为所有权人取得间接占有。

3. 所有权转移与出卖物知识产权的归属

随着现代科学技术的发展，负载知识产权的商品越来越多地出现，成为买卖合同的标的物。标的物发生买卖，其负载的知识产权是否同时发生转移，需要法律的明确规范。"出卖具有知识产权的标的物的，除法律另有规定或者当事人另有约定外，该标的物的知识产权不属于买受人"（第600条）。例如，你买一本书，书的所有权属于你，而这本书蕴含的著作权、商标专用权、外观设计专利权等并不发生转移。这样也符合买卖合同的目的，买受人的着眼点是物本身，而不是物所负载的知识产权。如果法律规定知识产权随同标的物转移，或者对知识产权有处分权的出卖人与买受人特约，知识产权转移于买受人，自不成问题。比如，《著作权法》第20条第1款规定："作品原件所有权的转移，不改变作品著作权的归属，但美术、摄影作品原件的展览权由原件所有人享有。"展览权是一种著作财产权。

（二）交付辅助单证的义务

"出卖人应当按照约定或者交易习惯向买受人交付提取标的物单证以外的有关单证和资料"（第599条）。单证分为两类，一类是提取标的物的单证，另一类是辅助单证和有关资料。提取标的物的单证以外的有关单证和资料，主要包括保险单、保修单、普通发票、增值税专用发票、产品合格证、质量保证书、质量鉴定书、品质检验证书、产品进出口检疫书、原产地证明书、使用说明书、装箱单等。

交付提取标的物的单证的意义与交付辅助单证和有关资料的意义并不相同，前者的交付是标的物的观念交付，是完成主给付义务的行为；后者的交付是为了保证给付效果，是为了主给付义务的完美，属于从给付义务。

（三）按约定的时间、地点、方式交付标的物的义务

时间、地点和方式是交付三要素。出卖人按照约定的时间、地点和方式交付才能保证给付效果。

1. 交付时间

交付时间，也就是交付期限。"出卖人应当按照约定的时间交付标的物。约定交付期限的，出卖人可以在该交付期限内的任何时间交付"（第601条）。出卖人交付标的物的时间，可以是一个确定的时点，也可以是一个确定的时段。前者是期日，是指不可分或视为

不可分的特定时间，如某日、某月等，无持续观念；后者是期间，是指从起点到终点所经过的时间，是一个持续的时间段。例如，当事人可以约定出卖人 6 月 1 日当天交付，也可以约定出卖人 5 月 1 日至 6 月 1 日交付，在 5 月 1 日至 6 月 1 日中的任何一天交付都符合约定。

《民法典》第 602 条规定："当事人没有约定标的物的交付期限或者约定不明确的，适用本法第五百一十条、第五百一十一条第四项的规定。"第 510 条是关于合同补缺（补充性解释）的规定。第 511 条第 4 项规定："履行期限不明确的，债务人可以随时履行，债权人也可以随时请求履行，但是应当给对方必要的准备时间。"应当注意，对《民法典》第 510 条、第 511 条第 4 项的适用有一个递进关系，在适用第 510 条不能确定履行期限时，才能适用第 511 条第 4 项的规定。

出卖人提前交货的，买受人接货后，仍可按照合同约定的时间付款。

2. 交付地点

出卖人应当按照约定的地点交付标的物。动产交付地，是履行地，是所有权转移的地点。

《民法典》第 603 条第 2 款规定："当事人没有约定交付地点或者约定不明确，依据本法第五百一十条的规定仍不能确定的，适用下列规定：（一）标的物需要运输的，出卖人应当将标的物交付给第一承运人以运交给买受人；（二）标的物不需要运输，出卖人和买受人订立合同时知道标的物在某一地点的，出卖人应当在该地点交付标的物；不知道标的物在某一地点的，应当在出卖人订立合同时的营业地交付标的物。"

（1）标的物需要运输，但不能确定交付地点的，交付给第一承运人就视为对买受人的交付。

（2）标的物不需要运输时：第一，以标的物所在地为交付地，即出卖人和买受人订立合同时知道标的物在某一地点的，出卖人应当在该地点交付标的物；第二，以营业地为交付地，即出卖人没有告诉买受人标的物在何地点时，出卖人应当在订立合同时的营业地交付标的物。

参考案例9-2

甲方购买乙方的一台小型电机，在乙方位于北京市海淀区的商店里签订了合同。但乙方没有告诉甲方货物放在北京市昌平区的仓库里。三天后甲方前来提货，甲方是到海淀区的商店取货，还是到昌平区的仓库取货？

——依据《民法典》第 603 条第 2 款的规定，甲方应当到乙方在北京市海淀区的商店取货。

3. 交付方式

交付方式按约定进行，可以是现实交付，动产也可以是观念交付。对现实交付当事人可以具体约定交付的"标准"，例如，有的机器出卖商与用户约定，以安装完毕算交付。

（四）按照约定的包装方式交付标的物的义务

出卖人应当按照约定的包装方式交付标的物。对包装方式没有约定或者约定不明确，依据《民法典》第 510 条的补缺的规定仍不能确定的，应当按照通用的方式包装；没有通用方式的，应当采取足以保护标的物且有利于节约资源、保护生态环境的包装方式（见第619条）。这个条文有递进的四个层次：第一，按照约定；第二，按照《民法典》第510条的补缺规则确定；第三，按照通用方式；第四，按照足以保护标的物且有利于节约资源、保护生态环境的方式。

（五）权利瑕疵担保义务

权利瑕疵担保义务，是指出卖人就标的物有担保第三人不向买受人追夺或主张其他权利的义务。权利瑕疵担保义务起源于罗马法，称为追夺担保。但“追夺担保”适用于现代合同法时，在包含的内容上似嫌不足。因为，有权利瑕疵不仅仅是追夺的问题。《民法典》第612条规定：“出卖人就交付的标的物，负有保证第三人对该标的物不享有任何权利的义务，但是法律另有规定的除外。”“不享有任何权利”，就已经超越了“追夺”本身的意义。

买受人订立合同时知道或者应当知道第三人对买卖的标的物享有权利的，出卖人不承担《民法典》第612条规定的权利瑕疵担保义务（见第613条）。例如，出卖人就已经抵押给他人的物与买受人签订买卖合同，买受人知道是抵押物的话，就不能再追究出卖人的权利瑕疵担保责任了。

1. 权利瑕疵的含义

当事人订立合同，出卖人必须对作为合同标的的物享有所有权、处分权或者标的物上没有买受人所不知的权利负担。欠缺所有权、处分权或者有买受人所不知的权利负担，则可称合同有权利瑕疵。标的物已经抵押、出租给他人等，属于有权利负担。权利瑕疵，最早是针对买卖合同而言的，在现代合同法上，权利瑕疵理论和规则可适用于其他有偿合同。

2. 针对权利瑕疵的抗辩

“买受人有确切证据证明第三人对标的物享有权利的，可以中止支付相应的价款，但是出卖人提供适当担保的除外”（第614条）。在传统理论中，针对权利瑕疵的抗辩，是一种履行抗辩权。中止，是暂时停止。出卖人事先有适当的担保，则买受人不能中止支付。买受人中止支付后，出卖人提供了适当的担保，买受人应当恢复履行。

只要第三人“可能”对买受人主张权利，买受人就可以对出卖人行使抗辩权，无须第三人实际主张权利。对第三人享有权利的举证责任由买受人承担。

3. 对权利负担的涤除

权利负担是权利瑕疵的一种，买受人可以涤除标的物上的权利负担而获得没有法律风险的所有权。涤除的方法是行使《民法典》第524条规定的第三人代为履行权。例如，甲将一台仪器抵押给乙，以担保所欠的300万元，后又将这台仪器卖给不知情的丙，买受人丙非常需要这台仪器，得知真实情况后，有权代甲（乙的债务人）向乙清偿债务，涤除抵押权。

（六）标的物的瑕疵担保义务

1. 标的物的瑕疵担保义务的含义

标的物的瑕疵担保义务，是指出卖人担保其所交付的标的物符合买卖合同约定或者法律规定的品质、价值和效用的义务。“出卖人应当按照约定的质量要求交付标的物。出卖人提供有关标的物质量说明的，交付的标的物应当符合该说明的质量要求”（第615条）。

当事人对标的物的质量要求没有约定或者约定不明确，依据《民法典》第 510 条补缺的规定仍不能确定的，适用《民法典》第 511 条第 1 项的规定（见第 616 条）。该项规定：质量要求不明确的，按照强制性国家标准履行；没有强制性国家标准的，按照推荐性国家标准履行；没有推荐性国家标准的，按照行业标准履行；没有国家标准、行业标准的，按照通常标准或者符合合同目的的特定标准履行。

2. 违反标的物的瑕疵担保义务的责任

出卖人交付的标的物不符合质量要求的，买受人根据标的的性质以及损失的大小，可以合理选择请求对方承担修理、重作、更换、退货、减少价款或者报酬等违约责任。

在履行义务或者采取补救措施后，买受人还有其他损失的，有权请求赔偿损失。

出卖人构成重大违约的，买受人可以解除合同并要求赔偿全部损失。

3. 瑕疵担保责任减免的特约

“当事人约定减轻或者免除出卖人对标的物瑕疵承担的责任，因出卖人故意或者重大过失不告知买受人标的物瑕疵的，出卖人无权主张减轻或者免除责任”（第 618 条）。例如，甲卖给乙一头藏犬，约定乙养殖期间该藏犬若死亡，甲不承担责任。交付后不久，该藏犬死亡，经解剖，发现甲为使藏犬面相好（为卖高价），在藏犬脸部植入大量硅胶，这是导致藏犬死亡的原因。乙尽管与甲有免责的约定，仍可追究甲的责任。

4. 买受人知道标的物的瑕疵时责任的认定

《买卖合同解释》第 24 条规定：“买受人在缔约时知道或者应当知道标的物质量存在瑕疵，主张出卖人承担瑕疵担保责任的，人民法院不予支持，但买受人在缔约时不知道该瑕疵会导致标的物的基本效用显著降低的除外。”例如，甲向乙出卖成年人衣服，乙知道这种衣服会“缩水”。但该衣服被水洗之后，缩小到根本不能穿的地步，因此乙仍有权请求甲承担违约责任。

（七）标的物回收义务

标的物回收，也称为产品回收，是指由出卖人（生产经营者等）收回使用期限届满、有害环境的废旧产品或者具有再利用价值的废旧产品，收回以后予以销毁或者再加利用。“依照法律、行政法规的规定或者按照当事人的约定，标的物在有效使用年限届满后应予回收的，出卖人负有自行或者委托第三人对标的物予以回收的义务”（第 625 条）。经营者与消费者约定的“以旧换新”（购买同类产品时将回收的同类废旧产品折价），也是一种标的物回收的方法。

二、买受人的权利和义务

买受人的主要权利是受领标的物，取得所有权。其义务可以作多项分解。

（一）付款义务

1. 价款的数额

买受人应当按照约定的数额和支付方式支付价款。对价款的数额和支付方式没有约定或者约定不明确的，适用《民法典》第 510 条补缺的规定，依据补缺的规定仍不能确定的，适用下列规定：其一，价款或者报酬不明确的，按照订立合同时履行地的市场价格履行；依法应当执行政府定价或者政府指导价的，依照规定履行。其二，履行方式不明确的，按照有利于实现合同目的的方式履行（见第 626 条、第 511 条第 2 项和第 5 项）。

2. 支付价款的地点

买受人应当按照约定的地点支付价款。对支付地点没有约定或者约定不明确，依据《民法典》第510条补缺规定仍不能确定的，买受人应当在出卖人的营业地支付；但是，约定支付价款以交付标的物或者交付提取标的物单证为条件的，在交付标的物或者交付提取标的物单证的所在地支付（见第627条）。支付价款的地点有四种情况：

（1）按照约定的地点支付价款。

（2）按照《民法典》第510条补缺规定确定的地点支付价款（主要是按交易习惯确定，但也可以按合同其他条款确定）。

（3）在出卖人的营业地支付价款。

（4）在交付地（履行地）支付价款。

3. 支付价款的时间

买受人应当按照约定的时间支付价款。对支付时间没有约定或者约定不明确，依据《民法典》第510条补缺规定仍不能确定的，买受人应当在收到标的物或者提取标的物单证的同时支付（见第628条）。

4. 对多交部分的付款义务及拒收时的保管

"出卖人多交标的物的，买受人可以接收或者拒绝接收多交的部分。买受人接收多交部分的，按照约定的价格支付价款；买受人拒绝接收多交部分的，应当及时通知出卖人"（第629条）。

买受人拒绝接收多交部分标的物的，可以代为保管多交部分标的物。买受人可以要求出卖人负担代为保管期间的合理费用。买受人可以要求出卖人承担代为保管期间非因买受人故意或者重大过失造成的损失。

买受人对多交部分占有但拒绝受领（不作为买卖的标的物）的，除及时通知出卖人以外，还应尽保管义务，对保管物的损失，一般过失免责。例如，甲向乙发货，乙从车站拉回后，打开包装时发现多了一台机器，对多出来的机器乙不欲购买，应及时向出卖人甲发出拒绝接收的通知。保管费用由出卖人甲承担，因乙故意或重大过失造成的损失由乙承担。

（二）及时受领义务

受领是权利，及时受领也是义务。买受人不及时受领，称为债权人迟延，应当承担相应的责任。

（三）检验和通知义务

1. 按照约定的时间检验和及时检验

检验是买受人对标的物数量、质量等进行的检查。检验是买受人的权利，按照约定的时间及时检验则是买受人的义务。"买受人收到标的物时应当在约定的检验期限内检验。没有约定检验期限的，应当及时检验"（第620条）。对"及时"的理解，可参照《联合国国际货物销售合同公约》第38条第1款的规定："买方必须在按情况实际可行的最短时间内检验货物或由他人检验货物。"

2. 通知义务

"当事人约定检验期限的，买受人应当在检验期限内将标的物的数量或者质量不符合约定的情形通知出卖人。买受人怠于通知的，视为标的物的数量或者质量符合约定。当事人没有约定检验期限的，买受人应当在发现或者应当发现标的物的数量或者质量不符合约定的合理期限内通知出卖人。买受人在合理期限内未通知或者自收到标的物之日起二年内未通知出卖人的，视为标的物的数量或者质量符合约定；但是，对标的物有质量保证期的，适用质量保证期，不适用该二年的规定。出卖人知道或者应当知道提供的标的物不符合约定的，买受人不受前两款规定的通知时间的限制”（第 621 条）。实践中应注意：

（1）在检验期限内通知（在检验期限内发出通知的，检验期限包括通知期限），即应在检验期限内对数量或者质量以通知的方式提出异议，否则后果极为严重，视为符合约定。

（2）没有约定检验期限的，在合理的期限内通知或自标的物收到两年内通知。首先要确定合理的期限，不能确定的，以两年为合理的期限，有质保期的除外。

该“两年”是最长的合理期限。该期限为不变期限，不适用诉讼时效中止、中断或者延长的规定。检验期限、合理期限、两年期限经过后，买受人主张标的物的数量或者质量不符合约定的，不应予以支持。出卖人自愿承担违约责任后，又以上述期限已经超过为由反悔的，不应予以支持。

（3）出卖人知道或者应当知道提供的标的物不符合约定的，买受人不受前两种规定的通知时限的限制。

参考案例 9-3

甲方（饲料公司）卖给乙方 1 000 千克猪饲料，有效成分严重不足。约定的验收时间是收到货物的 15 天内。在收到货物的 15 天内，乙方未提出异议，在第 30 天提起诉讼，能否胜诉？

——甲方知道或者应当知道标的物有瑕疵，因此乙方不受该 15 天的限制。

3. 检验期限或质量保证期限过短

（1）异议期限分为对外观瑕疵（表面瑕疵）的异议期限和对隐蔽瑕疵的异议期限。“当事人约定的检验期限过短，根据标的物的性质和交易习惯，买受人在检验期限内难以完成全面检验的，该期限仅视为买受人对标的物的外观瑕疵提出异议的期限”（第 622 条第 1 款）。认定“对外观瑕疵提出异议的期限”后，还应确定对隐蔽瑕疵提出异议的合理期限。例如，某甲买了一套木器，在三个月内（由于季节的变化）开裂。买卖双方约定的异议期只有 10 天。该 10 天应当认为是“对外观瑕疵提出异议的期限”，要查看有无质保期，没有质保期的，由法院依据法律确定对隐蔽瑕疵提出异议的合理期限。

（2）“约定的检验期限或者质量保证期短于法律、行政法规规定期限的，应当以法律、行政法规规定的期限为准”（第 622 条第 2 款）。即应采取“法定大于约定”的规则。

4. 检验的事项和标准

（1）检验的事项包括数量和质量。对质量的检验，又分为对外观瑕疵的检验和对内在质量瑕疵（隐蔽瑕疵）的检验。“当事人对检验期限未作约定，买受人签收的送货单、确认单等载明标的物数量、型号、规格的，推定买受人已经对数量和外观瑕疵进行检验，但是有相关证据足以推翻的除外”（第 623 条）。买受人签收的送货单、确认单等载明标的物数量、型号、规格的，可认定为对标的物数量和外观瑕疵进行了检验，尚不能认为是对隐蔽瑕疵进行了检验。例如，出卖人将一套沙发送到买受人家中，买受人在送货单上签了字。后发现沙发弹簧坏了，此为隐蔽瑕疵，买受人仍可提出异议，请求出卖人承担违约责任。

(2)“出卖人依照买受人的指示向第三人交付标的物，出卖人和买受人约定的检验标准与买受人和第三人约定的检验标准不一致的，以出卖人和买受人约定的检验标准为准”(第 624 条)。这是基于债的相对性作出的规定。

5. 不影响异议的情形

《买卖合同解释》第 13 条规定：“买受人在合理期限内提出异议，出卖人以买受人已经支付价款、确认欠款数额、使用标的物等为由，主张买受人放弃异议的，人民法院不予支持，但当事人另有约定的除外。”

(1) 以下行为不影响异议的效力：其一，买受人履行合同的行为（支付全部或者部分价款）；其二，对账、写欠条等确认出卖人债权的行为；其三，使用标的物的行为；其四，其他有关行为。

(2) 消费物在消费一部分后，不妨碍提出异议，因为剩余的部分仍可证明商品质量。全部消费之后，从理论上看，仍可提出异议，但需要有关的证据。

(3) 当事人可能有特别约定，例如，约定消费物消费后，异议无效；当事人约定已经支付价款、写欠条后，不得再提出异议。这种约定是不应产生拘束力的，因为买受人为给付或者确认给付，对出卖人是有好处的，因此却丧失了异议权，实属不公平。实务中当事人一般也不会这样约定。

6. 检验费用

买受人对收到的标的物可以亲自检验，也可以委托商检机构或其他有检验能力的机构、单位进行检验。委托他人进行检验，会产生检验费用。检验费用的承担，由买卖双方约定。如果没有约定，原则上应按检验结果确定费用的承担：如果标的物经检验合格，则检验费用应当由买受人承担；如果标的物经检验不合格，则检验费用应当作为损失由出卖人赔偿。

7. 合理费用的负担

《买卖合同解释》第 16 条规定：“买受人在检验期限、质量保证期、合理期限内提出质量异议，出卖人未按要求予以修理或者因情况紧急，买受人自行或者通过第三人修理标的物后，主张出卖人负担因此发生的合理费用的，人民法院应予支持。”本条的“合理费用”（修理费）是指必要费用，请求合理费用的前提是提出质量异议。有质量保证金的，可以从中扣除修理费。

第三节　风险负担及孳息归属

一、标的物风险的负担

（一）风险的含义

关于风险有两种表述：一种是狭义的，是指不可归责于当事人的事由致使标的物毁损、灭失造成的损失；另一种是广义的，除指不可归责于当事人的事由造成损失的以外，还包括与当事人过失有关的损失。比如标的物被盗窃，则当事人可能就有保管上的过失。如《联合国国际货物销售合同公约》就有类似的规定。我国《民法典》所规定的风险，有的是因不可归责于当事人的事由（如不可抗力）造成的，有的与当事人的过失有关。

（二）风险发生的时间

（1）风险可能发生在标的物交付之前，也可能发生在标的物交付之后。如《民法典》第 604 条规定了交付之前的毁损、灭失的风险由出卖人承担，交付之后的毁损、灭失的风险由买受人承担。

（2）风险一般发生在买卖合同成立以后，但也可能发生在买卖合同成立之前。如《民法典》第 606 条关于路货风险负担的规定，就是以合同成立为界限的。路货可能在合同成立前毁损、灭失，也可能在合同成立后毁损、灭失。

（三）风险负担的基本分配原则

《民法典》第 604 条规定："标的物毁损、灭失的风险，在标的物交付之前由出卖人承担，交付之后由买受人承担，但是法律另有规定或者当事人另有约定的除外。"这是风险最基本的分配原则。关于风险的承担，允许当事人另有约定。例如，当事人可以约定，在合同订立之后、标的物交付之前，由买受人承担风险。再如，当事人可以约定，在标的物交付之后的一段时间，风险由出卖人承担。

有时是承运人（第三人）代买受人受领，交给承运人即为交付。"出卖人按照约定将标的物运送至买受人指定地点并交付给承运人后，标的物毁损、灭失的风险由买受人承担"（第 607 条第 1 款）。

（四）因买受人的原因未按期交付时的风险负担

交付而转移风险是一般规则，但是由于买受人的原因不能按期交付，则风险仍应由出卖人承担就有失公平。对此，《民法典》第 605 条规定："因买受人的原因致使标的物未按照约定的期限交付的，买受人应当自违反约定时起承担标的物毁损、灭失的风险。"买受人的原因导致不能按期交付主要有以下几种情况：

（1）买受人未做好受领的准备，以致不能按期交付。

（2）买受人无合法的理由拒不受领标的物。

（3）买受人应先支付价款而未支付，出卖人行使《民法典》第 526 条规定的先履行抗辩权。原则上，买卖双方同时履行时，由于行使同时履行抗辩权而导致货物未交付的，风险并不转移至买受人。

（五）路货风险的转移

"出卖人出卖交由承运人运输的在途标的物，除当事人另有约定外，毁损、灭失的风险自合同成立时起由买受人承担"（第 606 条）。因为风险负担转移至买受人，故买受人不因风险的发生而免除支付货款的义务。

出售正在运输途中的标的物，其特殊性在于：第一，交付方式多为拟制交付，即交付提单，在交付提单的同时交付保险单。第二，在买卖合同订立时，标的物已经交承运人，脱离了出卖人的实际控制。第三，基于以上两个特点，买卖双方可能对标的物最近的状况不了解，出卖人可以把标的物和风险一并转移给买受人。

（六）交付地点不明且需要运输时的风险负担

当事人没有约定交付地点或者约定不明确，依据《民法典》第603条第2款第1项的规定标的物需要运输的，出卖人将标的物交付给第一承运人后，标的物毁损、灭失的风险由买受人承担（见第607条第2款）。交付给第一承运人，视为出卖人完成了交付义务，按照风险承担的一般规则，交付后，风险转移给买受人。

（七）买受人未在约定地点受领或不需要运输时未在法定的地点受领时的风险负担

出卖人按照约定或者依照《民法典》第603条第2款第2项的规定将标的物置于交付地点，买受人违反约定没有收取的，标的物毁损、灭失的风险自违反约定时起由买受人承担（见第608条）。买受人受领迟延，在迟延期间发生风险，由买受人承担。依据以上规定，买受人受领迟延以致承担风险有三种情况：

（1）出卖人按照约定将标的物置于交付地点，买受人到期没有受领。

（2）交付地点不能确定，标的物不需要运输，出卖人和买受人订立合同时知道标的物在某一地点的，出卖人将标的物置于该地点，买受人到期没有受领。

（3）交付地点不能确定，标的物不需要运输，出卖人和买受人订立合同时不知道标的物在某一地点的，出卖人将标的物置于订立合同时的营业地，买受人到期没有受领。

参考案例9-4

7月1日甲、乙订立买卖合同，甲卖给乙1万箱啤酒。甲的发货大厅里有5个库房，每个库房的装货量是1万箱啤酒。因当时啤酒供不应求，应买受人乙的要求，甲在1号库房的大门上加贴“封条”，注明1号库房的1万箱啤酒“专供”给买受人乙。合同约定乙上门提货，提货时间是7月25日至8月1日。8月3日，乙去提货，但由于不可抗力，8月2日甲的库房起火，5个库房的啤酒全部灭失。请问：1号库房的损失应由谁承担风险？

——1号库房的1万箱啤酒已经成为“主观特定物”，出卖人甲按照约定将标的物置于交付地点，买受人乙未在规定的期限内提取，应当承担货物灭失的风险。如果没有将1号仓库的货物特定化，即使5个仓库的货物全部毁损、灭失，受领迟延的乙也不承担风险。

（八）辅助单证和资料的交付与风险的负担

“出卖人按照约定未交付有关标的物的单证和资料的，不影响标的物毁损、灭失风险的转移”（第609条）。辅助单证和资料对标的物所有权的转移没有影响，因而出卖人按照约定未交付有关标的物的单证和资料，但标的物已经交付的，风险仍转移至买受人。

（九）买受人因出卖人根本性违约而拒收时的风险负担

“因标的物不符合质量要求，致使不能实现合同目的的，买受人可以拒绝接受标的物或者解除合同。买受人拒绝接受标的物或者解除合同的，标的物毁损、灭失的风险由出卖人承担”（第610条）。出卖人提供的标的物质量不符合质量要求，致使买受人不能实现合同目的，构成了根本性违约或重大违约，此种情况下，买受人可以拒收，要求重新发货，也可以通知卖方解除合同。因拒绝收货、解除合同是出卖人根本性违约造成的，标的物毁损、灭失的风险自应当由违约人负担。如果出卖人尚未构成根本性违约或者重大违约，即标的物虽有瑕疵，但尚未影响买受人合同目的的实现，依照诚实信用原则，买受人不得拒收。买受人拒收的，应当承担标的物毁损、灭失的风险。

（十）买受人负担风险不影响要求出卖人承担违约责任

“标的物毁损、灭失的风险由买受人承担的，不影响因出卖人履行义务不符合约定，买受人请求其承担违约责任的权利”（第611条）。出卖人虽然履行了义务，但履行义务不符合约定，而买受人又受领了标的物，受领标的物以后标的物毁损、灭失的，不影响买受人要求出卖人承担违约责任的权利。例如，甲方卖给乙方一套设备，该设备的附属仪表在交付时就已经损坏，甲方应当就附属仪表的损坏向乙方赔偿。在乙方提出索赔之前或者之后，该设备连同仪表意外灭失，不影响乙方向甲方就仪表的损坏求偿的权利，甲方的违约责任仍然存在。

二、孳息的归属

“标的物在交付之前产生的孳息，归出卖人所有；交付之后产生的孳息，归买受人所有。但是，当事人另有约定的除外”（第630条）。应当注意，在所有权保留的情况下，孳息同样处于所有权保留的法律状态，在交付之后不能归买受人所有，否则，就会产生不公平的结果。

根据两物之间存在的原有物产生新物的关系，可以将其分为原物和孳息。孳息又称为孳息物，可分为天然孳息和法定孳息。天然孳息是依自然规律产生的物，如牛之牛奶、牛之小牛。法定孳息是拟制的孳息，是根据法律规定产生的物，如存款之利息、入股之股息、出租房屋之租金等。

参考案例9-5

张三卖给李四一头怀孕的母牛，价款为1万元，约定交付后一个月内付清价款，否则所有权仍归张三。李四收牛后，该牛早产，生下小牛。请问：此时小牛的所有权归谁？

——小牛的所有权人是张三。小牛处于所有权保留的状态之下。如果认为小牛属于李四，则会出现矛盾的情况——母牛归张三而小牛归李四，且不公平。

第四节　买卖合同的解除

一、主、从物的解除

根据两个独立存在的物在用途上客观存在的主从关系，可以把物分成主物和从物。“因标的物的主物不符合约定而解除合同的，解除合同的效力及于从物。因标的物的从物不符合约定被解除的，解除的效力不及于主物”（第631条）。解除主物，从物没有单独存在的价值，因此随同解除。解除从物，买受人的合同目的还可以实现，因此主物的给付效力仍然保留。

二、数物解除

“标的物为数物，其中一物不符合约定的，买受人可以就该物解除。但是，该物与他物分离使标的物的价值显受损害的，买受人可以就数物解除合同”（第632条）。本条规定了买受人的解除权。若数物是作为整体出卖的，有瑕疵的物与他物分离将显受损害，则应就全部标的物解除合同。也就是说，在此情况下，买受人主张部分解除时，出卖人得主张全部解除而反对部分解除。

参考案例9-6

王某在家具店购买了床、柜等四件家具。后王某发现床不能承重，就要求退货。家具店指出，该四件家具风格一致，用料一致，是作为一套家具出售的，是互相配合发挥美化作用的，该套家具在任何时候都是整套出售就证明了这一点，如果要退，四件必须一起退。请问：家具店的说法是否正确？

——依据《民法典》第632条的规定，家具店有要求数物解除的权利，即如果王某要退货，四件必须一起退。

三、分批交付时的解除

（一）就其中的一批解除

“出卖人分批交付标的物的，出卖人对其中一批标的物不交付或者交付不符合约定，致使该批标的物不能实现合同目的的，买受人可以就该批标的物解除”（第633条第1款）。例如，甲方卖给乙方10批煤，第8批煤不符合质量要求，因煤是可替代物，乙方可单就第8批煤解除。

（二）就某批和今后各批的解除

“出卖人不交付其中一批标的物或者交付不符合约定，致使之后其他各批标的物的交付不能实现合同目的的，买受人可以就该批以及之后其他各批标的物解除”（第633条第2款）。例如，甲方卖给乙方10批添加剂用于锅炉的燃烧，该添加剂是甲方研制的，别的地方买不到。因第8批添加剂质量不合格，乙方解除第8批就被迫停止锅炉的燃烧。第9、10批添加剂即使质量符合要求，重新燃烧锅炉也成本巨大，得不偿失。此时，乙方可将第8、9、10批一并解除，前7批继续有效。

（三）全部解除

“买受人如果就其中一批标的物解除，该批标的物与其他各批标的物相互依存的，可以就已经交付和未交付的各批标的物解除”（第633条第3款）。例如，甲方卖给乙方积木，分三批发货，第1批符合要求，第2批不符合要求，第3批是否符合要求尚不知。因三批货是组合使用的，乙方可以全部解除。

第五节　特种买卖合同、互易合同

特殊形态的买卖、具有特殊要件的买卖被称为特种买卖。特种买卖虽有其特殊性，但与一般买卖没有本质区别。我国《民法典》规定的特种买卖有分期付款买卖、凭样品买卖、试用买卖、所有权保留买卖、招标投标买卖和拍卖。有的著作把互易也作为特种买卖，严格来说，互易合同不是买卖合同。

一、分期付款买卖

（一）分期付款买卖的含义

分期付款买卖，是指按照约定买受人应按照一定期限分批向出卖人支付价款的买卖。其根本特征是：买受人按照约定在受领标的物后分期分批（至少分三次）向出卖人付清总价款。分期付款是赊销的一种买卖形式，分期付款买卖也可以特约所有权保留。分期付款也是一种信用买卖，买受人支付部分价款就可获得标的物的所有权或取得对标的物的占有。

分期付款一般适用于标的额较大的买卖合同，在不动产和高档耐用消费品的买卖中较为常见。

（二）分期付款时的解除

“分期付款的买受人未支付到期价款的数额达到全部价款的五分之一，经催告后在合理期限内仍未支付到期价款的，出卖人可以请求买受人支付全部价款或者解除合同。出卖人解除合同的，可以向买受人请求支付该标的物的使用费”（第 634 条）。

参考案例 9－7

甲方（出卖人）与买受人（乙方）约定，在甲方交付标的物之后的 10 个月内，乙方每个月向甲方支付 1 万元的货款。如果乙方第一个月和第二个月都没有交款，出卖人的权利应当如何行使？

——乙方应交而未交的金额达到了全部金额的五分之一，此时应先催告，经催告后在合理期限内仍未支付到期价款的，甲方或者要求乙方支付全部 10 万元货款，或者通知乙方解除合同。甲方作出决定通知乙方后，不能再改变救济方式。也就是不能由解除合同改为要求支付全部货款。理由是：甲方选择了一种救济方式等于放弃了另一种救济方式。当甲方选择了解除合同，而乙方又实际占有、使用了两个月，此时乙方应当支付两个月的使用费，其数额相当于两个月的租金。

（三）分期付款买卖风险的负担

分期付款买卖在出卖人交付标的物后，无论是否转移了标的物的所有权，标的物在交付后发生毁损、灭失，风险都由买受人承担。

（四）分期付款买卖孳息的归属

分期付款买卖在出卖人交付标的物以后，孳息归买受人收取，并归其所有。如果买受人没有履行合同义务，合同被解除，则合同自始失去效力，孳息应归所有权人即出卖人所有。

二、凭样品买卖

（一）凭样品买卖的含义

凭样品买卖，是指出卖人交付的标的物须与当事人保留的样品具有同一品质的买卖。

样品，是指当事人选定的用以决定标的物品质的实物。样品的确定，反映了当事人双方对质量的确认或合意。可以说，样品是合同的“质量条款”。

当事人可以用样品全面表示标的物的品质，也可以用样品表示标的物某一方面的品质，如用样品来表示款式，或用样品来表示颜色等。用样品来表示款式的，称为“款式样”；用样品来表示颜色的，称为“花色样”。

（二）样品的封存

“凭样品买卖的当事人应当封存样品，并可以对样品质量予以说明。出卖人交付的标的物应当与样品及其说明的质量相同”（第 635 条）。样品具有证据作用，因此应当封存。封存，可以是双方当事人各执一份封存的货样，也可以交第三人（如公证部门）保存货样。

如果出卖人交付的标的物与样品品质及说明的品质不符，出卖人应当承担违约责任。

（三）样品的隐蔽瑕疵

隐蔽瑕疵，是指采用通常的检查手段不能发现的品质瑕疵。“凭样品买卖的买受人不知道样品有隐蔽瑕疵的，即使交付的标的物与样品相同，出卖人交付的标的物的质量仍然应当符合同种物的通常标准”（第 636 条）。

参考案例 9-8

甲方向乙方（纺织公司）购买了 1 万米色布，封存了样品。在使用过程中，发现色布掉色严重，而甲方在购买时并不知情。乙方主张，样品掉色，成批的货物也可以掉色，因而拒绝承担违约责任。

——掉色是隐蔽瑕疵，买受人在订立合同时不知情，出卖人应当承担违约责任。

如果买受人通过检测知道样品有隐蔽瑕疵，或者出卖人告知其样品有隐蔽瑕疵，则应当认为买受人接受了这种瑕疵，双方就产品质量达成了一致意见。如果买受人不知道样品有隐蔽瑕疵，则出卖人交付的标的物不允许有隐蔽瑕疵。出卖人交付的标的物的质量应当符合通常的标准。所谓通常的标准，是指与价款相对应的、符合一般适用要求的该种标的物的平均质量。

（四）样品质量与文字说明不一致的处理

《买卖合同解释》第 29 条规定：“合同约定的样品质量与文字说明不一致且发生纠纷时当事人不能达成合意，样品封存后外观和内在品质没有发生变化的，人民法院应当以样品为准；外观和内在品质发生变化，或者当事人对是否发生变化有争议而又无法查明的，人民法院应当以文字说明为准。”

（1）样品质量与文字说明不一致：无变化的以样品为准。

（2）样品质量与文字说明不一致：有变化的以文字为准。

三、试用买卖

（一）试用买卖的含义

试用买卖又称为实验买卖，是指双方当事人约定由买受人试用标的物，以买受人认可标的物为条件的买卖。如果当事人约定，标的物经试验或检验符合一定要求，买受人就须

买下标的物，则不为试用买卖，而为一般的买卖。关于试用买卖的性质，一般认为是附生效条件的合同。

（二）试用期限

试用期限是一个时间段，其长短对当事人的利益至关重要。试用买卖的当事人可以约定标的物的试用期限。对试用期限没有约定或者约定不明确，依据《民法典》第 510 条补缺的规定仍不能确定的，由出卖人确定（见第 637 条）。据此，试用期限的确定有递进的三种方法：第一，由当事人约定。第二，当事人没有约定或者约定不明确的，根据已有的条款或者交易习惯确定。第三，仍不能确定的，由出卖人确定。出卖人确定时间后，应当向买受人发出通知，如果买受人不欲购买又来不及退回的，应在出卖人确定的时间内发出拒绝购买的通知。

（三）对买受人购买意思的推定

"试用买卖的买受人在试用期内可以购买标的物，也可以拒绝购买。试用期限届满，买受人对是否购买标的物未作表示的，视为购买。试用买卖的买受人在试用期内已经支付部分价款或者对标的物实施出卖、出租、设立担保物权等行为的，视为同意购买"（第 638 条）。

（1）对于试用买卖，买受人无必须购买的义务，但为平衡出卖人和买受人的利益，超过期限买受人未作表示的，视为购买，此为默示方式中的消极行为。

（2）在试用期内，买受人对标的物实施了出卖、出租、设定担保物权等非试用行为的，视为同意购买，此为默示方式中的积极行为。

参考案例9-9

甲与乙签订了试用买卖合同，将一头牛交给乙试用（试耕）三天。在试用的第二天，乙以自己的名义将牛卖给了不知情的丙。请问：(1) 此案是否适用善意取得制度？(2) 乙、丙之间的合同是否为效力未定？(3) 如果乙杀牛，则应向甲支付价金还是赔偿金？

——(1) 不能适用善意取得制度，因为丙是正常取得，而不是善意取得。乙的出卖行为，是以所有权人自居，相对于甲，推定为购买。(2) 乙、丙的合同有效，无须甲的追认。(3) 如果乙杀牛，是以所有权人自居，相对于甲，推定为购买，因而应支付价金，而不是支付赔偿金。

《买卖合同解释》第 30 条规定："买卖合同存在下列约定内容之一的，不属于试用买卖。买受人主张属于试用买卖的，人民法院不予支持：（一）约定标的物经过试用或者检验符合一定要求时，买受人应当购买标的物；（二）约定第三人经试验对标的物认可时，买受人应当购买标的物；（三）约定买受人在一定期限内可以调换标的物；（四）约定买受人在一定期限内可以退还标的物。"

上述第（一）项是试用标准买卖；第（二）项是第三人试验买卖；第（三）项是保留换货买卖；第（四）项是保留退货买卖。

买受人的购买权（认购权）是形成权，因而第（一）、（二）项不是试用买卖，在这两种情形中，买受人都没有单方决定交易是否成功的形成权。第（三）、（四）项是已经生效的合同，第（三）项是规定单方变更权的合同，第（四）项是规定单方解除权的合同，因而都不是试用买卖。

（四）买受人拒绝购买时，出卖人无权要求支付使用费

试用是无偿试用。按交易习惯，出卖人要承担试用人不购买的风险。“试用买卖的当事人对标的物使用费没有约定或者约定不明确的，出卖人无权请求买受人支付”（第 639 条）。

四、所有权保留买卖

当事人可以特约所有权保留。“当事人可以在买卖合同中约定买受人未履行支付价款或者其他义务的，标的物的所有权属于出卖人。出卖人对标的物保留的所有权，未经登记，不得对抗善意第三人”（第 641 条）。例如，甲将一辆有收藏价值的古典自行车卖给乙，所有权本应在交付后转移给乙，但双方约定乙分期支付价款，支付完毕后所有权转移，甲、乙之间的买卖，就是所有权保留的买卖。如果在所有权保留期间，乙将自行车卖给不知情的丙，丙可以善意取得这辆自行车。

参考案例 9-10

周某卖给李某一块价值 3 万元人民币的手表。双方约定：手表先交付，三个月内分期付清款项，3 万元付清之前，李某不能取得所有权。李某付款 1 万元之后，将手表质押给乔某。乔某并不知道实情。请问：质权能否成立？

——周某与李某虽然约定了所有权保留，但没有所有权保留公示的手段，因此不能对抗善意第三人。乔某不知实情，是善意的第三人，善意取得了质权，周某无法取回标的物。李某如果将手表卖给乔某，乔某也可以善意取得所有权。此时，周某彻底丧失取回权。

（一）出卖人对保留物的取回

1. 取回的事由

在买受人不履行义务的情况下，出卖人有取回标的物的权利，请求取回时，须标的物所有权尚未发生转移。“当事人约定出卖人保留合同标的物的所有权，在标的物所有权转移前，买受人有下列情形之一，造成出卖人损害的，除当事人另有约定外，出卖人有权取回标的物：（一）未按照约定支付价款，经催告后在合理期限内仍未支付；（二）未按照约定完成特定条件；（三）将标的物出卖、出质或者作出其他不当处分”（第 642 条第 1 款）。

《买卖合同解释》第 26 条第 1 款规定：“买受人已经支付标的物总价款的百分之七十五以上，出卖人主张取回标的物的，人民法院不予支持。”例如，甲以 100 万元价格出卖给乙一匹赛马，约定在交付后所有权不发生转移，乙支付全部价款后才发生转移。乙在受领赛马后，分期支付了 75 万元。此时虽然所有权不发生转移，但甲丧失了取回权，只能要求乙履行剩余的部分。

2. 取回的程序

“出卖人可以与买受人协商取回标的物；协商不成的，可以参照适用担保物权的实现程序”（第 642 条第 2 款）。担保物权的实现程序是民事诉讼法规定的特别程序，特别程序是一审终审，这有利于出卖人减少诉累。通过该程序取回，即请求公力救济方式取回。

（二）买受人对取回物的回赎

1. 买受人回赎的条件

出卖人依据《民法典》第642条第1款的规定取回标的物后，买受人在双方约定或者出卖人指定的合理回赎期限内，消除出卖人取回标的物的事由的，可以请求回赎标的物（见第643条第1款）。回赎权是意定（约定或单方指定）的，不是法定的。回赎期限由双方约定，双方没有约定，回赎期限由出卖人指定，但其指定的期限应当合理。回赎不是任意回赎，条件是"消除出卖人取回标的物的事由"。例如，因买受人未按照约定支付价款，经催告后在合理期限内仍未支付，出卖人取回了标的物，在回赎期买受人补交了价款，其有权请求回赎。

2. 买受人没有回赎时标的物的处理

"买受人在回赎期限内没有回赎标的物，出卖人可以以合理价格将标的物出卖给第三人，出卖所得价款扣除买受人未支付的价款以及必要费用后仍有剩余的，应当返还买受人；不足部分由买受人清偿"（第643条第2款）。买受人到期没有回赎，出卖人另行出卖标的物的，出卖所得价款依次扣除取回和保管费用、再交易费用、利息、未清偿的价金后仍有剩余的，应返还买受人；如有不足，出卖人有权要求买受人清偿，但买受人有证据证明出卖人另行出卖的价格不合理的除外。

参考案例9-11

甲（出卖人）、乙（买受人）1月1日订立一头羊驼的所有权保留买卖合同，羊驼售价9 000元，并约定自1月1日起，乙每月支付3 000元，三个月付清（构成分期付款买卖）。合同还约定乙到期不履行甲有权取回羊驼，乙的回赎期为一个月。

在签订合同后，甲将羊驼交付给乙，但乙三期均未付款。甲将羊驼收回，但还不能转卖给他人，因为自收回之日起一个月内，乙还有回赎权（形成权）。到期乙未回赎，甲将该羊驼出售给丙，得市价10 000元。取回运输费用、行纪费用等共500元，甲应当向乙支付500元。违约的乙得到了意外之财。

若甲将该羊驼出售给丙，得市价9 000元，取回运输费用、行纪费用等共500元，甲实得8 500元，乙应向甲支付500元。

五、竞争性买卖

竞争性买卖，是指通过竞争性缔约程序缔结买卖合同。法定的竞争性缔结合同的程序有招标投标买卖和拍卖。招标投标买卖是投标人之间进行竞争，拍卖是竞买人之间进行竞争。《民法典》第644条规定："招标投标买卖的当事人的权利和义务以及招标投标程序等，依照有关法律、行政法规的规定。"第645条规定："拍卖的当事人的权利和义务以及拍卖程序等，依照有关法律、行政法规的规定。"

六、互易合同

（一）互易合同的概念

互易合同，是指当事人约定相互交换金钱以外标的物所有权的合同。互易又称为易货交易，习惯上将互易合同称为以物易物的合同。

互易是商品交换的原始方式。货币产生后，以货币与标的物交换的方式成为商品交易的常态，但互易仍然有存在的价值。在边境的小额贸易中，互易的方式仍然存在。

互易合同是诺成合同、双务合同、有偿合同、非要式合同。互易可以是动产的互易，也可以是不动产的互易，还可以是动产与不动产的互易。涉及不动产产权转移的，应当办理相应的登记手续。

（二）互易的分类

互易可以分为一般互易和补足价金的互易。

一般互易又分为单纯互易和价值互易。单纯互易是指当事人以一物换取另一物，不以价值相当为条件。比如，张某以价值 500 元的自行车换取李某价值 100 元的电动玩具。这种情形类似于赠与性买卖。价值互易是指当事人将价值大体相当的物进行交换，这是两个买卖合同的结合，其价款相互抵销。比如，张某以价值 500 元的自行车换取李某价值 500 元的电动玩具。应当指出的是，价值互易，是两个标的物的价值大体相当，不需要绝对等值。

补足价金的互易，是指双方约定易货的同时，由一方向另一方支付一定的金钱，以补足两物的差价。比如，张某以价值 500 元的自行车换取李某价值 100 元的电动玩具，由李某补给张某 400 元。

（三）互易的法律适用

互易是转移财产所有权的合同，可以认为是两个买卖合同的结合。《民法典》第 647 条规定："当事人约定易货交易，转移标的物的所有权的，参照适用买卖合同的有关规定。"

【引例分析】

1. 所有权、风险及孳息归属权自 1 月 1 日该马交付时起转移。

2. 依据《民法典》第 634 条关于分期付款买卖的规定，出卖人甲方有单方解除权，解除合同后甲方可要求乙方返还大、小马和 80 元。

【本章小结】

买卖是最基本的交易形式，所以本章是"合同编"第二分编的重点章。本章阐释了买卖合同的概念，分析了交付的效果，介绍了双方当事人的权利义务，并对合同解除规则及特种买卖作了特别说明。

即测即评

第十章　供用电、水、气、热力合同

【本章引例】

张某放牛时，牛将电线杆撞倒，造成断电，使得李某的养鸡通风设备停机。李某找到供电部门，供电部门说很快修复（从当地情况来看，一般2个小时即可修复），李某苦等6个小时后才通电。尽管李某采取了必要的措施，其养鸡场仍有200只鸡因通风不足而闷死。李某起诉，要求供电部门赔偿。供电部门主张，是第三人的原因造成的损害，自己并无赔偿责任。

请问：供电部门有无赔偿责任？

【本章学习目标】

通过学习本章，你应该能够：

1. 了解供电方的权利和义务。
2. 了解用电方的权利和义务。

第一节　供用电、水、气、热力合同概述

一、供用电、水、气、热力合同的概念和特征

（一）供用电、水、气、热力合同的概念

供用电、水、气、热力合同是转移财产所有权的买卖合同，而且属于连续供给的买卖合同，可以参照适用买卖合同的有关规定。《民法典》仅对供用电合同的概念作出了规定："供用电合同是供电人向用电人供电，用电人支付电费的合同"（第648条第1款）。

（二）供用电、水、气、热力合同的特征

（1）提供财产的一方主体具有社会性（公用企业）和特定性（垄断企业），因而其提供的产品是公益性产品和垄断产品。这种交易关系，不仅要受《民法典》的调整，还要受《反垄断法》的规制。

（2）标的财产不仅提供给经营者，还提供给社会的各个方面。标的物具有必须性和依

赖性。“向社会公众供电的供电人，不得拒绝用电人合理的订立合同要求”（第 648 条第 2 款）。供水、气、热力人与供电人一样，也有强制缔约义务。

（3）这类合同本质上是一种财产买卖合同，因此与买卖合同一样是诺成、双务、有偿合同。这类合同也是不要式合同。

（4）这类合同是持续性合同，因此，合同解除，面向将来发生效力，已经履行的部分继续有效。

（5）这类合同一般是采用格式条款合同方式达成协议。格式条款合同是以格式条款为基础的合同。这类合同的内容也比较固定。如《民法典》第 649 条规定：“供用电合同的内容一般包括供电的方式、质量、时间，用电容量、地址、性质，计量方式，电价、电费的结算方式，供用电设施的维护责任等条款。”

（6）这类合同履行一般借助线路、管道进行，因而履行地点也不同一般。如《民法典》第 650 条规定：“供用电合同的履行地点，按照当事人约定；当事人没有约定或者约定不明确的，供电设施的产权分界处为履行地点。”

规定履行地点的意义有二：一是确定履行地点，以确定财产的归属和诉讼的管辖等。如漏电或者被偷电，要以“分界处”来决定是谁的电被偷了。履行地点，是“电力”所有权转移的地点。二是确定履行地点，以明确侵权责任的承担。在分界处用电人一侧漏电，导致人触电死亡或造成其他损失，供电人不承担责任，但供电人有义务检查、检修的除外。

二、供用水、气、热力合同的法律适用

“供用水、供用气、供用热力合同，参照适用供用电合同的有关规定”（第 656 条）。《民法典》未对上述三类合同作出具体规定，上述三类合同与供用电合同具有相同的性质，因此可以参照适用供用电合同的规定。

第二节　供用电合同当事人的权利和义务

一、供电方的权利和义务

（一）安全供电的义务

“供电人应当按照国家规定的供电质量标准和约定安全供电。供电人未按照国家规定的供电质量标准和约定安全供电，造成用电人损失的，应当承担赔偿责任”（第 651 条）。这是供电人最基本的义务。

学生提问

电压不稳导致用户电器损坏，是否有权要求供电人赔偿损失？

——电压不稳导致用户电器损坏，可以要求供电人赔偿损失。

（二）中断供电的通知义务

“供电人因供电设施计划检修、临时检修、依法限电或者用电人违法用电等原因，需

要中断供电时，应当按照国家有关规定事先通知用电人；未事先通知用电人中断供电，造成用电人损失的，应当承担赔偿责任”（第 652 条）。事先通知了，供电人就可以免责。

（三）断电时的及时抢修义务

“因自然灾害等原因断电，供电人应当按照国家有关规定及时抢修；未及时抢修，造成用电人损失的，应当承担赔偿责任”（第 653 条）。及时抢修了，供电人就可以免责。

（四）履行抗辩权

“用电人应当按照国家有关规定和当事人的约定及时支付电费。用电人逾期不支付电费的，应当按照约定支付违约金。经催告用电人在合理期限内仍不支付电费和违约金的，供电人可以按照国家规定的程序中止供电。供电人依据前款规定中止供电的，应当事先通知用电人”（第 654 条）。此处的“中止供电”，是暂时停止供电，是行使履行抗辩权的行为。

这里有两点要注意：第一，行使履行抗辩权之前要分别经过催告程序和通知程序。第二，对国家机关、公益单位不得行使履行抗辩权，因为这会危及国家利益和社会公共利益。

二、用电方的权利和义务

（一）交付电费的义务

这是用电人最基本的义务。电费是买卖的对价。

（二）安全用电等义务

“用电人应当按照国家有关规定和当事人的约定安全、节约和计划用电。用电人未按照国家有关规定和当事人的约定用电，造成供电人损失的，应当承担赔偿责任”（第 655 条）。例如，用电人安装了超过约定“标准”（如“超容”）的设备，造成供电人设备的损坏，其应当予以赔偿。

（三）安全获得电力的权利

用电人最主要的权利就是安全获得电力。

【引例分析】

本案供电部门有赔偿责任。6 个小时才恢复供电，说明供电部门未及时抢修，构成违约责任与侵权责任的竞合。如果供电部门及时抢修，则可免责。

【本章小结】

本章对供用电、水、气、热力合同的特征进行了阐释，并主要介绍了供用电合同当事人的基本权利和义务。

即测即评

第十一章　赠与合同

【本章引例】

张某承诺陆续赠与某希望小学10万元，以帮助贫困生完成学业。

请根据案情分析下列各项内容：

1. 张某不需要任何理由就可以将已赠与的2万元和未赠与的8万元全部撤销。此观点是否正确？

2. 在赠与2万元后，张某表示要撤销8万元的赠与。此撤销是否有效？

3. 在赠与2万元后，张某家庭生活艰难，无以为计，因此表示不再继续履行赠与合同。张某的理由是否能够成立？

4. 道德义务性质的赠与、经过公证的赠与能否适用法定撤销的规定？

【本章学习目标】

通过学习本章，你应该能够：

1. 理解赠与合同的概念。
2. 了解赠与人的义务。
3. 掌握任意撤销、法定撤销和提前终止的规定。

第一节　赠与合同概述

一、赠与合同的概念

“赠与合同是赠与人将自己的财产无偿给予受赠人，受赠人表示接受赠与的合同”（第657条）。将自己的财产无偿给予受赠人的一方，为赠与人；接受赠与的一方为受赠人。赠与合同与其他合同一样，是双方法律行为，只有赠与的意思表示，没有接受赠与的意思表示，不能成立赠与合同。应注意以下几点：

（1）赠与人是将自己的财产无偿给予受赠人，因而监护人不能将被监护人的财产赠送给他人，如父亲不能将未成年子女的财产赠送给他人。赠与人是无偿付出的一方，因此要

求赠与人具备相应的意思能力。

(2) 赠与人一般是完全民事行为能力人，限制民事行为能力人对赠与后果有明确认识的，也可以成为赠与人。限制民事行为能力人为赠与行为，一般是赠与小额财产。

(3) 受赠人因为是纯获利益的一方，因此其民事行为能力（意思能力）无关紧要，受赠人可以是无民事行为能力人和限制民事行为能力人。一般情况下，受赠人就是受益人，对于公益事业的赠与，受赠人与受益人可以是分离的。

(4) 一般认为，赠与合同是转移财产所有权的合同，但从《民法典》的规定来看，除财产所有权以外，其他财产权利也可以赠与，不一定是财产所有权。如技术秘密（因不具有独占性，不称为所有权），是一种无形财产，可以赠与。当事人还可以将债权作为赠与的财产。

参考案例 11-1

张某对李某享有1万元的金钱债权，张某与王某达成协议，将对李某的1万元债权无偿地给予王某（债权的赠与）。

——在张某通知李某后，李某应当向王某清偿。

(5) "赠与的财产依法需要办理登记或者其他手续的，应当办理有关手续"（第659条）。房屋等财产的赠与，需要办理所有权转移登记（过户登记）。一些无形财产的赠与，也要办理相应的手续。例如，赠与专利权，当事人应当订立书面合同，并向国务院专利行政部门登记，由国务院专利行政部门予以公告。

二、赠与合同的特征

（一）赠与合同是无偿合同、单务合同

赠与合同是转移财产权利的合同，且是一种单向转移。赠与人无偿给付财产，受赠人不负担相应对价，赠与是典型的无偿、单务合同。附义务的赠与不将所附义务视为对价，因此附义务的赠与未改变赠与的无偿性质。因为双方所附义务不是对价关系，所以附义务的赠与合同在性质上不是真正的双务合同，而是单务合同。

（二）赠与合同是诺成合同

赠与合同是诺成合同，在要约与承诺取得一致后即成立、生效。一般赠与合同是附有任意撤销权的诺成合同；经过公证的赠与合同及具有救灾、扶贫、助残等公益、道德义务性质的赠与合同是没有任意撤销权的诺成合同。

（三）赠与合同是不要式合同

法律对赠与合同的形式没有专门提出要求，可以采用口头、书面等形式订立。

第二节 赠与合同当事人的权利和义务

一、赠与人的义务

（一）给付赠与财产权利的义务及相应的责任

赠与合同依法成立后，赠与人有向受赠人给付财产权利的义务。"经过公证的赠与合

同或者依法不得撤销的具有救灾、扶贫、助残等公益、道德义务性质的赠与合同，赠与人不交付赠与财产的，受赠人可以请求交付。依据前款规定应当交付的赠与财产因赠与人故意或者重大过失致使毁损、灭失的，赠与人应当承担赔偿责任”（第 660 条）。

（1）对没有任意撤销权的赠与，受赠人可以请求交付，可以请求法院强制执行。为什么《民法典》不针对一般赠与规定要求交付呢？因为对于一般赠与，赠与人对受赠人要求交付可以用任意撤销权进行对抗，该规定对一般赠与的要求履行没有实际的意义。

（2）对没有任意撤销权、应当交付的赠与，标的财产因赠与人故意或者重大过失致使毁损、灭失的，赠与人应当承担赔偿责任。换言之，赠与人一般过失免责。一般赠与，在财产权利转移之前，赠与人可以以任意撤销权对抗，从而不能产生损害赔偿责任。赠与的财产毁损、灭失，是针对交付前的毁损、灭失，因为交付之后保管的责任随之转移。

（二）瑕疵担保责任

买卖合同的出卖人，承担标的物的瑕疵担保责任。赠与人因是无偿付出，所以原则上不承担财产本身的瑕疵担保责任。“赠与的财产有瑕疵的，赠与人不承担责任。附义务的赠与，赠与的财产有瑕疵的，赠与人在附义务的限度内承担与出卖人相同的责任”（第 662 条第 1 款）。本条所说的瑕疵，包括质量瑕疵和其他瑕疵。

附义务的赠与，因受赠人按照约定向赠与人或者第三人有所付出，此时赠与人若不承担瑕疵担保责任，则有违公平原则。但赠与人的瑕疵担保责任与受赠人所附义务不对称，也不符合诚信原则的要求。

参考案例 11－2

甲方送乙方一台声称价值 10 000 元的仪器，乙方为履行所附义务须付出 5 000 元，乙方收到仪器后，发现仪器仅价值 4 000 元。

——乙方有权要求甲方交付 1 000 元，否则其有权拒绝履行所附的相应义务。

（三）加害给付的责任

加害给付是指赠与人交付的财产有瑕疵，使受赠人人身或者原有财产遭受到损失。“赠与人故意不告知瑕疵或者保证无瑕疵，造成受赠人损失的，应当承担赔偿责任”（第 662 条第 2 款）。加害给付造成受赠人的损害，导致了违约责任和侵权责任竞合。受赠人可以要求赠与人承担侵权责任，也可以要求赠与人承担违约责任。但从实务操作来看，受赠人一般是要求赠与人承担侵权责任。

构成加害给付的条件是：

第一，交付的财产有瑕疵。例如，交付的耕牛有传染病。

第二，赠与人故意不告知瑕疵或者保证无瑕疵。例如，赠与人明知产品存在不符合国家安全标准的危险，还让受赠人放心地使用，导致受赠人的其他财产受到损失。

第三，造成受赠人的损失。这里所说的损失不是赠与财产本身的损失，而是指赠与财产以外的损失。例如，受赠的产品爆炸，将受赠人炸伤；又如，受赠的耕牛有传染病，使受赠人原有的耕牛患此传染病等。

二、受赠人的权利和义务

（一）无偿取得财产的权利

受赠人最基本的权利，是无偿取得赠与的财产。即便是附义务的赠与，也没有改变赠与的无偿合同性质。

（二）对附义务的赠与完成所附义务

附义务的赠与，也称为附负担的赠与。“赠与可以附义务。赠与附义务的，受赠人应当按照约定履行义务”（第 661 条）。附义务的赠与合同，不是“纯获利益的合同”，但受赠人所负担的义务，尚未构成双务合同的对价。

附义务的赠与与附生效条件的赠与不同：对附义务的赠与而言，赠与合同已经生效，而附生效条件的赠与，在条件成就前，赠与合同是不生效的；附义务的赠与，是合同生效后的受赠人履行问题，而附生效条件的赠与，是以条件控制合同的生效。

第三节　赠与合同的撤销与提前终止

一、赠与合同的任意撤销

（一）任意撤销的含义

所谓任意撤销，是指按照赠与人的主观愿望即可通知受赠人撤销赠与合同，不以撤销的法定事由的存在为条件。任意撤销权是法律赋予赠与人的反悔权，是一种形成权。

“赠与人在赠与财产的权利转移之前可以撤销赠与”（第 658 条第 1 款）。赠与人可以通知受赠人撤销赠与，取消自己债务人的地位。

（二）任意撤销权行使的前提

任意撤销权行使的前提是：必须在财产权利转移之前。财产权利转移与交付不能等同看待。因为，一般情况下，交付时财产权利转移，如动产就是在交付时转移所有权，但有些情况下（如房屋），交付并不产生财产权利转移的后果。

学生提问

乔某送给赵某一间旧房，虽然已经交付给赵某使用，但尚未办理过户手续，乔某是否可以行使任意撤销权？

——一间房屋交付后，财产所有权并不发生转移，必须办理过户手续后才能转移。因此乔某可以行使任意撤销权。

（三）任意撤销权的行使方法

任意撤销权是简单形成权。所谓简单形成权，是无须经过法院、仲裁机构就可以发生效力的权利。赠与人向受赠人为撤销的意思表示即可发生撤销的效力。当事人也可起诉到法院，由法院确认任意撤销权。

（四）任意撤销权的限制

经过公证的赠与合同或者依法不得撤销的具有救灾、扶贫、助残等公益、道德义务性质的赠与合同，不能任意撤销（见第658条第2款）。

1. 经过公证的赠与不能任意撤销

经过公证的赠与，是当事人经过深思熟虑决定的赠与，等于赠与人预先放弃了反悔权，即等于赠与人预先放弃了任意撤销权。

2. 具有救灾、扶贫、助残等公益性质的赠与不能撤销

学说上多将具有救灾、扶贫、助残等社会公益性质的赠与和道德义务性质的赠与看作同一性质的赠与，这种观点忽视了具有道德义务性质赠与的独立价值。其实这两种赠与是有很大差别的：具有社会公益性质的赠与，受益人一般情况下是不特定的多数人，且受赠人与受益人一般相分离。具有社会公益性质的赠与不允许任意撤销，是因为这种赠与一般涉及不特定多数人的利益，涉及整个社会的道德风尚。具有道德义务性质的赠与，受益人就是受赠人。具有道德义务性质的赠与，可以是扶危济困的赠与，也可以是其他道德原因的赠与。

3. 具有道德义务性质的赠与不得任意撤销

道德赠与作为单独类型存在，具有积极的意义和作用。具有道德义务性质的赠与，主要有三类：

（1）救灾、扶贫、助残等赠与的对象如果是个别自然人、单位或特定的少数人、单位，则为道德义务的赠与。

（2）虽无扶养义务，但对其亲属为扶养给付，例如无扶养义务的兄弟姐妹之间的给付、被送养子女对亲生父母的给付等。这种情况下，受益人是特定的人，且受益人与受赠人是同一人。

（3）回报性赠与，比如，基于对过去的恩情而给予的赠与。

参考案例 11-3

某市有一个地下通道，一位断腿的老人躺在那里7天，没有人理睬他，最后一个过路人把他送到了医院，答应给医院1万元作为治疗费。

——这就是针对老人的具有道德义务性质的赠与。基于道德义务赠与的性质，是不允许任意撤销的。

二、赠与合同的法定撤销

（一）法定撤销的含义

所谓法定撤销，是指具备法定事由时，赠与人或者其他撤销权人通知受赠人撤销赠与合同的权利。法定撤销，并不受财产权利是否转移的限制，财产权利转移之前和转移之后均可撤销。经公证的赠与合同，即使财产权利尚未转移，也不能任意撤销，但可以依法定事由撤销。对某人的道德义务性质的赠与，也可以依法定事由撤销。法定撤销与任意撤销的不同之处在于：前者是针对受赠人忘恩负义或者重大违约行为的一种救济措施；后者是法律赋予赠与人的一种反悔权。法定撤销权与任意撤销权一样，也是简单形成权，发生争议时，法定撤销权也可以由法院认定。

（二）法定撤销权的事由

法定撤销是基于受赠人的忘恩负义或者重大违约行为。根据《民法典》第663条的规

定，受赠人有下列情形之一的，赠与人可以撤销赠与：严重侵害赠与人或者赠与人的近亲属的合法权益；对赠与人有扶养义务而不履行；不履行赠与合同约定的义务。

1. 严重侵害赠与人或者赠与人近亲属的合法权益

（1）这种侵害，可以是故意侵害，也可以是过失侵害。

（2）这种侵害，可以是人身侵害，也可以是财产侵害。

（3）被侵害的是赠与人或者赠与人的近亲属的人身或者财产。

（4）这种侵害须达到严重程度。比如，致使赠与人残疾、房屋被烧毁等。再如，受赠人对赠与人恶毒辱骂、诽谤，使赠与人受到严重的感情伤害。

（5）这种侵害须是违法侵害。比如，因正当防卫、紧急避险使赠与人的身体受到伤害，赠与人并没有法定撤销权。

2. 对赠与人有扶养义务而不履行

（1）一般认为，这种扶养义务，既包括法定扶养义务，又包括约定扶养义务。本书认为，不履行扶养义务，是指不履行法定扶养义务。如果以约定的扶养义务为对价的话，赠与就已经失去了无偿性质。

（2）须受赠人有扶养能力。如果受赠人无扶养能力而不扶养，赠与不可以被法定撤销。

3. 不履行赠与合同约定的义务

赠与合同可以附义务，受赠人不履行赠与合同所附义务的，赠与人可以撤销赠与合同。但受赠人的轻微违约，并不导致赠与人撤销权的产生。

（三）撤销权人

撤销权人有三类：赠与人、赠与人的继承人及赠与人的法定代理人。一般情况下，即赠与人有意思能力的情况下，由赠与人为撤销的意思表示。《民法典》第 664 条第 1 款规定："因受赠人的违法行为致使赠与人死亡或者丧失民事行为能力的，赠与人的继承人或者法定代理人可以撤销赠与。"赠与人死亡，由其继承人（法定继承人或者遗嘱继承人）依法撤销赠与；赠与人丧失意思能力，如成为无民事行为能力人或者限制民事行为能力人，则由其法定代理人依法代理撤销赠与。

（四）行使法定撤销权的除斥期间

（1）"赠与人的撤销权，自知道或者应当知道撤销事由之日起一年内行使"（第 663 条第 2 款）。

（2）"赠与人的继承人或者法定代理人的撤销权，自知道或者应当知道撤销事由之日起六个月内行使"（第 664 条第 2 款）。如果法定代理人在 6 个月内不行使撤销权，赠与人在恢复行为能力后，不得再向受赠人进行撤销。因为经过 6 个月的除斥期间后，撤销权已经永久地被消灭了。但被监护人可以要求监护人承担相应的责任①。

（五）撤销赠与财产后果的处理

"撤销权人撤销赠与的，可以向受赠人请求返还赠与的财产"（第 665 条）。赠与撤销，溯及既往，撤销权人有权要求返还赠与的财产，如果赠与的财产已经被受赠人消费，不复存在，则撤销权人有权要求返还不当得利，折合成金钱返还。

---

① 《民法典》第 34 条第 3 款规定："监护人不履行监护职责或者侵害被监护人合法权益的，应当承担法律责任。"

三、赠与合同的提前终止

（一）提前终止的含义

“赠与人的经济状况显著恶化，严重影响其生产经营或者家庭生活的，可以不再履行赠与义务”（第 666 条）。由于赠与合同的无偿性，法律允许赠与人在经济状况显著恶化、妨碍赠与的履行时，提前终止赠与合同。提前终止，也可以称为解除，是在赠与合同尚未履行或者尚未完全履行时的解除。解除的效力不溯及已经履行的部分。赠与人提前终止合同的，应负举证义务。

（二）提前终止的条件

赠与合同的提前终止，应当符合一定的条件：

（1）在订立合同之后、全部履行之前，赠与人的经济状况显著恶化。如果交付或者转移财产权利时的经济状况困难，但与订立时的财产状况相同，赠与人并无提前终止权。赠与人经济状况显著恶化的原因，可能是结婚、收养子女、认领非婚生子女、市场行情变化、产品滞销等。导致赠与人经济状况恶化的原因并不重要，关键是要有经济状况恶化的事实。

（2）赠与人经济状况的恶化，妨碍了赠与合同的履行，也就是说，继续履行赠与合同会使赠与人陷于经济上的困境。

即使是经过公证的赠与、公益性质的赠与、道德义务性质的赠与，也可以根据《民法典》第 666 条的规定提前终止。

【引例分析】

1. 张某不得任意撤销，因为是公益性质的赠与。
2. 撤销 8 万元的赠与无效，因为是公益性质的赠与。
3. 张某不再履行赠与合同的理由是成立的。
4. 道德义务性质的赠与和经过公证的赠与，都可以适用法定撤销的规定。

【本章小结】

本章阐释了赠与合同的概念，强调了赠与合同是诺成合同，是双方法律行为，是单务合同；重点介绍了赠与人的义务及赠与人享有的撤销权和提前终止权。

即测即评

第十二章　借款合同

【本章引例】

2月5日，我国公民甲向外国公民乙提出借款10万元，用于翻盖旧房。双方约定，乙在2月26日提供10万元现金。

请问：

1. 该合同是实践合同还是诺成合同？该合同于何时成立？诺成合同与实践合同在效力上有什么区别？

2. 若乙在提供借款前反悔，是否承担违约责任？

3. 该合同是要式合同还是不要式合同？

【本章学习目标】

通过学习本章，你应该能够：

1. 理解借款合同的概念。
2. 了解借款合同双方当事人的权利和义务。
3. 了解借款合同当事人的违约责任。

第一节　借款合同概述

一、借款合同的概念和特征

（一）借款合同的概念

“借款合同是借款人向贷款人借款，到期返还借款并支付利息的合同”（第667条）。提供借款的一方，称为贷款人，也称为出借人。借款合同的标的物仅限于货币，因此借款合同只是借贷合同的一种。借贷合同是指出借人将一定数量货币或者实物借给借用人处分，借用人依照约定返还同种货币、实物的合同。也就是说，借贷合同的标的物除货币以外，还包括实物。借用人返还的货币或者实物，已经不是原物了，而是同种物。这是借贷合同区别于借用合同、租用合同的标志。

（二）借款合同的特征

1. 借款合同是转移所有权的合同

借款合同转移标的物所有权还是处分权，有不同的观点。一种观点认为，借款合同是转移标的物所有权的合同；另一种观点认为不转移所有权，所有权仍属于出借人，借用人返还的只是借贷物的可替代物。实际上，借款是一种消费借贷，出借人并不是依据所有权要求返还货币和利息，而是依据债权要求返还货币和利息。因此，借款合同只能是转移所有权的合同。

2. 借款合同是诺成合同，自然人之间的借款合同是实践合同

借款合同是诺成合同，在借、贷双方意思表示一致时合同成立。由于自然人之间的借款合同经常具有互助性质，多为无息借贷，所以《民法典》第679条规定："自然人之间的借款合同，自贷款人提供借款时成立。"也就是说，贷款人与借款人双方都是自然人时，合同自提供借款时成立，自成立时生效。对于实践合同，负担义务的一方实际上享有反悔权，贷款人可以通过不交付借款来行使反悔权。当借款人有不能偿还债务的现实可能时，贷款人不提供借款即可保护自己。但反悔权不是不安抗辩权，即使借款人有偿还借款的能力，贷款人仍然可以反悔。

二、借款合同的分类

（一）以金融机构为贷款人的借款合同和以非金融机构为贷款人的借款合同

借款合同按照主体的不同，可以分为以金融机构为贷款人的借款合同和以非金融机构为贷款人的借款合同。

1. 以金融机构为贷款人的借款合同

以金融机构为贷款人的借款合同又称为信贷合同，或称为金融借款。金融机构包括商业银行、城市信用合作社、农村信用合作社等。法律、法规对信贷合同的要求比较严格。

信贷合同是有偿合同、诺成合同、要式合同。"借款合同应当采用书面形式，但是自然人之间借款另有约定的除外。借款合同的内容一般包括借款种类、币种、用途、数额、利率、期限和还款方式等条款"（第668条）。

2. 以非金融机构为贷款人的借款合同

非金融机构的贷款人，有自然人、非金融企业等。这种借款合同，称为民间借贷。民间借贷也应当采用书面形式，但自然人之间借款另有约定的除外。

（二）有偿借款合同与无偿借款合同

借款合同还可分为有偿借款合同（有息）和无偿借款合同（无息）。

对于有偿借款合同来说，贷款方要交付款项，转移标的物（货币）的所有权，这是义务。借款人除了还款的义务外，转移利息（货币）的所有权更是毫无疑问的义务，因为支付利息是贷款人的对价。双方的义务构成对价关系，因而借款合同同时又是双务合同。

对于无息借款合同来说，一方要提供货币，另一方要归还货币。但是，借款人归还贷款的义务不是对价，因此，无息借款合同是不真正双务合同（不典型双务合同）。

第二节　借款合同当事人的权利和义务

一、贷款人的权利和义务

（一）足额、按期提供贷款的义务

1. 不得预先扣除利息

“借款的利息不得预先在本金中扣除。利息预先在本金中扣除的，应当按照实际借款数额返还借款并计算利息”（第 670 条）。利息是以本金数额为基数，乘以借款利率来计算并收取的。如果允许贷款人预先在本金中扣除利息，则等于允许其多收借款人的利息；对于借款人来说，则等于少收了借款，多付了利息。为体现公平原则，贷款人将利息在本金中预先扣除的，借款人应按照实际借款数额返还借款，以实际借款为基数计算利息。应当注意：贷款人预先扣除利息，等于没有按约定的数额提供借款，因此借款人还可追究贷款人的违约责任。

参考案例 12－1

刘某向某市商业银行借款 20 万元用于购买新房，提供了自己的旧房（经评估价值为 30 万元）作为抵押物，办理了抵押登记。按照商业银行的格式条款合同，商业银行扣下了贷款的 20%，以借款人的名义存入本行，以存款单作为质押。刘某只拿到了 16 万元。后刘某起诉到法院，要求按 16 万元还本付息。

——参照《民法典》第 670 条，应当支持刘某的诉讼请求，按照实际借款支付本息。

2. 按期、足额地提供借款

“贷款人未按照约定的日期、数额提供借款，造成借款人损失的，应当赔偿损失”（第 671 条第 1 款）。

（二）保密的义务

贷款人有机会了解到借款人的商业秘密。如在合同订立时，贷款人要了解借款人的资力、信用，这就很可能涉及借款人的商业秘密。再如，《民法典》第 672 条规定：“贷款人按照约定可以检查、监督借款的使用情况。借款人应当按照约定向贷款人定期提供有关财务会计报表或者其他资料。”这种检查、监督也很难回避借款人的商业秘密。贷款人自应保密，否则构成侵权责任，也可构成违约责任。

（三）请求返还本息及解除权、抗辩权

贷款人最基本的权利是请求返还本息，除此之外，还享有解除权、抗辩权等。

1. 解除权

这是贷款人在借款人不按用途使用借款时采取的一项救济手段。是否按照约定的借款用途使用借款，关系到借款的安全，借款用途不同，借款人的偿付能力会受到不同的影响。“借款人未按照约定的借款用途使用借款的，贷款人可以停止发放借款、提前收回借款或者解除合同”（第 673 条）。据此，借款人将贷款挪作他用时，如果是分期发放贷款，则贷款人可停止发放尚未发放的贷款；或者对已经发放的部分或全部贷款要求提前收回；

或者通知借款人解除合同。停止发放与解除合同有所不同：停止发放是行使履行抗辩权的行为，当条件具备时，贷款人还可以恢复发放。解除合同是消灭借款合同的履行效力。合同归于解除时，借款人除应返还本金外，还应当按照实际使用借款的期限偿付利息。

另外，如果甲、乙双方变更了借款用途，而且又没有取得保证人的书面同意，可以导致保证人免责。

实践中，有的银行提供小额无用途（不规定用途）的借款，自然不发生上述问题。

2. 抗辩权

借款合同也可以适用履行抗辩的规则。例如，银行在信用贷款（无担保贷款）中发现借款人丧失或可能丧失履行能力，或者丧失了信用，可以行使不安抗辩权，中止发放贷款。

二、借款人的权利和义务

（一）借款人在订立合同时的告知义务

“订立借款合同，借款人应当按照贷款人的要求提供与借款有关的业务活动和财务状况的真实情况”（第 669 条）。不履行告知义务，可以构成欺诈。

（二）按照约定的用途使用借款的义务

一般地说，是否按约定的用途使用借款，涉及交易安全。如将流动资金贷款用于倒卖股票，就会危及贷款人的利益。当前出现了无用途借款，亦即在签订借款合同时不规定特定的借款用途，这适用于小额借款，不宜用于大额借款。以非金融机构为贷款人的借款合同，也可以不约定借款用途。

（三）按期、足额支付利息

1. 一般情况下利息的支付

借款人应当按照约定的期限支付利息。对支付利息的期限没有约定或者约定不明确，依据《民法典》第 510 条补缺的规定仍不能确定，借款期间不满一年的，应当在返还借款时一并支付；借款期间一年以上的，应当在每届满一年时支付，剩余期间不满一年的，应当在返还借款时一并支付（见第 674 条）。关于利息的支付期限，有几个递进的层次：

第一，有约定的，按照约定的期限支付利息。

第二，当事人对支付利息的期限没有约定或者约定不明确的，依照《民法典》第 510 条予以确定。

第三，按照《民法典》第 510 条不能确定的，以一年作为计算支付利息的时间段。例如，借款期限是 6 个月，则在借款到期时返还本金并同时支付利息；借款时间是一年零 6 个月，则在届满一年时支付一次利息，在一年零 6 个月返还本金的同时再支付一次利息。

2. 借款人受领迟延、受领数额不足，应足额支付利息

“借款人未按照约定的日期、数额收取借款的，应当按照约定的日期、数额支付利息”（第 671 条第 2 款）。借款人在受领上的违约属于广义的违约，该违约的后果不能转嫁到贷款人身上。

3. 逾期利息的支付

“借款人未按照约定的期限返还借款的，应当按照约定或者国家有关规定支付逾期利息”（第 676 条）。无息借款，也应当支付逾期利息。如果当事人未约定借款期限，贷款人可以随时要求返还，但是应当给借款人以必要的准备时间。

4. 提前偿还借款的利息

"借款人提前返还借款的，除当事人另有约定外，应当按照实际借款的期间计算利息"（第 677 条）。借款人提前返还借款的，根据《民法典》第 530 条第 1 款的规定，债权人可以拒绝债务人提前履行债务，但提前履行不损害债权人利益的除外。据此，对于有利息的借款，借款人提前返还借款的，贷款人可以拒绝提前偿还，因为提前偿还就意味着少收利息。拒绝提前履行是一项权利，当事人可以放弃行使这项权利。实践中，有的金融机构与借款人约定，提前还款要支付违约金，这种约定是有效的。

（四）按期返还本金

借款人应当按照约定的期限返还借款。对借款期限没有约定或者约定不明确，依据《民法典》第 510 条补缺的规定仍不能确定的，借款人可以随时返还；贷款人可以催告借款人在合理期限内返还（见第 675 条）。定期借款，按约定的期限返还借款。不定期借款，借款人可以随时返还；贷款人催告还款的，应预留合理期限。

三、利率和利息的确定

（一）利率的确定

"禁止高利放贷，借款的利率不得违反国家有关规定"（第 680 条第 1 款）。利率高于国家限制利率规定的，为高利贷。金融借款和民间借贷都不得违反国家限制利率的规定。

（二）利息的确定

1. 没有约定利息的，视为没有利息

利息由当事人约定。"借款合同对支付利息没有约定的，视为没有利息"（第 680 条第 2 款）。自然人之间的借款和其他借款合同都适用此规定。

2. 对支付利息约定不明时的处理

"借款合同对支付利息约定不明确，当事人不能达成补充协议的，按照当地或者当事人的交易方式、交易习惯、市场利率等因素确定利息；自然人之间借款的，视为没有利息"（第 680 条第 3 款）。

（1）自然人之间的借款合同对支付利息约定不明确的，视为没有利息。结合《民法典》第 680 条第 2 款，自然人之间的借款合同对支付利息没有约定或者约定不明确的，视为没有利息。

（2）自然人之间借款合同之外的借款合同（比如只有一方是自然人的借款合同）对支付利息约定不明确，当事人不能达成补充协议的，按照法定因素确定利息。

第三节　民间借贷

一、民间借贷与借款合同

民间借贷不是严格的法律术语，是指贷款人（出借人）为非金融机构的借贷。贷款人（出借人）为金融机构的，称为金融借款。民间借贷合同（简称为民间借贷），是借款合同的一种。

民间借贷与非民间借贷，是从主体来区分的。民间借贷的主体，可以是以下情形：

（1）法人对法人（如甲公司与乙公司之间的借款）。

（2）法人对自然人（如甲公司与张三之间的借款）。

（3）自然人对自然人（如张三与李四之间的借款）。

（4）法人对非法人组织（如甲公司与乙合伙企业之间的借款）。

（5）非法人组织对非法人组织（如合伙企业之间的借款）。

（6）非法人组织对自然人（如甲合伙企业与张三之间的借款）。

参考案例 12-2

甲公司（非金融企业）借给乙公司 1 000 万元救急，根据已知条件，借款合同是否无效？

——本案并不存在无效事由。提供借款的是非金融企业，若其以资金融通为常业，才构成对国家金融管制强制性规定的违反。非金融企业之间的借款合同（民间借贷）一般应按有效处理。

二、民间借贷合同的成立

（一）自然人之间民间借贷合同的成立

自然人之间的借款合同，出借人与借款人双方都是自然人，这种合同是实践合同，在提供借款时成立。具有下列情形之一，可以视为具备自然人之间借款合同的成立要件：

（1）以现金支付的，自借款人收到借款时；

（2）以银行转账、网上电子汇款等形式支付的，自资金到达借款人账户时；

（3）以票据交付的，自借款人依法取得票据权利时；

（4）出借人将特定资金账户支配权授权给借款人的，自借款人取得对该账户实际支配权时；

（5）出借人以与借款人约定的其他方式提供借款并实际履行完成时。

（二）非自然人之间民间借贷合同的成立

非自然人之间的借款合同是诺成合同，达成合意时成立，自成立时生效。

参考案例 12-3

出借人张甲与借款人乙公司 5 月 1 日签订了借款合同，6 月 1 日张甲提供了借款。借款合同在什么时候生效？

——本案借款合同是诺成合同，在 5 月 1 日成立并生效。

三、民间借贷的无效

（一）无效的事由

《民间借贷规定》第 13 条指出："具有下列情形之一的，人民法院应当认定民间借贷合同无效：（一）套取金融机构贷款转贷的；（二）以向其他营利法人借贷、向本单位职工集资，或者以向公众非法吸收存款等方式取得的资金转贷的；（三）未依法取得放贷资格

的出借人，以营利为目的向社会不特定对象提供借款的；（四）出借人事先知道或者应当知道借款人借款用于违法犯罪活动仍然提供借款的；（五）违反法律、行政法规强制性规定的；（六）违背公序良俗的。”

（二）一般应认定为有效的情形

（1）法人之间、其他组织之间以及它们相互之间为生产、经营需要订立的民间借贷合同，一般是有效的。

（2）非金融机构提供借款的合同（民间借贷合同）一般是有效的，不能以出借人是非金融机构为由确认合同无效。

（3）单位在内部通过借款形式向职工筹集资金，用于本单位生产、经营，一般是有效的。

（4）借贷行为涉嫌犯罪，或者已经生效的判决认定构成犯罪，民间借贷合同并不当然无效。

参考案例 12－4

张甲以借款方式非法集资，与多人分别签订借款合同，其中与不知情的李乙（出借人）签订的借款合同，是由王丙担任保证人的。张甲被立案侦查，逃跑在外。李乙起诉王丙，要求王丙代为偿还借款。王丙抗辩的理由是：第一，应当先刑后民；第二，张甲非法集资，借款合同为无效合同，主合同无效的，从合同也无效，从合同无效，自己就没有担保责任。

——（1）刑事、民事可以分案审理，即法院可以审理当事人的民事争议。（2）根据已知条件，本案借款合同和保证合同应按有效合同处理，应当判决王丙承担保证责任。

四、民间借贷利率及本金的认定

《民间借贷规定》第 25 条规定：“出借人请求借款人按照合同约定利率支付利息的，人民法院应予支持，但是双方约定的利率超过合同成立时一年期贷款市场报价利率四倍的除外。前款所称‘一年期贷款市场报价利率’，是指中国人民银行授权全国银行间同业拆借中心自 2019 年 8 月 20 日起每月发布的一年期贷款市场报价利率。”变相提高利率的部分，人民法院亦不予保护。

《民间借贷规定》第 26 条规定：“借据、收据、欠条等债权凭证载明的借款金额，一般认定为本金。预先在本金中扣除利息的，人民法院应当将实际出借的金额认定为本金。”即本金一般按记载、预扣利息的除外。

参考案例 12－5

甲借给乙 200 万元，双方约定借期一年、年利率为 40%。在收据中，乙写道“借到 200 万元”，实际上甲扣除了 80 万元利息，只给了乙 120 万元。

——此案应当认定借款的本金为 120 万元，并按 120 万元计算利息。双方约定的利率超过合同成立时一年期贷款市场报价利率 4 倍的部分，不予保护。

【引例分析】

1. 两个自然人之间的借款合同，是实践合同。该合同于2月26日乙提供现金的时候合同成立。诺成合同与实践合同在效力上的区别在于诺成合同的当事人没有反悔权（赠与合同除外），实践合同的当事人有反悔权。

2. 若乙在提供借款前反悔，原则上不承担责任，但因过错造成借款人损失的除外。

3. 该合同是不要式合同。

【本章小结】

本章阐释了借款合同的概念，介绍了当事人的权利和义务，对《民间借贷规定》作了简要阐释。

即测即评

第十三章　保证合同

【本章引例】

甲与乙达成口头协议，约定甲借给乙10万元人民币，但没有约定交付借款和还款的期限。第三人丙给甲写了一封信说：你给乙10万元，到时他不还我还。甲遂将10万元交给了乙。

请问：

1. 甲与第三人丙之间是否成立了保证合同？
2. 第三人丙的信件如果构成保证，是一般保证还是连带保证？

【本章学习目标】

通过学习本章，你应该能够：

1. 了解保证合同的概念、特征和种类。
2. 掌握一般保证与连带责任保证的区别及各自的效力。
3. 掌握保证期间对一般保证和连带保证的意义。
4. 了解主合同变更对保证责任的影响。
5. 了解主债权转让、主债务转移对保证责任的影响。
6. 了解保证人对债权人和债务人的权利。

第一节　保证合同概述

一、保证合同的概念

“保证合同是为保障债权的实现，保证人和债权人约定，当债务人不履行到期债务或者发生当事人约定的情形时，保证人履行债务或者承担责任的合同”（第681条）。保证合同也简称为保证。

（一）保证与物的担保、金钱担保

《民法典》规定的担保方式包括保证、抵押、质押、留置、定金及建设工程优先受偿

权。学理上，一般将担保分为人的担保、物的担保和金钱担保。保证合同是人的担保。

保证，是第三人以自己的一般财产（责任财产）作为债务人履行债务的担保，学理上称为人的担保。

人的担保，是无限责任。物的担保，是以特定物作为履行债务的担保，抵押、质押、留置及建设工程优先受偿权是物的担保，担保人仅以担保物作为责任财产，承担的是物上有限责任。物的担保与担保物权，作同义使用。

保证，不同于金钱担保。金钱担保，狭义上是指定金担保，广义上还包括保证金、押金、订金等。金钱担保与人的担保一样反映债权关系，但它不同于人的担保，人的担保是第三人以自己的一般财产作为债务人履行债务的保证，金钱担保是债务人自己将一定数额的金钱预先交付给债权人，以此担保债的履行。

（二）保证合同所涉法律关系

保证合同是保证人和债权人之间的法律关系，保证合同的主体（当事人）是保证人和债权人。

与保证合同密切相关的，还有两层法律关系：一是主债权人与主债务人之间的主债权债务关系；二是保证人受主债务人的委托，为主债务人的债务提供担保形成的委托关系。未受委托提供担保或者担保责任消除后（如保证期间经过）仍承担保证责任，债务人与保证人为无因管理关系。

如图 13－1 所示，甲与乙是主债权债务法律关系；乙与丙是委托法律关系或无因管理法律关系；甲和丙是保证合同，是从法律关系。

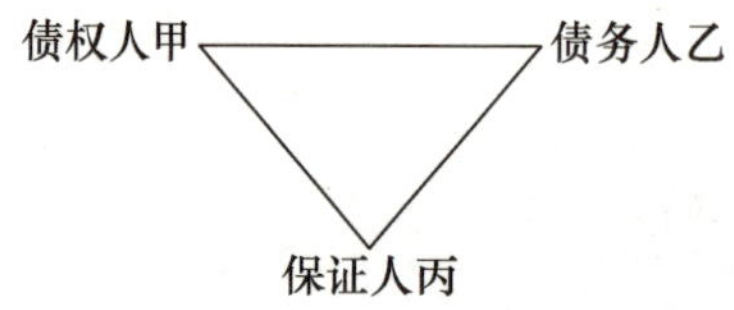

图 13－1　保证合同法律关系

（三）保证债务

保证债务也是保证责任，可以分为两种情形：

(1) 当主债务人不履行到期“非金钱主债务”或者发生当事人约定的情形时，保证人代为履行“非金钱主债务”，即由保证人承担继续履行非金钱债务的责任。例如，保证人保证主债务人供应 100 立方某种型号的木材，到期主债务人不履行或者履行有重大瑕疵，则由保证人承担继续履行供应 100 立方某种型号木材的债务。保证合同中约定保证人代为履行非金钱债务，保证人不能实际代为履行的，对债权人因此造成的损失，保证人应当承担赔偿责任。这种情况属于保证责任的转换。

主合同债务是非金钱债务，当主合同解除，债务人应当承担的非金钱债务转换为金钱形式的违约债务（违约金、赔偿金等）时，非金钱债务的履行保证可随之转换为金钱保证责任①。

① 《民法典》第 566 条第 3 款规定：“主合同解除后，担保人对债务人应当承担的民事责任仍应当承担担保责任，但是担保合同另有约定的除外。”

（2）当主债务人不履行到期“金钱主债务”或者发生当事人约定的情形时，保证人承担责任。实务中，保证债务多为金钱债务，比如，为借款、货款、租金等主债务提供的保证。

（四）保证合同的内容

“保证合同的内容一般包括被保证的主债权的种类、数额，债务人履行债务的期限，保证的方式、范围和期间等条款”（第 684 条）。

二、保证合同的特征

（一）保证合同是要式合同

保证合同是要式合同，应当以书面形式成立合同。“保证合同可以是单独订立的书面合同，也可以是主债权债务合同中的保证条款”（第 685 条第 1 款）。主合同中虽然没有保证条款，但是，他人在主合同上以保证人的身份签名或者盖章的，保证合同成立。他人在主合同上签名或者盖章，但未表明其保证人身份或者承担保证责任，或者通过其他事实不能推定其为保证人的，则不能令其承担保证责任，其可能是中介人、见证人等。

“第三人单方以书面形式向债权人作出保证，债权人接收且未提出异议的，保证合同成立”（第 685 条第 2 款）。第三人的这种为保证意思表示的书面形式，可称为保函。上述规定的意义在于，债权人可以以默示的方式对第三人保证要约进行承诺，从而成立保证合同。

当事人口头达成的保证合同不发生效力，但保证人履行主债务时，方式上的欠缺消灭。例如，甲（保证人）为乙（主债务人）提供担保，与丙（主债权人）口头成立了保证合同，当乙届期未履行债务时，甲代为履行后，不得以未采取法定形式为由主张保证合同未成立或无效（见第 490 条第 2 款）。

（二）保证合同是诺成合同

保证合同是诺成合同，在债权人和保证人达成合意时成立并生效。保证合同的成立、生效，不需要保证人现实交付、实际履行。

（三）保证合同是单务合同、无偿合同

保证合同是保证人与主债权人之间的法律关系。在保证合同中，只有保证人负担债务，因而保证合同是单务合同。在保证合同中，保证人负担债务，债权人并不负担作为对价的报偿，因而保证合同是无偿合同。

参考案例 13-1

甲贸易公司向乙商业银行借款 2 000 万元，甲请丙担保公司提供了保证担保。丙担保公司除了承诺承担保证责任，还向乙银行交付了 500 万元保证金。

——甲与乙是主合同关系。乙是主债权人，甲是主债务人。甲与丙是委托合同关系（一般是有偿合同）。丙与乙是单务、无偿保证合同关系。

（四）保证合同是从合同

保证合同从属于主债权人和主债务人之间的主合同，或者说保证债务从属于主债务。这种从属性表现在：

（1）保证债务以主债务的成立为前提，主债务不成立，保证债务亦不成立。

（2）保证债务为担保主债务履行而设，故保证债务不得大于主债务，超过主债务的保

证，或约定较重条件的保证，应缩减至主债务的限度。

（3）主债权移转（转让、继承等）时，因主债务仍然存在，除另有约定，保证债务不得免除，即主债权移转，保证债务作为从债务，随同移转。主债务转让给第三人时，如未经保证人同意，保证债务消灭。

（4）主债务消灭，保证债务随之消灭。

（5）主债权债务合同无效，保证合同无效，但是法律另有规定的除外。

（五）保证合同具有相对独立性

保证合同以主合同的存在为前提，或者说，保证债务是以主债务的存在为前提，但其并不是主债务的一部分，有相对独立性。主合同为主债权人与主债务人之间的法律关系，而保证合同为主债权人与保证人之间的法律关系。保证合同的相对独立性表现在以下几个方面：

（1）当事人可以就全部主债成立保证，也可以就部分主债成立保证。

（2）当事人可以成立一般保证，也可以成立连带责任保证。

（3）保证无效，不影响主债的效力。

（4）保证有自己独立的变更、消灭的原因。

三、保证的种类

（一）一般保证与连带责任保证

“保证的方式包括一般保证和连带责任保证。当事人在保证合同中对保证方式没有约定或者约定不明确的，按照一般保证承担保证责任”（第686条）。优先认定一般保证，合理分配了风险，具有鼓励人们提供保证的作用。

1. 一般保证

“当事人在保证合同中约定，债务人不能履行债务时，由保证人承担保证责任的，为一般保证”（第687条第1款）。一般保证人享有先诉抗辩权（见本章第五节）。

2. 连带责任保证

“当事人在保证合同中约定保证人和债务人对债务承担连带责任的，为连带责任保证。连带责任保证的债务人不履行到期债务或者发生当事人约定的情形时，债权人可以请求债务人履行债务，也可以请求保证人在其保证范围内承担保证责任”（第688条）。连带责任保证的保证人，不享有先诉抗辩权。

一般而言，连带责任保证债务的范围与主债务的范围是一致的，但主债权人与保证人也可以约定保证范围小于主债务的范围，保证人在保证范围内承担连带责任。

从诉讼的角度看，债权人提起诉讼，既可以以主债务人为被告，也可以以保证人为被告，还可以以主债务人与保证人为共同被告。

（二）单独保证与共同保证

按保证人的人数，保证可分为单独保证和共同保证。单独保证，是一个人作为保证人。共同保证，又称为数人保证，是指两个或两个以上的保证人为同一债务提供担保。

共同保证又分为按份共同保证和连带共同保证。“同一债务有两个以上保证人的，保证人应当按照保证合同约定的保证份额，承担保证责任；没有约定保证份额的，债权人可以请求任何一个保证人在其保证范围内承担保证责任”（第699条）。

1. 按份共同保证

按份共同保证，仅以保证份额承担保证责任。按份共同保证的保证人按照保证合同约定的保证份额承担保证责任后，在其履行保证责任的范围内对债务人行使追偿权。

按份共同保证的每个保证人，都要对债权人作出保证的允诺。按份共同保证，可以由保证人与债权人签订一个保证合同，也可以由保证人分别与债权人签订保证合同。不在同一时间分别签订保证合同的，不影响按份共同保证的成立，以一个保证合同确立按份保证，保证人之间需要意思沟通；保证人分别与债权人签订保证合同，保证人之间没有合意或意思沟通，这不影响保证合同的成立。

按份共同保证，是数人分别承担保证债务，是由若干个保证组合而成的共同保证。债权人只能要求保证人在各自的保证份额内承担保证责任。保证人相互之间不承担连带责任。

保证合同成立后，若债权人免除某一保证人的保证责任，其他保证人的保证责任并不因此免除。

2. 连带共同保证

连带共同保证，是指保证人相互之间对保证债务承担连带责任。债权人可以要求任何一个保证人对全部保证债务承担责任。任何一个保证人都负有担保全部债权实现的义务。

两个以上保证人对同一债务同时或者分别提供保证时，各保证人与债权人没有约定保证份额的，应当认定为连带共同保证。按份共同保证必须得到债权人的认可，否则应当认定为连带共同保证。

连带共同保证的保证人相互之间约定的各自承担的份额，不具有对抗债权人的效力。但这种“内部”约定，可以成为保证人相互之间清偿的依据。

连带共同保证的保证人承担保证责任后，向债务人不能追偿的部分，由各连带保证人按其内部约定的比例分担。没有约定的，平均分担。

（三）单个合同的保证和最高额保证

针对一个主合同订立保证合同，或在有若干主合同的情况下，就单个主合同分别订立保证合同，是单个合同的保证。

对一定期间连续发生的、分别成立的多个主债权，当事人可订立一个最高额保证合同。“最高额”是指担保的债权的最高额。连续发生的债权，在性质上一般应当相同。最高额保证合同的不特定债权确定后，保证人应当对在最高债权额限度内就一定期间连续发生的债权余额承担保证责任。“保证人与债权人可以协商订立最高额保证的合同，约定在最高债权额限度内就一定期间连续发生的债权提供保证。最高额保证除适用本章规定外，参照适用本法第二编最高额抵押权的有关规定”（第690条）。最高额保证简化了保证合同的缔结程序，减少了缔约的麻烦。

参考案例 13-2

1. 啤酒公司每年都要借款买煤，每次要借款100万元，一年要借款几次，每次都得找担保人。银行与啤酒公司都嫌麻烦，双方在当年3月1日约定：啤酒公司在当年4月1日至次年4月1日之间，分批向银行借款，每批100万元，还款最后期限为取得最后一批借款后的6个月，可提前还款，扣除归还部分，债权最高额最多可达500万元。银行与啤酒公司委托的保证人钢铁公司签订了保证合同，约定保证人钢铁公司对银行在当年

4月1日至次年4月1日之间对啤酒公司发生的债权，在500万元内承担保证责任。

——如果啤酒公司向银行借了6次100万元，归还过一次100万元，尚有500万元没有归还。最高额保证人就这500万元承担保证责任。

2. 买受人甲与出卖人乙在1月1日达成协议，约定当年甲分次向乙购买1 000万元的原料，每次购买由甲向乙发出买方订单，乙见单发货。甲委托丙提供担保，丙与债权人乙签订了保证合同，丙承诺在1 000万元以下承担保证责任。后（当年内）甲向乙分5次购入共1 500万元的货物，因合同规定的支付货款期限较短，甲已付款500万，尚欠1 000万元。担保人丙以货款总额超出1 000万元而进行抗辩，拒绝承担保证责任。

——（1）买受人甲与出卖人乙达成协议，约定当年甲分次向乙购买1 000万元的原料，该协议是预约合同，后又成立5个本约（本合同）。（2）本案保证人提供的是最高额保证。因在规定的期限内最高债权额未超过担保总额，未加重保证人的负担和风险，保证人仍应承担保证责任。

（四）本保证和反保证

依据保证的债权不同，保证分为本保证和反保证。本保证，是保证债权人债权的实现；反保证，是第二个保证人保证第一个保证人对债务人追偿权（当然也是债权）的实现。

“保证人可以要求债务人提供反担保”（第689条）。反保证是反担保的一种。反担保是指债务人对为自己向债权人提供担保的保证人和物上保证人（抵押人、质押人）提供的担保。

参考案例13-3

甲公司欲向乙公司借款500万元，找张丙充当保证人。张丙说：“我替你承担保证责任后向你追偿，你没有钱怎么办？你要给我找个保证人，否则我不干。”于是甲又找了李丁作为张丙的保证人。甲与乙签订了借款合同，张丙与乙签订了连带责任保证合同，李丁又与张丙签订了连带责任保证合同。

——本案法律关系如下图所示：

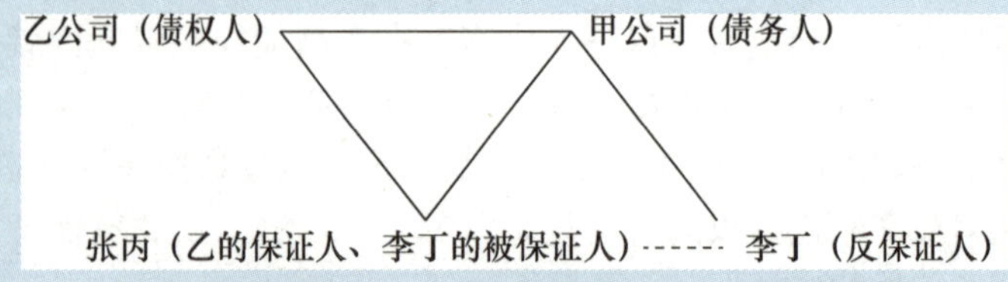

（1）乙（债权人）和甲（债务人）的借款合同是主合同。

（2）乙和张丙（保证人）的合同是保证合同（从合同）。

（3）张丙和李丁的合同是反保证合同。张丙是李丁的被保证人、债权人。李丁担保的是张丙向甲的追偿权。

（4）设甲到期无力还钱，由张丙代替其向乙清偿。之后张丙向甲追偿，甲无力清偿，则反保证人李丁与甲对张丙承担连带责任。

第二节　主合同的效力与保证合同的效力

一、主从合同的关系

主合同与从合同是相对应的概念。主合同是由主债权和主债务构成的法律关系。如果没有从合同存在，合同的“主”字就无从谈起。

（一）主合同无效对从合同（保证合同）效力的影响

“保证合同是主债权债务合同的从合同。主债权债务合同无效的，保证合同无效，但是法律另有规定的除外”（第 682 条第 1 款）。可能主合同无效导致保证合同无效，也可能主合同有效而保证合同由于自己的原因而无效。

（二）主合同解除对从合同（保证合同）效力的影响

“主合同解除后，担保人对债务人应当承担的民事责任仍应当承担担保责任，但是担保合同另有约定的除外”（第 566 条第 3 款）。保证人是担保人的一种，此规定自适用于保证。例如，甲借给乙 500 万元用于设备改造，由丙提供保证担保。甲发现乙将应专款专用的该 500 万元挪用，就依据借款合同的约定通知乙解除了合同，对合同解除后乙返还本息的义务，丙不能免责，仍应承担保证责任。

二、主体不适格的保证合同无效

没有保证资格而为保证属于主体不适格（不合格）。为保护国家利益、社会公共利益，为使第三人利益免受不测之损害，《民法典》对担保人的资格进行了限制：“机关法人不得为保证人，但是经国务院批准为使用外国政府或者国际经济组织贷款进行转贷的除外。以公益为目的的非营利法人、非法人组织不得为保证人”（第 683 条）。

（1）国家机关违反法律提供保证的，保证合同无效，但是有例外。例如，将某国际经济组织提供的“造林固沙”贷款转贷给某地的专业机构，地方政府可以为该专业机构的还款提供保证担保。

（2）“为公益目的或者其他非营利目的成立，不向出资人、设立人或者会员分配所取得利润的法人，为非营利法人。非营利法人包括事业单位、社会团体、基金会、社会服务机构等”（第 87 条）。非营利法人包括公益法人和互益法人。公益法人是以公益事业（谋取公共利益、公众利益）为目的而设立的法人，如基金会法人。互益法人是以社员（会员）互益、互助为目的而设立的法人，如行业协会。以公益为目的的非营利法人不得为保证人，否则保证合同无效；以互益为目的非营利法人可以为保证人。

“非法人组织是不具有法人资格，但是能够依法以自己的名义从事民事活动的组织。非法人组织包括个人独资企业、合伙企业、不具有法人资格的专业服务机构等”（第 102 条）。非法人组织分为公益和私益（营利）两类：个人独资企业、合伙企业是私益非法人组织，可以为保证人；以社会救助、环境保护等为目的的公益非法人组织，不得为保证人，提供保证的，保证合同无效。

三、保证合同无效，有过错的当事人承担责任

“保证合同被确认无效后，债务人、保证人、债权人有过错的，应当根据其过错各自承担相应的民事责任”（第 682 条第 2 款）。保证合同（从合同）无效，在法律上应认定其不产生担保的效力，保证人不承担担保责任。但从合同无效，并不一了百了，根据过错，当事人还要承担相应的民事责任。这种民事责任，是担保责任以外的民事责任。承担这种民事责任的主体，包括有过错的债务人、保证人、债权人，没有过错的当事人不承担责任。

第三节　保证期间与诉讼时效

一、保证期间与保证责任的消灭

（一）保证期间的性质、“长度”和起算

1. 保证期间的性质

“保证期间是确定保证人承担保证责任的期间，不发生中止、中断和延长”（第 692 条第 1 款）。

保证期间是一个“时间段”，也称为保证责任期间，是根据法律规定或者债权人与保证人的约定，债权人可对保证人主张权利的期间。在此期间，债权人若不主张权利，则保证人的保证责任消灭。保证期间是除斥期间的一种。除斥期间一般用来限制形成权，但保证期间用来限制主债权人对保证人的债权请求权。

诉讼时效可以中止、中断和延长；除斥期间是不变期间，不能中止、中断和延长。

2. 保证期间的“长度”

保证期间，分为法定和约定两种。法定保证期间为 6 个月。约定保证期间由债权人与保证人在保证合同中约定。“债权人与保证人可以约定保证期间，但是约定的保证期间早于主债务履行期限或者与主债务履行期限同时届满的，视为没有约定；没有约定或者约定不明确的，保证期间为主债务履行期限届满之日起六个月”（第 692 条第 2 款）。因保证期间的起算时间为主债务履行期届满之日，故约定的保证期间早于主债务期限或者与主债务期限同时届满的，视为没有约定。此种情况适用 6 个月的保证期间。

3. 保证期间的起算

（1）主债务履行期届满之日，开始计算保证期间。例如，主债务履行期限届满是 3 月 1 日，开始的当天（3 月 1 日）不计入在内，适用法定保证期间（6 个月）时，保证期间作为一个时间段实际是 3 月 2 日至 9 月 1 日。在 3 月 2 日至 9 月 1 日中的任何一天，若主债权人未按法定方式主张权利，保证人免责。

（2）“债权人与债务人对主债务履行期限没有约定或者约定不明确的，保证期间自债权人请求债务人履行债务的宽限期届满之日起计算”（第 692 条第 3 款）。主合同对主债务履行期限没有约定或者约定不明确的，为不定期债权，债权人得随时主张债权，但一般要给债务人一定的宽限期。

（二）保证期间届满的效力

1. 保证期间届满，一般保证责任消灭

“一般保证的债权人未在保证期间对债务人提起诉讼或者申请仲裁的，保证人不再承担保证责任”（第 693 条第 1 款）。由于一般保证人享有先诉抗辩权和后诉利益，债权人实现自己的债权，应首先针对债务人提出要求。在约定或法定保证期间，债权人未对债务人提起诉讼或申请仲裁，则保证人得以免除保证责任。

2. 保证期间届满，连带保证责任消灭

“连带责任保证的债权人未在保证期间请求保证人承担保证责任的，保证人不再承担保证责任”（第 693 条第 2 款）。连带保证责任消灭，即债权人的债权消灭。

3. 一般保证与连带责任保证对保证期间适用的区别

（1）在保证期间，一般保证的债权人要针对债务人主张权利；连带责任保证的债权人要针对保证人主张权利。

（2）一般保证的债权人对债务人主张权利的方式是提起诉讼或者申请仲裁，以通知的方式催告履行不发生法定效果；连带责任保证的债权人对保证人主张权利的方式，可以是提起诉讼或者申请仲裁，也可以是以通知的方式催告履行。

参考案例 13－4

甲对乙有 10 万元的贷款债权，乙应当在当年 3 月 1 日前清偿，丙为一般保证人。甲、丙没有约定保证期间，请问：保证期间到什么时候截止？甲在保证期间曾经通知一般保证人丙，要求其承担保证责任，在保证期间截止后，丙还承担责任吗？

——甲、丙没有约定保证期间，保证期间在当年 9 月 1 日截止（9 月 1 日减去 3 月 1 日等于 6 个月）。甲在 9 月 1 日前（含 9 月 1 日）未起诉乙，或有仲裁约定而未对乙提起仲裁，则丙不承担任何责任。

二、保证人的诉讼时效抗辩权

（一）一般保证人的诉讼时效抗辩权

“一般保证的债权人在保证期间届满前对债务人提起诉讼或者申请仲裁的，从保证人拒绝承担保证责任的权利消灭之日起，开始计算保证债务的诉讼时效”（第 694 条第 1 款）。据此，从一般保证人的先诉抗辩权消灭之日起，对其开始计算诉讼时效。三年的诉讼时效届满，一般保证人成立诉讼时效抗辩权，有权拒绝履行保证债务。

（二）连带保证人的诉讼时效抗辩权

“连带责任保证的债权人在保证期间届满前请求保证人承担保证责任的，从债权人请求保证人承担保证责任之日起，开始计算保证债务的诉讼时效”（第 694 条第 2 款）。诉讼时效的起算是在保证期限届满前，如果保证期限届满，保证责任已经消灭，就不存在起算的问题了。诉讼时效起算须有针对保证人主张权利的行为，债权人仅对债务人主张权利的，对保证人诉讼时效不起算。

三年的诉讼时效届满，连带责任保证人成立诉讼时效抗辩权，有权拒绝履行保证债务。

（三）诉讼时效抗辩权的行使与放弃

诉讼时效届满，一般保证人和连带责任保证人有权拒绝履行保证责任。这种拒绝行为，就是行使诉讼时效抗辩权的行为。

保证人对已经超过诉讼时效期间的债务承担保证责任或者提供保证的，是放弃诉讼时效抗辩权的行为。放弃以后又以超过诉讼时效为由抗辩的，不应得到支持。

第四节　保证担保的范围与主合同内容变更、主体变动后的保证责任

一、保证担保的范围

“保证的范围包括主债权及其利息、违约金、损害赔偿金和实现债权的费用。当事人另有约定的，按照其约定”（第 691 条）。保证担保的范围，采用约定优于法定的规则。当事人对保证担保的范围没有约定或者约定不明确的，保证人应当对全部债务承担责任。

二、主合同内容变更后的保证责任

主合同内容变更，是在主合同债权人、债务人不发生变化的前提下，对合同内容的修改。内容的变更，实质上是当事人权利义务关系的部分调整。“债权人和债务人未经保证人书面同意，协商变更主债权债务合同内容，减轻债务的，保证人仍对变更后的债务承担保证责任；加重债务的，保证人对加重的部分不承担保证责任。债权人和债务人变更主债权债务合同的履行期限，未经保证人书面同意的，保证期间不受影响”（第 695 条）。

（1）这里所说的变更，是主债权人和主债务人合意变更，须有主债权人的意思表示参与其中。例如，甲借给乙 100 万元，合同约定借款用途为技术改造，乙擅自将借款挪用于炒股，到期无法向甲归还。甲要求保证人丙承担保证责任，丙以主合同变更为由进行抗辩。丙的抗辩不能成立，因为挪用借款炒股是乙的单方违约行为，甲并没有同意，丙不能免责。

变更有三种情况：减轻主债务；加重主债务；延期履行或者提前履行。

（2）合意变更后减轻债务人债务的，保证债务作为从债务随之减轻。例如，保证人担保 80 万元的货款，主合同的出卖人与买受人协商一致将货款改为 70 万元，则保证债务变成 70 万元。

（3）合意变更后加重债务人债务的，对加重部分，未经保证人书面同意，保证人不增加责任。例如，保证人担保 80 万元的货款，主合同的出卖人与买受人协商一致将货款改为 100 万元，则保证债务仍为 80 万元。

对可分之债，才能区分出“加重部分”；对不可分之债，变更后债务增加，应认为成立了新的法律关系，保证人的保证责任全部消灭。

（4）主合同履行期限的合意变更，分为提前履行和顺延履行期限两种情况，未经保证人书面同意，保证期间为原合同约定或者法律规定的期间。

参考案例 13-5

甲对乙有10万元债权，双方约定乙在当年3月1日前清偿，丙为保证人。甲与丙没有约定保证期间，保证期间在当年9月1日截止（9月1日减去3月1日等于6个月，3月1日不计入在内，3月2日计入）。

（1）假设甲与乙合意将3月1日前清偿改为2月1日前清偿，未取得丙的书面同意，保证期间如何？

——保证期间仍在当年9月1日截止，乙到2月1日未履行合同，甲自3月2日（含该日）才能向丙主张权利，若到9月1日（含该日）甲还没有依照法定方式主张权利，则丙的保证责任消灭。

（2）假设甲与乙合意将3月1日前清偿改为5月1日前清偿，未取得丙的书面同意，保证期间如何？

——保证期间仍在当年9月1日截止，乙到5月1日未履行合同，若甲到9月1日（含该日）还没有依照法定方式主张权利，则丙的保证责任消灭。

三、主合同主体变动后的保证责任

在保证期间内，债权人将主债权转让给第三人，或者债权人同意债务人将债务转让给第三人，主体发生变动，就会随之发生保证责任的继续与免除的问题。

（一）债权转让时的保证责任

1. 债权转让对保证人的效力

"债权人转让全部或者部分债权，未通知保证人的，该转让对保证人不发生效力"（第696条第1款）。"从随主"，主债权转让给第三人，保证债权随同转让给第三人，但须通知保证人。债权人（转让人）是通知义务人。

2. 须取得保证人同意的债权转让

"保证人与债权人约定禁止债权转让，债权人未经保证人书面同意转让债权的，保证人对受让人不再承担保证责任"（第696条第2款）。例如，保证人甲与债权人乙在保证合同中订明："保证人担保的主债权不得转让。"乙认为"我的债权我作主"，就把债权转让给了第三人丙并通知了保证人甲，则甲"全身而退"，不再承担保证责任，丙拿到的债权是"裸体债权"（没有担保的债权）。

（二）债务转移时的保证责任

1. 未经书面同意的债务转移，保证人免责

"债权人未经保证人书面同意，允许债务人转移全部或者部分债务，保证人对未经其同意转移的债务不再承担保证责任，但是债权人和保证人另有约定的除外"（第697条第1款）。这是为保障保证人免受不测之损害的规定。债务转移，须经债权人同意，保证人并不清楚或者认可债务受让人（承担人）的清偿能力，故对未经保证人书面同意的债务转让，保证人免责，债权变成了"裸体债权"。

2. 主债务加入，保证人不免责

"第三人加入债务的，保证人的保证责任不受影响"（第697条第2款）。债务加入，

又称为并存的债务承担，加入人与债务人一起承担连带责任（见第552条）。

（1）上述“加入债务”，是指加入主债务。例如，甲借给乙50万元，丙是保证人，甲将款项交给乙后不放心，又找到乙的父亲丁诉说此事，丁表示自己也作为这50万元的借款人，给甲写了一张借条。丁是主债务加入人，丙的保证责任不受影响。如果丁表示自己也作为这50万元的保证人，则为保证债务的加入人，丙、丁构成连带责任保证人。

（2）在保证期间，债权人按法定方式主张权利致保证期间终止后，第三人也可加入债务。

第五节　保证人对债权人和债务人的权利

一、保证人对债权人的抗辩

（一）一般保证人享有先诉抗辩权（先执行抗辩权）

1. 先诉抗辩权的含义

债权人和保证人在保证合同中约定，债务人不能履行债务时，由保证人承担保证责任的，为一般保证。一般保证债务具有补充性，因而一般保证人享有先诉抗辩权（先执行抗辩权）。这种抗辩权的内容是：一般保证的保证人在就债务人的财产依法强制执行仍不能履行债务前，有权拒绝承担保证责任。也就是说，被担保的债务人客观不能履行债务时，才由保证人承担保证责任。因此，称为“先执行抗辩权”更为合理。

就债务人的财产依法强制执行，一般是在主合同纠纷经审判或者仲裁的基础上进行，按现行法律，有的债权可以直接进入强制执行程序，比如经过公证直接赋予强制执行力的债权。

2. 先诉抗辩权的消灭

保证人的先诉抗辩权消灭，债权人可以直接向一般保证人要求清偿。

“一般保证的保证人在主合同纠纷未经审判或者仲裁，并就债务人财产依法强制执行仍不能履行债务前，有权拒绝向债权人承担保证责任，但是有下列情形之一的除外：（一）债务人下落不明，且无财产可供执行；（二）人民法院已经受理债务人破产案件；（三）债权人有证据证明债务人的财产不足以履行全部债务或者丧失履行债务能力；（四）保证人书面表示放弃本款规定的权利”（第687条第2款）。出现上述情形之一，一般保证人的先诉抗辩权消灭。

（1）债务人下落不明，且无财产可供执行。债务人虽然下落不明，但有财产可供执行，则一般保证人的先诉抗辩权不消灭。

（2）人民法院已经受理债务人破产案件，中止执行程序。此种情况下，债权人不能依照主合同从债务人处获得清偿，若允许保证人行使先诉抗辩权，则有违保证的宗旨。此时保证人无先诉抗辩权。《最高人民法院关于适用〈中华人民共和国企业破产法〉若干问题的规定（三）》第4条规定：“保证人被裁定进入破产程序的，债权人有权申报其对保证人的保证债权。主债务未到期的，保证债权在保证人破产申请受理时视为到期。一般保证的保证人主张行使先诉抗辩权的，人民法院不予支持，但债权人在一般保证人破产程序中的分配额应予提存，待一般保证人应承担的保证责任确定后再按照破产清偿比例予以分配。

保证人被确定应当承担保证责任的，保证人的管理人可以就保证人实际承担的清偿额向主债务人或其他债务人行使求偿权。”

（3）债权人有证据证明债务人的财产不足以履行全部债务或者丧失履行债务能力。例如，债权人甲证明债务人乙被他人申请强制执行，只保留生活的必需财产，丧失了履行债务的能力，则可直接要求一般保证人清偿。

（4）保证人书面放弃先诉抗辩权。一般保证人既可以行使先诉抗辩权也可以放弃先诉抗辩权。放弃应当采用书面形式，口头声明放弃的，不产生丧失先诉抗辩权的法律效果。保证人以书面形式放弃先诉抗辩权，实质上是将一般保证变更为连带保证。

3. 基于先诉抗辩权的免责

在享有先诉抗辩权的基础上，一般保证人可以自我救济。“一般保证的保证人在主债务履行期限届满后，向债权人提供债务人可供执行财产的真实情况，债权人放弃或者怠于行使权利致使该财产不能被执行的，保证人在其提供可供执行财产的价值范围内不再承担保证责任”（第 698 条）。例如，张甲向李乙借 2 000 万元到期不还，为防止家产被强制执行，把值钱的东西变卖 1 500 万元后存在王丙处。一般保证人赵丁得知信息后告诉了李乙，李乙觉得反正有赵丁兜底，就没有及时采取法律措施。后来李乙起诉张甲，因存在王丙处的 1 500 万元已无法查清去向而不能强制执行，则一般保证人赵丁在 1 500 万元的范围内免责。

（二）一般保证人和连带责任保证人可以行使债务人抗辩的权利

“保证人可以主张债务人对债权人的抗辩。债务人放弃抗辩的，保证人仍有权向债权人主张抗辩”（第 701 条）。条文中的表述是“抗辩”，而非“抗辩权”。这里的“抗辩”，包括履行抗辩权和其他抗辩的权利。

（1）债务人的履行抗辩权是指债权人行使债权时，债务人根据法定事由，对抗债权人行使请求权的权利。履行抗辩权有同时履行抗辩权（见第 525 条）、先履行抗辩权（见第 526 条）和不安抗辩权（见第 527 条、第 528 条）。这三种抗辩权是否保证人都能行使？结论是明确的：在存在保证人的情况下，债务人是主合同的后履行义务人，而不安抗辩权是先履行义务人的权利，所以债务人没有不安抗辩权。债务人既然没有不安抗辩权，保证人就无从行使。

（2）其他抗辩的权利，不能称为抗辩权。例如，甲是主合同的债权人，乙是主合同的债务人，丙是保证人，甲、乙约定的债务是附生效条件的债务，在条件成就前，甲要求乙履行，乙以条件未成就为由拒绝履行。抗辩权是对应请求权的，二者同时存在，甲的请求权没有成立，乙也就没有抗辩权。乙拒绝履行，称为“权利不成立的抗辩”。该抗辩可以由丙行使。

（3）保证人享有债务人的抗辩权和其他抗辩的权利，对保护保证人和债务人的合法权益都具有重要意义。保证人担保债务人的债务，亦应享有债务人的权利。保证人以自己的名义行使抗辩的权利而非以债务人的名义行使，因而，主债务人放弃抗辩权利的，保证人仍然可以行使。

（三）债务人不主张抵销权或者撤销权的，保证人有拒绝履行保证责任的权利

“债务人对债权人享有抵销权或者撤销权的，保证人可以在相应范围内拒绝承担保证责任”（第 702 条）。此权利也简称为拒绝履行权。这是由于债务人的行为，保证人对债权

人拒绝履行的权利。例如，甲卖给乙 1 000 万元的钢管，由丙为乙的 1 000 万元货款提供保证担保，到期乙不支付货款，甲请求丙支付，丙发现乙借给甲的 1 200 万元早已到期，乙可以通知甲抵销其中的 1 000 万元，但乙不行使抵销权，此种情况下丙有权拒绝履行保证债务。再如，A 对 B 有 50 万元债权，到期 B 没有清偿，A 以胁迫手段让 B 签订还款协议书并提供担保，B 无奈在还款协议书上签字，并请求 C 当保证人，C 写了保函由 B 交给了 A。后来 A 请求 C 履行保证债务，C 可以以 B 不行使撤销权为由对 A 拒绝履行。

二、保证人对债务人的权利

《民法典》第 700 条规定："保证人承担保证责任后，除当事人另有约定外，有权在其承担保证责任的范围内向债务人追偿，享有债权人对债务人的权利，但是不得损害债权人的利益。"本条规定了保证人的追偿权和代位权。

（一）保证人的追偿权

1. 追偿权的含义、范围

保证人承担保证责任后，有权向债务人追偿，此即保证人的追偿权。一般保证和连带责任保证的追偿权在法律上并无区别。提供一般保证的保证人放弃先诉抗辩权而主动代为清偿的，属于无因管理行为，对其追偿权的成立不产生影响。

（1）承担保证责任的范围，决定了追偿的范围，不过追偿的范围还要包括保证人为清偿主债务所支出的必要费用。

（2）保证人自行履行保证责任时，其实际清偿额大于主债权范围的，保证人只能在主债权范围内对债务人行使追偿权。例如，甲对乙有 100 万元（本息在内）的债权，由丙作为保证人。乙到期不履行债务，甲向丙请求履行，丙向甲清偿 110 万元（多了 10 万元），清偿必要费用 1 000 元，丙只能向乙追偿 100 万元和 1 000 元的必要费用。

2. 行使追偿权的诉讼时效

保证人对债务人行使追偿权，适用普通诉讼时效（3 年），自保证人向债权人清偿之日起开始计算。

（二）保证人的代位权

保证人承担保证责任后，还可享有债权人对债务人的权利，这种权利称为保证人的代位权，性质为债权的法定移转，即债权人对债务人的权利不消灭而移转给保证人。保证人不但享有债权人的主权利，还享有债权人的从权利（担保物权、对其他人的保证债权等）。

【引例分析】

1. 依据《民法典》第 685 条第 2 款，第三人丙发出保函，甲接收且未提出异议，二人之间的保证合同成立。

2. 依据《民法典》第 685 条第 2 款、第 686 条，保函没有确定保证方式，甲接收保函且未提出异议，成立的是一般保证。

【本章小结】

保证合同的从合同属性，是贯穿本章的大纲。主合同效力影响从合同，从合同有独立无效的原因。一般保证和连带责任保证的区分，是处理当事人争议的前提。保证期间是否届满，是保证债权是否存在的“红线”。共同保证人的责任，出自保证人与债权人的约定。主合同的变更，要看是否加重债务。保证债权转让，保证债权随同转移。债务加入，保证责任不受影响。保证人是保证合同无偿付出的一方，但保证人可以享有抗辩权、追偿权、代位权。

即测即评

第十四章　租赁合同

【本章引例】

张某建一砖窑，出租给周某。双方约定：租期1年，每年租金为1万元，同时每年交砖4万块。第一年周某付了租金，但未交付砖。张某要求周某第二年第一季度交砖，如还不交，将解除合同。周某则主张租金有效，砖的交付无效。

请问：

1. 砖应否交付？为什么？
2. 张某是否有权解除合同？为什么？
3. 如果在租赁期间张某出卖砖窑，周某有无优先购买权？
4. 如果周某擅自转租，出租人张某有何权利？

【本章学习目标】

通过学习本章，你应该能够：

1. 理解租赁合同的概念。
2. 理解租赁合同的特征。
3. 了解租赁合同当事人的权利和义务。
4. 了解租赁合同的特殊效力。

第一节　租赁合同概述

一、租赁合同的概念和特征

（一）租赁合同的概念

“租赁合同是出租人将租赁物交付承租人使用、收益，承租人支付租金的合同”（第703条）。承租权是使用、收益他人之物的用益债权。租赁可以区分为使用租赁和用益租赁，仅以使用为目的的，称为使用租赁；以使用及收益为目的的，称为用益租赁。用益租赁的承租人，有权收取天然孳息或者法定孳息。例如，承租人租了一头奶牛，是为了获取

牛奶（天然孳息之一种），是用益租赁。

学生提问

承租人转租的，是用益租赁吗？

——转租涉及两个合同，甲把房屋出租给乙，乙经过甲的同意，转租给丙。甲与乙之间是用益租赁，因为乙可以收取租金（法定孳息之一种）。丙不得转租，只能自己使用，乙与丙之间是使用租赁。

租赁物可以是动产，也可以是不动产，但租赁物须是有体物、不消耗物、特定物。租赁物须为有体物，无形财产的拥有者将无形财产授权给他人使用，他人使用期限届满时，只能停止使用，而“无法奉还”。以技术的授权使用为例，受让人“无法奉还”的原因是他已经掌握了这种技术。因此，将技术有偿交给他人使用，只能是技术转让合同，不能是租赁合同。从租赁物需要返还的要求来看，租赁物须是不消耗物，否则无法返还原物。租赁物须是特定物，如果是种类物，则返还时可以用相同的物替代，这就成为消费借贷了。

“租赁合同的内容一般包括租赁物的名称、数量、用途、租赁期限、租金及其支付期限和方式、租赁物维修等条款”（第704条）。

（二）租赁合同的特征

1. 租赁合同是转移使用权、收益权的合同

租赁合同是以转移用益物的使用权、收益权为目的的合同。租赁物可以是动产，也可以是不动产。租赁物的所有权不发生转移，租赁期届满后，承租人须将原物交还。租赁合同的给付具有持续性，因此，租赁合同属于持续性合同。

2. 租赁合同是诺成合同、双务合同、有偿合同

租赁合同是诺成合同，其成立、生效不受是否交付租赁物的左右。出租人以标的物的使用权、收益权为对价，承租人以租金为对价，因而租赁合同是双务、有偿合同。

二、定期租赁与不定期租赁

根据租赁期限是否固定，租赁可以分为定期租赁和不定期租赁。

（一）定期租赁

定期租赁，是当事人约定了租赁期限的租赁。但租赁期限如果过长，不利于平衡当事人之间的利益，所以“租赁期限不得超过二十年。超过二十年的，超过部分无效。租赁期限届满，当事人可以续订租赁合同；但是，约定的租赁期限自续订之日起不得超过二十年”（第705条）。

学生提问

有的当事人在租赁合同中约定：“租期为20年，到期自动续展20年。”此约定是否有效？

——约定“自动续展20年”，租赁合同的期限等于约定了40年，这是规避法律的行为，自动续展的约定无效。

（二）不定期租赁

不定期租赁，是当事人没有约定租赁期限的租赁。不定期租赁的特点是双方当事人都有随时（任意）解除权。当事人对租赁期限没有约定或者约定不明确，依据《民法典》第510条补缺的规定仍不能确定的，视为不定期租赁；当事人可以随时解除合同，但是应当在合理期限之前通知对方（见第730条）。这里强调的是出租人要给予承租人一定的宽限期。

不定期租赁，一是当事人明确约定为不定期租赁或者没有约定租赁期限，二是推定为不定期租赁。推定的不定期租赁又有三种：

（1）对租赁期限没有约定或者约定不明确，依照《民法典》第510条补缺的规定仍不能确定的，视为不定期租赁。

（2）“租赁期限六个月以上的，应当采用书面形式。当事人未采用书面形式，无法确定租赁期限的，视为不定期租赁”（第707条）。也就是说，6个月以上的租赁，为要式合同。虽然未采用书面形式，但能够确定租赁期限的，自然为定期租赁。例如，双方订立口头租赁合同，出租人甲主张未约定租期，承租人乙主张约定了一年租期，最终无法确定谁说的为真，则应视为不定期租赁；如果双方都承认租期为一年，就是定期租赁。

（3）“租赁期限届满，承租人继续使用租赁物，出租人没有提出异议的，原租赁合同继续有效，但是租赁期限为不定期”（第734条第1款）。这是在租赁期限届满后，当事人以行为表明其租赁关系继续存在。

第二节　租赁合同当事人的权利和义务

一、出租人的权利和义务

（一）收取租金及请求返还原物的权利

收取租金，是出租人基本的权利。租金是用益的对价，也是租赁合同区别于借用合同的根本性标志。租赁，只是一时地转移租赁物的使用、收益权能，因此，租赁合同终止时，出租人有权请求返还原物。

（二）租赁物的交付及保持义务

“出租人应当按照约定将租赁物交付承租人，并在租赁期限内保持租赁物符合约定的用途”（第708条）。对租赁物的使用、收益，以交付为必要，所以出租人应当按照约定的地点、时间、方式、数量等交付租赁物，并应在租赁关系的存续过程中，保持租赁物处于适合使用、收益的状态，即保持租赁物符合约定的用途。例如，出租供住宿的房屋，出租人应当保持房屋安全，没有不合理的危险。

（三）维修义务

出租人的维修义务实为其保持义务的具体表现。“出租人应当履行租赁物的维修义务，但是当事人另有约定的除外”（第712条）。维修义务也可以由当事人特约由承租人承担。

“承租人在租赁物需要维修时可以请求出租人在合理期限内维修。出租人未履行维修义务的，承租人可以自行维修，维修费用由出租人负担。因维修租赁物影响承租人使用的，应当相应减少租金或者延长租期。因承租人的过错致使租赁物需要维修的，出租人不承担前款规定的维修义务”（第 713 条）。维修通常发生于租赁物破损、老化的情况下，如果是因为承租人的正常使用使租赁物破损、老化（包括磨损）的，出租人有维修义务，如果由于承租人的故意或者过失，致使租赁物破损，自应当由承租人承担维修义务，由承租人自负维修费用。

学生提问

租赁的房屋存在危险，双方当事人没有约定维修义务，而出租人又拒绝维修。为保证安全，承租人出资维修，在维修的一个月中，承租人住旅店花去 3 000 元，能否要求出租人支付？

——不能要求出租人支付，只能要求出租人减少一个月的租金或者延长一个月的租期。

（四）权利瑕疵担保义务

权利瑕疵担保义务，是指出租人应当担保不因第三人对租赁物主张权利，而影响承租人对租赁物的使用、收益。权利瑕疵担保义务是法定义务。权利瑕疵担保责任，是违反权利瑕疵担保义务的后果。“因第三人主张权利，致使承租人不能对租赁物使用、收益的，承租人可以请求减少租金或者不支付租金。第三人主张权利的，承租人应当及时通知出租人”（第 723 条）。第三人主张的权利可以是所有权、担保物权和用益物权。

参考案例 14－1

3 月 1 日，张甲把房屋一间租给李乙，租期为一年。李乙刚住了一段时间，第三人王丙起诉张甲，人民法院通过拍卖公司将该房屋拍卖给赵丁。赵丁将李乙“赶”出了这间出租房，李乙刚好住了半年。原来，张甲从王丙处借了 40 万元人民币，将房屋抵押给了王丙，在同年 2 月 1 日（早于租赁）办理了抵押登记。张甲没有把抵押的事实告诉承租人李乙。

——张甲应当承担权利瑕疵担保责任。《民法典》第 405 条就“抵押不破租赁”作出规定：“抵押权设立前，抵押财产已经出租并转移占有的，原租赁关系不受该抵押权的影响。”本案相反，属于“租赁不破抵押”的情况，因为房屋是在抵押登记后才出租的，不能对抗抵押权人。李乙有权只支付半年的租金，有其他损失的，还可以请求张甲赔偿。

权利瑕疵担保责任的一个条件是：第三人就租赁物主张权利，致使承租人不能对租赁物使用、收益。权利瑕疵是一个事实，不论第三人是否实际主张权利，对它的存在不产生影响。对于租赁合同来说，因为其是一个持续的履行过程，仅有权利瑕疵，在没有影响到承租人使用、收益的情况下，尚不构成权利瑕疵担保责任。这不同于买卖合同，买受人受领货物之后，发现有权利瑕疵，标的物可能被第三人追夺，即使第三人尚未主张权利，买受人也可行使履行抗辩权，拒绝支付货款。而租赁合同的承租人如果对于租赁物已经使用、收益，就应当支付相应对价，不得行使抗辩权。

出租人违反瑕疵担保义务，承租人享有相应的权利：第一，减少租金或者不支付租金。如果承租人根本没有使用，租赁物就被他人追夺，或者虽使用但由于使用的过程被割断不能达到使用、收益的效果，则有权拒绝支付全部租金。第二，出租人违反瑕疵担保义务，承租人还可以要求出租人赔偿损失。

如果出租人在订立租赁合同的时候就租赁物权利瑕疵已尽告知义务，则他人抵押权等权利的实现造成的承租人的损失，由承租人自己承担，因为其自愿承担了风险。在订立租赁合同的时候，承租人可能针对风险提出自己的条件（减少租金等），如果承租人知道风险而不提出相应的条件，那是他自己的事情。

二、承租人的权利和义务

（一）按约定使用与按性质使用的义务

承租人应当按照约定的方法使用租赁物。对租赁物的使用方法没有约定或者约定不明确，依据《民法典》第 510 条补缺的规定仍不能确定的，应当根据租赁物的性质使用（见第 709 条）。如何使用租赁物，涉及双方当事人的利益。首先，承租人应当按照约定的方法使用租赁物；如果没有约定或者约定不明确，则应按照《民法典》第 510 条的规定确定对租赁物如何使用，即按合同已有的条款或者交易习惯确定应当如何使用，如果还不能确定，则按租赁物的性质使用。使用方法与租赁物的用途有关。

参考案例 14-2

甲出租给乙一套房屋，在出租前，该套房屋一直作为生活用房，甲、乙在租赁合同中未约定用途，依据《民法典》第 510 条也不能确定。

——乙只能按租赁物的性质使用，即只能用于生活居住，不能用于经营（作为商店、工厂车间、货物仓库等）。

"承租人按照约定的方法或者根据租赁物的性质使用租赁物，致使租赁物受到损耗的，不承担赔偿责任"（第 710 条）。不承担损害赔偿责任的理由是：对这种合理的损耗，承租人已经支付了对价，这种对价已经包含在租金之中了。

"承租人未按照约定的方法或者未根据租赁物的性质使用租赁物，致使租赁物受到损失的，出租人可以解除合同并请求赔偿损失"（第 711 条）。未按约定的方法或者租赁物的性质使用租赁物，致使租赁物受到损失，这种损失不属于合理的损耗，承租人对此应当付出代价，即承担损害赔偿责任。赔偿与解除合同不发生冲突，无论出租人是否通知对方解除合同，都可以要求对方赔偿损失。

（二）妥善保管的义务

"承租人应当妥善保管租赁物，因保管不善造成租赁物毁损、灭失的，应当承担赔偿责任"（第 714 条）。承租人对租赁物的保管，应尽善良管理人的注意义务。"保管不善"，是过错的体现，保管不善所体现的过错，包括故意和过失，并未排除一般过失。从法理上看，无偿合同无偿付出的一方，一般过失才能免责。因租赁合同是双务、有偿合同，若租赁物毁损、灭失，承租人一般过失不能免责。

（三）不任意改善、增设的义务

“承租人经出租人同意，可以对租赁物进行改善或者增设他物。承租人未经出租人同意，对租赁物进行改善或者增设他物的，出租人可以请求承租人恢复原状或者赔偿损失”（第715条）。这里涉及有益费用的偿还的问题。

有益费用，是指承租人支出的，使租赁物价值增加的费用。承租人对租赁物进行改善或者增设他物，使租赁物价值增加的费用，在租赁关系终止时，出租人应当偿还。这是出租人的义务。返还的根据，在于不当得利。所谓不当得利，是指没有合法根据取得利益，并给他人造成损失。偿还的要件是：第一，出租人同意承租人对租赁物改善、增设，为之支付费用，或者知道而不表示反对。第二，租赁物所增加的价值，于租赁关系终止时继续存在。偿还的时期，是租赁合同终止时。

（四）租金支付义务

租金的支付，是承租人的主要义务。承租人应当按照约定的时间、数额和方式交付租金。

承租人应当按照约定的期限支付租金。对支付租金的期限没有约定或者约定不明确，依据《民法典》第510条补缺的规定仍不能确定，租赁期限不满一年的，应当在租赁期限届满时支付；租赁期限一年以上的，应当在每届满一年时支付，剩余期限不满一年的，应当在租赁期限届满时支付（见第721条）。按该条规定，对租金支付期限的确定有三个递进的层次：第一，按照约定；第二，没有约定或者约定不明确，按照《民法典》第510条关于补缺的规定确定；第三，按《民法典》第510条不能确定的，以“年”为时间单位确定租金的交付期限，此时的租金支付体现了“后付主义”。

“承租人无正当理由未支付或者迟延支付租金的，出租人可以请求承租人在合理期限内支付；承租人逾期不支付的，出租人可以解除合同”（第722条）。按照该条规定，出租人应当先催告，在催告无效果时，才能通知承租人解除合同。

（五）返还租赁物的义务

“租赁期限届满，承租人应当返还租赁物。返还的租赁物应当符合按照约定或者根据租赁物的性质使用后的状态”（第733条）。租赁期间届满或者租赁合同因解除终止，承租人应当返还原物，但返还原物并不等同于原状返还，因为即使是正常使用，租赁物也会有磨损、老化等损耗，导致价值降低。因此，返还的租赁物符合约定的状态即可。如果对返还的租赁物的状态没有约定，返还的租赁物应符合按租赁物的性质使用后的状态。

（六）收益权

“在租赁期限内因占有、使用租赁物获得的收益，归承租人所有，但是当事人另有约定的除外”（第720条）。这里要注意因果关系。该条的关键字是“因”。

参考案例 14－3

张三把一头耕牛租给李四，用于耕地。这头牛在租赁期限内生了一头小牛，小牛应该归属于张三。

——因为租牛是用于耕地的，而不是用来繁殖的，即为使用租赁，不为用益租赁，所以小牛（天然孳息）追随原物，归出租人张三所有。

（七）法定事由解除权

1. 存在“外力”，致使租赁物无法使用

“有下列情形之一，非因承租人原因致使租赁物无法使用的，承租人可以解除合同：（一）租赁物被司法机关或者行政机关依法查封、扣押；（二）租赁物权属有争议；（三）租赁物具有违反法律、行政法规关于使用条件的强制性规定情形”（第 724 条）。满足以下两个要求，承租人才可解除合同：（1）以上情形，非因承租人的原因所致。（2）须致使租赁物无法使用。例如，虽然租赁物权属有争议，但不影响承租人的使用，承租人就没有这项解除权。

2. 租赁物部分或者全部毁损、灭失，致使不能实现合同目的

“因不可归责于承租人的事由，致使租赁物部分或者全部毁损、灭失的，承租人可以请求减少租金或者不支付租金；因租赁物部分或者全部毁损、灭失，致使不能实现合同目的的，承租人可以解除合同”（第 729 条）。

（1）因不可归责于承租人的事由（不可抗力、意外事件、房屋拆迁、出租人的过错行为等），致使租赁物毁损、灭失的，由出租人承担风险，故承租人可以请求减少租金或者不支付租金。

学生提问

法律中的“可以请求”，就是“有权请求”吗？

——“可以请求”不等于“有权请求”，是否有权请求，还要看案件的具体情况。比如，张甲出租给李乙一套别墅，租期为十年，第九年夏季的一场罕见的飓风将别墅的屋顶卷走，别墅已经不适宜居住，李乙可以解除合同，但李乙已经居住九年，对该九年的租金不能免除，也不能减少。再如，由于出租人的过错致使租赁物的使用价值降低，承租人有权请求降低租金标准。

（2）租赁物全部毁损、灭失，承租人不能使用，并且不能在合理时间恢复的，应认定承租人不能实现合同目的。租赁物部分毁损、灭失，有时也致使不能实现合同目的。例如，出租的两台仪器是配套使用的，其中一台灭失，另一台也就丧失了使用价值，则承租人可以解除合同。

3. 租赁物存在危及承租人安全或者健康的现实危险

“租赁物危及承租人的安全或者健康的，即使承租人订立合同时明知该租赁物质量不合格，承租人仍然可以随时解除合同”（第 731 条）。例如，张甲明知李乙的房屋是不能住人的危房仍然承租 3 年，到了第一年雨季张甲心中不安便通知李乙解除合同，该解除有效。

第三节　租赁合同的特殊效力

一、转租的规则

（一）转租的含义

转租是权利还是义务，这要看从哪个角度讲。经同意后可以转租，从这个角度讲是权

利；未经同意不得转租，从这个角度讲是义务。

转租，是指承租人以自己的名义将租赁物出租给第三人（次承租人）使用、收益。对于转租可以这样描述：一个租赁物，两个连环法律关系。“承租人经出租人同意，可以将租赁物转租给第三人。承租人转租的，承租人与出租人之间的租赁合同继续有效；第三人造成租赁物损失的，承租人应当赔偿损失。承租人未经出租人同意转租的，出租人可以解除合同”（第716条）。

（二）转租的条件

承租人转租的，应当取得出租人的同意。未经同意擅自转租的，出租人有权通知承租人解除合同。出租人通知承租人解除租赁合同以后，承租人与次承租人之间的合同因失去了前提而随之失去效力。有人认为，出租人解除合同后，承租人与次承租人的合同可以继续有效。这种观点是错误的。

出租人同意承租人转租，可以是明示同意，也可以是默示同意，可以是事前的同意，也可以是事后的追认。“出租人知道或者应当知道承租人转租，但是在六个月内未提出异议的，视为出租人同意转租”（第718条）。例如，甲（出租人）将一台机器出租给乙（承租人），乙又将这台机器转租给丙（次承租人），丙不放心，将转租的情况告诉了甲，甲在合理的时间内没有表示反对，应当视为对转租的默示方式的追认。

参考案例 14-4

甲将一座仓库房出租给乙，租金为一年30万元。乙将租赁物交给下级单位丙（法人）有偿使用达三年之久。丙分两次将20万元直接交给甲，甲照单全收，而且与丙签订了“防火协议”。后甲向丙催要10万元租金，丙又以自己的名义写了欠款10万元的“欠条”。请分析本案的法律关系。

——乙与丙是转租关系，甲已经默示地同意，转租合同有效。本案不是承租权的转让，因为甲没有使乙从债的关系中解脱的意思，乙也没有脱离债的关系的意思。转租是承租人以自己的名义向次承租人出租；转让是承租人退出租赁关系，出租人与第三人发生租赁关系。

丙直接把20万元租金交给甲，就甲与乙的租赁合同而言，属于《民法典》第523条规定的“由第三人履行”。如果丙不交租金，则应当由乙向甲承担责任。丙以自己的名义给甲写了10万元欠条，属于债务加入（并存的债务承担）。丙与乙就10万元向甲承担连带责任。

甲与丙之间的“防火协议”，是关于附随义务的约定，不影响本案转租的事实，因此不能以此认定是承租权的转让。

（三）转租的期限

“承租人经出租人同意将租赁物转租给第三人，转租期限超过承租人剩余租赁期限的，超过部分的约定对出租人不具有法律约束力，但是出租人与承租人另有约定的除外”（第717条）。租赁合同是转租合同的基础法律关系，因而转租期限不能超过承租人剩余租赁期限。如果出租人同意承租人超期转租，应认为租赁合同也已延长了期限。

（四）转租产生的损失

次承租人对租赁物造成损失的，应当对转租人（承租人）承担责任，承租人应当对出租人承担责任。不论转租是否经过出租人同意，都是如此。如果次承租人的行为导致租赁物的损害，出租人追究违约责任，只能追究承租人的违约责任，而不能追究次承租人的违约责任，也不能追究承租人和次承租人的连带责任。如果以侵权为由，则有可能追究承租人和次承租人的连带责任。

（五）出租人的选择权

承租人未经出租人同意擅自转租的，出租人有两个权利可以选择行使：第一，出租人可以通知承租人解除双方之间的租赁合同。第二，出租人可以主张承租人与次承租人的转租合同不生效。

（六）次承租人的代为履行权

"承租人拖欠租金的，次承租人可以代承租人支付其欠付的租金和违约金，但是转租合同对出租人不具有法律约束力的除外。次承租人代为支付的租金和违约金，可以充抵次承租人应当向承租人支付的租金；超出其应付的租金数额的，可以向承租人追偿"（第719条）。例如，甲将房屋出租给乙10年，到第3年时，乙经甲同意把房屋转租给第三人丙7年。本来，是次承租人丙向承租人乙交付租金，乙向出租人甲交付租金，但乙拒不向甲交付租金，甲威胁乙要解除合同，甲与乙的租赁合同若解除，乙与丙的次承租合同就丧失了基础不能继续存在，丙为了自己的利益，有权代乙之位，将乙欠付的租金交付给甲。等乙向丙要求支付租金的时候，丙就可以"充抵"，若多交，可以向乙追偿。

二、所有权变动不破租赁的规则

"租赁物在承租人按照租赁合同占有期限内发生所有权变动的，不影响租赁合同的效力"（第725条）。对此规则，理论上多称为"买卖不破租赁"，实际上，租赁物所有权变动的原因，还有赠与、继承等。因赠与、继承等原因致使租赁物在租赁期间发生所有权变动的，同样不影响租赁合同的效力。

租赁物在承租人占有租赁物期间所有权发生变动，归属第三人（买受人、受赠人、继承人等）时，承租人可以其租赁权对抗新的所有权人。也就是说，新的所有权人与承租人应继续原租赁合同，直至租期届满。换一个角度说，新的所有权人取代了原出租人的地位。

所有权变动不能击破租赁，须承租人依据合同占有租赁物期间发生所有权变动，此是占有效力的体现。

无论租赁物是动产还是不动产，都不影响"所有权变动不破租赁"规则的适用。

三、房屋共同居住人、共同经营人的继续承租权

与出租人签订房屋租赁合同的，通常是"户主"，与户主共同居住的人通常不写入合同之中，但共同居住的人（一般是近亲属）是事实上的共同承租人，换一个角度看，共同居住的人也依法享有居住权。"承租人在房屋租赁期限内死亡的，与其生前共同居住的人或者共同经营人可以按照原租赁合同租赁该房屋"（第732条）。例如，一份房屋租赁合同的期限是10年，当承租人于第5年死亡时，其共同居住人或者共同经营人在剩余的时间内有权继续租赁该房屋。有的学者把这种权利称为优先承租权。实际上，共同居住人、共同经营人本来就是事实上的共同承租人，故称为优先承租权不妥。而且，优先承租权是同

等条件下的优先承租权，假如房屋共同居住人享有优先承租权的话，第三人就可以用较高租金把承租权夺走。

共同居住人的继续承租权只有一个条件，即与承租人生前共同居住，是否另有住房在所不问。

四、房屋承租人的优先购买权和优先承租权

（一）房屋承租人的优先购买权

“出租人出卖租赁房屋的，应当在出卖之前的合理期限内通知承租人，承租人享有以同等条件优先购买的权利；但是，房屋按份共有人行使优先购买权或者出租人将房屋出卖给近亲属的除外”（第 726 条 1 款）。

（1）优先购买权是法定的形成权。只有房屋的承租人才享有优先购买权，其他不动产承租人以及动产承租人都没有这项权利。

（2）“同等条件”，主要是指价款，但也可以包括其他因素。

（3）房屋承租人不享有优先购买权的两种情形：其一，房屋按份共有人行使优先购买权的。也就是说，按份共有人的优先购买权优于承租人的优先购买权。其二，出租人将房屋出卖给近亲属的。近亲属包括配偶、父母、子女、兄弟姐妹、祖父母、外祖父母、孙子女、外孙子女。

（4）出租人出卖租赁房屋的，应当在出卖之前的合理期限内通知承租人。“合理期限”应当结合个案的情况确定。《城镇房屋租赁合同解释》第 15 条规定：“出租人与抵押权人协议折价、变卖租赁房屋偿还债务，应当在合理期限内通知承租人。承租人请求以同等条件优先购买房屋的，人民法院应予支持。”条文中的“协议折价”等于出卖，应当通知承租人。

1）“出租人履行通知义务后，承租人在十五日内未明确表示购买的，视为承租人放弃优先购买权”（第 726 条第 2 款）。这是推定的默示放弃。

2）“出租人委托拍卖人拍卖租赁房屋的，应当在拍卖五日前通知承租人。承租人未参加拍卖的，视为放弃优先购买权”（第 727 条）。出租人是通知义务人。出租人采用拍卖程序出卖，承租人的优先购买权也就必须通过拍卖程序行使。

参考案例 14－5

张某把自有房屋出租给李某居住，租期两年。不久两人发生口角，张某欲将该房出卖。李某声称自己有优先购买权。张某用短信告诉李某 5 天后将由某拍卖公司拍卖。李某恰在此时出差，回来后发现房屋已经被第三人王某竞价购得，遂起诉到法院，要求张某以和王某相同的价格把房卖给自己。他还提出自己没有参加拍卖是因为出差。

——应认为李某已经放弃了对承租房屋的优先购买权。如果房屋判卖给李某，则先前为拍卖、竞买房屋的支出，都成了无益损失。李某欲想购买房屋，应当参加拍卖①。李某出差，并不是他不能参加拍卖的理由，他完全可以委托他人参加拍卖。

---

①《最高人民法院关于人民法院民事执行中拍卖、变卖财产的规定》第 16 条第 1 款规定：“拍卖过程中，有最高应价时，优先购买权人可以表示以该最高价买受，如无更高应价，则拍归优先购买权人；如有更高应价，而优先购买权人不作表示的，则拍归该应价最高的竞买人。”

(5)“出租人未通知承租人或者有其他妨害承租人行使优先购买权情形的，承租人可以请求出租人承担赔偿责任。但是，出租人与第三人订立的房屋买卖合同的效力不受影响”(第 728 条)。出租人与第三人的买卖合同作为债权合同可以是有效合同，可以发生债的效力。基于债的相对性，承租人不得主张出租人与第三人的买卖合同无效。

(二) 房屋承租人的优先承租权

《民法典》第 734 条第 2 款规定：“租赁期限届满，房屋承租人享有以同等条件优先承租的权利。”优先承租权只针对“房屋”，租赁物是其他不动产和动产的，承租人没有优先承租权。承租房屋常有添附，由于特定人的使用、经营还会使房屋形成“人气”，这种“人气”是一种无形财产，房屋承租人的优先承租权体现了“物尽其用”的思想。

出租人侵害房屋承租人优先承租权造成损失的，应当予以赔偿。出租人可以事先与承租人在租赁合同中约定排除优先承租权。

【引例分析】

1. 砖应当交付。因为本案的“砖”，实际上是租金的特殊表现。
2. 张某有权解除合同，因为他已经履行了催告程序。
3. 周某并无优先购买权，因为只有房屋的承租人才有优先购买权，砖窑并非房屋。
4. 如果周某擅自转租，出租人张某可以通知周某解除租赁合同，也可以主张转租合同无效。

【本章小结】

本章阐释了租赁合同的概念，介绍了当事人的基本权利和义务，同时也介绍了租赁合同的特殊效力。所谓特殊效力，实际上是指当事人的特殊权利和义务。

即测即评

第十五章　融资租赁合同

【本章引例】

甲租赁公司应承租人乙公司的要求，购买了丙公司的一台大型设备出租给乙。按照约定，丙公司直接发货给乙公司。

请问：

1. 该设备的维修义务应当由谁承担？
2. 双方约定租期届满租赁物归承租人所有，约定是否有效？
3. 对标的物瑕疵，承租人对出卖人有无索赔权？

【本章学习目标】

通过学习本章，你应该能够：

1. 理解融资租赁合同的概念和特征。
2. 了解融资租赁合同当事人的基本权利和义务。

第一节　融资租赁合同概述

一、融资租赁合同的概念

“融资租赁合同是出租人根据承租人对出卖人、租赁物的选择，向出卖人购买租赁物，提供给承租人使用，承租人支付租金的合同”（第 735 条）。“融”，是指流通。“资”是指货币资金。货币资金的融通，可以理解为货币资金的流通。融资租赁合同是通过“融物”而融资的合同，所以，又有人称之为金融合同。

融资租赁包括直租和售后回租。

（一）直租

直租法律关系如图 15－1 所示。

直租的出租人又是买受人。至于出卖人是谁，买的是什么商品，这是由承租人选择的。例如，某航空公司（图 15－1 中的丙）需要五架飞机，它就和融资租赁公司（图 15－1 中的乙）商量，由融资租赁公司来购买，再出租给航空公司。出卖人（图 15－1 中的甲）是由航空公司选择的。

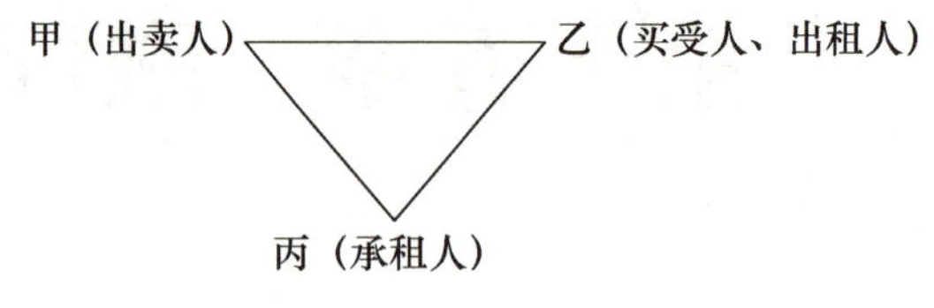

图 15－1　直租法律关系

（二）售后回租

售后回租简称为回租。《融资租赁合同解释》第 2 条规定："承租人将其自有物出卖给出租人，再通过融资租赁合同将租赁物从出租人处租回的，人民法院不应仅以承租人和出卖人系同一人为由认定不构成融资租赁法律关系。"

回租法律关系如图 15－2 所示。

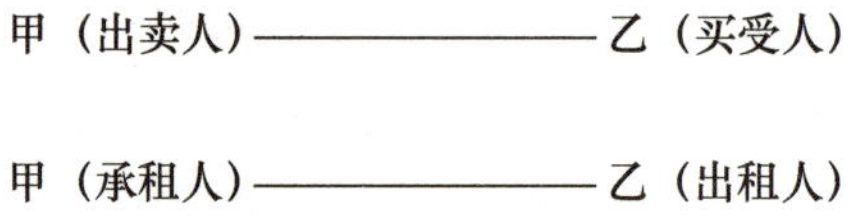

甲（出卖人）————————乙（买受人）

甲（承租人）————————乙（出租人）

图 15－2　回租法律关系

参考案例 15－1

甲租赁公司与乙工业公司签订了一份合同，约定甲公司从乙公司购买 A 型设备回租给乙公司。此合同属于哪一种合同？

——此合同是售后回租式的融资租赁合同，甲是买受人兼出租人，乙是出卖人兼承租人。

二、融资租赁合同的特征

（一）融资租赁合同涉及两个法律关系

融资租赁合同所涉及的法律关系有两个：一个是出卖人与买受人的买卖合同关系；另一个是出租人（买受人）与承租人的租赁关系。

（二）出租人须具备特定的资格

融资租赁合同的出租人是具有融资租赁业务经营资格的企业法人，一般为租赁公司。融资租赁经营属于特许经营，出租人要有金融业务的经营许可。

（三）购买的租赁物一般是由承租人选定的

融资租赁合同的标的物一般是由出租人按照承租人的要求购买的。承租人的要求，一是表现为对出卖人的选择，二是表现为对租赁物的选择。出租人购买标的物，是为了满足承租人对标的物的特殊要求。

（四）融资租赁物一般是价值较高的动产

融资租赁合同的标的物一般是设备、交通运输工具等价值较高的动产。这里的"价值较高”，可以是单一的设备价值较高，也可以是因租赁物总量较大而价值较高。例如，某公司向租赁公司承租叉车，每一辆叉车价值并不高，但承租人的需要量比较大，这样，总体来看价值就比较大了。“量小”，采取融资租赁的方式就没有多大意义了。

有一种观点认为，融资租赁合同的租赁物是动产，还有一种观点认为融资租赁合同的租赁物包括动产和不动产。《民法典》对融资租赁合同的租赁物没有作限制性的规定，从实践来看，融资租赁物一般是设备（包括以流水线形式表现的成套设备）、交通运输工具等动产。在法理上，不动产作为融资租赁物并无不可，不会影响到融资租赁合同的性质。

为防止规避法律进行金融投机，法律要求租赁物须现实存在。“当事人以虚构租赁物方式订立的融资租赁合同无效”（第737条）。

（五）通过“融物”来“融资”

融资租赁合同的经济功能是通过出租来融资，这就是一般著述上所说的通过融物（以出租作为媒介）来达到融资的目的。应当指出，这里所说的“融资的目的”，是从经济角度而言的。在严格的法律意义上，融资租赁合同的目的有两个：一是出租人的目的，即通过出租标的物而换取租金；二是承租人的目的，通过交付租金而取得对标的物的使用、收益权。

考虑到融资租赁合同融资的经济功能，“融资租赁合同的租金，除当事人另有约定外，应当根据购买租赁物的大部分或者全部成本以及出租人的合理利润确定”（第746条）。融资租赁合同的租金标准高于传统租赁合同的租金标准，租金的成分构成不影响其作为对价的法律性质。

（六）融资租赁合同是要式、诺成、有偿合同

融资租赁合同由于比较复杂，标的额比较大，因此应当采用书面形式。也就是说，融资租赁合同是要式合同。融资租赁合同是诺成合同，当事人只要达成一致意见，就要受合同的约束。显然，融资租赁合同是有偿合同。

三、融资租赁合同与租赁合同的区别

（1）传统租赁没有金融业务的属性，融资租赁具有金融业务的属性。

（2）在传统的租赁中，出租人的租赁物一般是出租人在订立合同前就拥有的，并不是根据特定承租人的特殊需要专门购买的。而在融资租赁合同中，出租人要按承租人的特殊需要购买或者向承租人指定的出卖人购买，出租人购买标的物的行为与其出租标的物的行为是紧密联系在一起的。由此产生两个有关联的法律关系，一是买卖，二是融资租赁，买卖是为融资租赁服务的。

（3）在传统的租赁中，租赁物是不动产和动产。在融资租赁中，租赁物主要是动产。

（4）在传统的租赁中，租赁期限不得超过20年，超过20年的，超过部分无效。融资租赁合同对租期未作限制性的规定。

（5）在传统的租赁中，出租人承担维修义务、维修费用，另有约定的除外。在融资租赁中，维修义务、维修费用由承租人承担。

（6）在传统的租赁中，租期届满，出租人收回租赁物。而对于融资租赁，则依照约定有三种情况：一是返还租赁物；二是续租；三是归承租人所有。

四、对承租人的经营使用许可的限制不及于出租人

“依照法律、行政法规的规定，对于租赁物的经营使用应当取得行政许可的，出租人未取得行政许可不影响融资租赁合同的效力”（第 738 条）。例如，承租人有经营防爆器材的经营许可，出租人没有这项经营许可，不妨碍双方就防爆器材成立融资租赁合同。

第二节　融资租赁合同当事人的权利和义务

一、买卖当事人的权利和义务及承租人的相关权利

（一）出租人按约向承租人交付标的物的义务及承租人与受领有关的权利

“出租人根据承租人对出卖人、租赁物的选择订立的买卖合同，出卖人应当按照约定向承租人交付标的物，承租人享有与受领标的物有关的买受人的权利”（第 739 条）。买受人（出租人）可以指定承租人代为受领（实践中多为承租人代为受领），以避免支出无谓的费用。

“出卖人违反向承租人交付标的物的义务，有下列情形之一的，承租人可以拒绝受领出卖人向其交付的标的物：（一）标的物严重不符合约定；（二）未按照约定交付标的物，经承租人或者出租人催告后在合理期限内仍未交付。承租人拒绝受领标的物的，应当及时通知出租人”（第 740 条）。

（二）承租人按约向出卖人索赔的权利

（1）出卖人与买受人建立买卖合同关系，依法承担瑕疵担保义务。出卖人不履行瑕疵担保义务或者履行有瑕疵的，买受人享有索赔权，但可以三方约定，由承租人享有、行使索赔权。“出租人、出卖人、承租人可以约定，出卖人不履行买卖合同义务的，由承租人行使索赔的权利。承租人行使索赔权利的，出租人应当协助”（第 741 条）。

（2）“承租人对出卖人行使索赔权利，不影响其履行支付租金的义务。但是，承租人依赖出租人的技能确定租赁物或者出租人干预选择租赁物的，承租人可以请求减免相应租金”（第 742 条）。出卖人不履行买卖合同义务与出租人有选择上的因果关系的，应承担相应责任。

（3）“出租人有下列情形之一，致使承租人对出卖人行使索赔权利失败的，承租人有权请求出租人承担相应的责任：（一）明知租赁物有质量瑕疵而不告知承租人；（二）承租人行使索赔权利时，未及时提供必要协助。出租人怠于行使只能由其对出卖人行使的索赔权利，造成承租人损失的，承租人有权请求出租人承担赔偿责任”（第 743 条）。

（三）买受人支付价金的义务

出租人（买受人）应当向出卖人支付价金。出租人相对于出卖人，就是买受人。

（四）买受人不得变更承租人选择、认可的买卖合同的内容

“出租人根据承租人对出卖人、租赁物的选择订立的买卖合同，未经承租人同意，出租人不得变更与承租人有关的合同内容”（第 744 条）。擅自变更买卖合同的内容，会损害承租人的利益，影响到其合同目的的实现。

二、出租人对租赁物的相关权利和义务

（一）出租人保证承租人对租赁物的占有和使用的义务

“出租人应当保证承租人对租赁物的占有和使用。出租人有下列情形之一的，承租人有权请求其赔偿损失：（一）无正当理由收回租赁物；（二）无正当理由妨碍、干扰承租人对租赁物的占有和使用；（三）因出租人的原因致使第三人对租赁物主张权利；（四）不当影响承租人对租赁物占有和使用的其他情形”（第 748 条）。其中第（三）项是关于权利瑕疵担保义务的规定，即出租人担保租赁物不被第三人（出卖人、抵押权人等）所追夺，不被第三人所主张任何权利（包括不被第三人主张知识产权）。

（二）租赁物不符合租赁合同目的时出租人的免责

“租赁物不符合约定或者不符合使用目的的，出租人不承担责任。但是，承租人依赖出租人的技能确定租赁物或者出租人干预选择租赁物的除外”（第 747 条）。例如，承租人要改产上一条生产口罩的流水线，设备的选购、型号、生产能力、技术指标、安装等全部依赖于出租人的介绍、宣传和指导，结果购买、承租的流水线不符合使用目的，造成较大损失，对此出租人不能免责。

参考案例 15－2

承租人要求出租人购买一批机场用的汽车租给自己，承租人指定了汽车的型号和厂家。出租人将汽车交付给承租人使用后，承租人发现该批汽车只能作普通用途，不宜在机场使用。承租人要求出租人承担责任。

——承租人应对自己的行为承担不利后果，出租人不应承担责任。

（三）对第三人造成侵害的免责

“承租人占有租赁物期间，租赁物造成第三人人身损害或者财产损失的，出租人不承担责任”（第 749 条）。该条规定主要是指租赁物瑕疵对第三人造成损害时出租人的免责。例如，某公司请客人们参观生产流程，融资租赁的设备漏气，使客人们受到伤害，这应当由承租人承担责任，而不应追及出租人。

如果是由于承租人对租赁物操作不当造成第三人损害，这与租赁物的瑕疵没有关系，承租人自然要承担责任。

三、承租人的义务

（一）保管、使用和维修义务

“承租人应当妥善保管、使用租赁物。承租人应当履行占有租赁物期间的维修义务”（第 750 条）。谁占有，谁保管；谁使用，谁维修。由于融资租赁期间一般较长，而且带有融资性质，因此法律规定由承租人承担维修义务。

（二）支付租金义务

这是承租人的主要义务。“承租人占有租赁物期间，租赁物毁损、灭失的，出租人有权请求承租人继续支付租金，但是法律另有规定或者当事人另有约定的除外”（第 751 条）。

四、融资租赁合同的解除及其后果

融资租赁合同的解除，是解除出租人与承租人之间的法律关系，不包括对买卖合同的解除。《民法典》第 752 条至第 755 条对融资租赁合同的解除及其后果作出了规定。

（1）承租人应当按照约定支付租金。承租人经催告后在合理期限内仍不支付租金的，出租人可以请求支付全部租金；也可以解除合同，收回租赁物。出租人要求支付全部租金，就消灭了承租人分期付款的期限利益。出租人通知承租人解除合同，通知送达后合同解除。因融资租赁合同是持续性合同，已经履行的部分继续有效。

（2）承租人未经出租人同意，将租赁物转让、抵押、质押、投资入股或者以其他方式处分的，出租人可以解除融资租赁合同。擅自处分行为是重大违约行为。

（3）有下列情形之一的，出租人或者承租人可以解除融资租赁合同：1）出租人与出卖人订立的买卖合同解除、被确认无效或者被撤销，且未能重新订立买卖合同；2）租赁物因不可归责于当事人的原因毁损、灭失，且不能修复或者确定替代物；3）因出卖人的原因致使融资租赁合同的目的不能实现。

（4）由于买卖合同的原因，融资租赁合同可被解除。融资租赁合同因买卖合同解除、被确认无效或者被撤销而解除，出卖人、租赁物系由承租人选择的，出租人有权请求承租人赔偿相应损失；但是，因出租人原因致使买卖合同解除、被确认无效或者被撤销的除外。出租人的损失已经在买卖合同解除、被确认无效或者被撤销时获得赔偿的，承租人不再承担相应的赔偿责任。

（5）不可归责于当事人的解除后果。“融资租赁合同因租赁物交付承租人后意外毁损、灭失等不可归责于当事人的原因解除的，出租人可以请求承租人按照租赁物折旧情况给予补偿”（第 756 条）。

五、租赁物所有权的归属

（一）在租赁期限内，出租人享有租赁物的所有权

租赁物可以是出租人自有的物，也可以是出租人购买交付给承租人的物。租赁期间，出租人享有租赁物的所有权。“出租人对租赁物享有的所有权，未经登记，不得对抗善意第三人”（第 745 条）。出租人购买、享有所有权的物没有以登记的方式公示的，不能对抗第三人。例如，承租人擅自将承租物出卖给不知情的第三人，第三人可以善意取得该物的所有权。

（二）对租赁期限届满租赁物归属的约定和确定

出租人和承租人可以约定租赁期限届满租赁物的归属。对租赁物的归属没有约定或者约定不明确，依据《民法典》第 510 条补缺的规定仍不能确定的，租赁物的所有权归出租人（见第 757 条）。出租人与承租人可以约定租赁期限届满后租赁物归承租人所有。“没有约定”或者“约定不明确”的，要依据《民法典》第 510 条补缺规定来确定归属。这里的特殊性在于，双方“没有约定”所有权归属的物并不当然地直接认定归出租人所有，也如同“约定不明确”一样，要经过《民法典》第 510 条规定的补缺的过程，依据补缺的规定仍不能确定的，才认定租赁物归出租人所有。

（三）对租赁期限届满租赁物归属约定的相关后果

（1）出租人和承租人可以约定租赁期限届满租赁物归承租人所有。“当事人约定租赁期限届满租赁物归承租人所有，承租人已经支付大部分租金，但是无力支付剩余租金，出租人因此解除合同收回租赁物，收回的租赁物的价值超过承租人欠付的租金以及其他费用的，承租人可以请求相应返还”（第 758 条第 1 款）。

（2）“当事人约定租赁期限届满租赁物归出租人所有，因租赁物毁损、灭失或者附合、混合于他物致使承租人不能返还的，出租人有权请求承租人给予合理补偿”（第 758 条第 2 款）。

（3）“当事人约定租赁期限届满，承租人仅需向出租人支付象征性价款的，视为约定的租金义务履行完毕后租赁物的所有权归承租人”（第 759 条）。“价款”，是承租人向出租人购买租赁物的“价款”，虽然约定了租赁期限届满只支付象征性价款，但仍应认定双方就“先租后卖”达成了合意。

（四）融资租赁合同无效时租赁物的归属

“融资租赁合同无效，当事人就该情形下租赁物的归属有约定的，按照其约定；没有约定或者约定不明确的，租赁物应当返还出租人。但是，因承租人原因致使合同无效，出租人不请求返还或者返还后会显著降低租赁物效用的，租赁物的所有权归承租人，由承租人给予出租人合理补偿”（第 760 条）。即便租赁物归出租人，出租人也可以不要，前提是：因承租人原因致使合同无效。

【引例分析】

1. 设备的维修义务应当由承租人承担。

2. 在承租期间，设备所有权归出租人，双方对租期届满设备归承租人所有的约定有效。

3. 对标的物瑕疵，索赔权归出租人，但可转让给承租人，由承租人行使。

【本章小结】

本章阐释了融资租赁合同的概念，对当事人的权利和义务作了介绍。融资租赁包括直租和售后回租。融资租赁具有金融业务的属性，与租赁合同有重要区别。

即测即评

第十六章 保理合同

【本章引例】

我国A公司（出口商）销售给国外B公司一批货物，担心不能收回货款，就与我国一家外汇指定银行（出口保理商）签订了一份合同，约定：货款债权转到银行名下，由银行向B公司收款。银行为A公司提供一笔贷款以应急需，待银行从境外为A公司收回货款后，银行有权扣除融资资金及利息。

请问：

1. 当事人订立的是什么合同？

2. A公司的货款债权转到银行名下，在法律上归谁享有，其以谁的名义向B公司主张债权？

【本章学习目标】

通过学习本章，你应该能够：

1. 了解保理合同的概念。
2. 掌握有追索权保理与无追索权保理的区别。

第一节 保理合同概述

一、保理合同的概念

"保理合同是应收账款债权人将现有的或者将有的应收账款转让给保理人，保理人提供资金融通、应收账款管理或者催收、应收账款债务人付款担保等服务的合同"（第761条）。保理的"保"，是指保付，"理"是指代理，全称保付代理，又称托收保付。这里的"代理"，是代理的泛用，不是法律上严格意义上的代理，保理人是以自己名义开展保理活动的。保理也可以作为保理合同的简称。

（1）保理人提供资金融通、应收账款管理或者催收、应收账款债务人付款担保等服务。保理人为债权人提供的是金融服务、综合性服务。国际保理商联合会（Factors Chain

International，简称 FCI）将保理业务界定为：保理是融合了资金融通、账务管理、应收账款收取和坏账担保四项业务的综合性金融服务。债权人可通过将应收账款转让给保理人而获得融资，改善自己的财务状况。

（2）保理合同的一方是应收账款的债权人，另一方是保理人（保理商）。保理人可以是银行，也可以是其他商事主体。保理合同涉及的第三人是应收账款债务人。

（3）保理是一项以债权人转让其应收账款为前提的金融业务。转让标的是债权人的应收账款，包括已经发生的应收账款债权和将来发生的应收账款债权。应收账款是源于基础交易合同发生的债权人对债务人享有的付款请求权，性质上属于金钱之债。

参考案例 16－1

甲公司与乙公司签订买卖 1 000 万元矿石的合同，双方约定：甲公司先发货（赊销），乙公司 6 个月后付款。签订合同后，甲公司与银行丙签订保理合同，将 1 000 万元应收账款债权转让给丙，丙按应收账款的约定比例向甲提供融资。

——该买卖矿石的合同就是基础交易合同，该 1 000 万元就是已经发生的应收账款。

（4）“保理合同的内容一般包括业务类型、服务范围、服务期限、基础交易合同情况、应收账款信息、保理融资款或者服务报酬及其支付方式等条款”（第 762 条第 1 款）。保理合同的内容：一是债权人将应收账款的债权转让给保理人；二是保理人提供约定的服务。

（5）保理合同是要式合同。“保理合同应当采用书面形式”（第 762 条第 2 款）。

二、保理合同的法律适用

“本章没有规定的，适用本编第六章债权转让的有关规定”（第 769 条）。保理合同的一项内容，是债权人将应收账款的债权转让给保理人，因而保理合同可以适用债权转让的有关规定。

第二节　对保理人的保护及保理人的追索权

一、对保理人的保护

（一）虚构应收账款不能对抗善意的保理人

应收账款的转让，是保理人履行保理合同的基础。“应收账款债权人与债务人虚构应收账款作为转让标的，与保理人订立保理合同的，应收账款债务人不得以应收账款不存在为由对抗保理人，但是保理人明知虚构的除外”（第 763 条）。虚构应收账款不能对抗善意的保理人，保理人仍可主张约定的权利。这里“非明知”构成善意。

（二）基础交易合同无理由变动不能对抗保理人

保理人向应收账款债务人发出的应收账款转让通知送达后，与其建立债权债务关系。

“应收账款债务人接到应收账款转让通知后，应收账款债权人与债务人无正当理由协商变更或者终止基础交易合同，对保理人产生不利影响的，对保理人不发生效力”（第765条）。例如，应收账款债权人和债务人无正当理由解除货物买卖合同，免除债务人的货款，此合同的解除不影响保理人对债务人主张货款债权。

（三）应收账款重复转让时保理人的受偿顺序

“应收账款债权人就同一应收账款订立多个保理合同，致使多个保理人主张权利的，已经登记的先于未登记的取得应收账款；均已经登记的，按照登记时间的先后顺序取得应收账款；均未登记的，由最先到达应收账款债务人的转让通知中载明的保理人取得应收账款；既未登记也未通知的，按照保理融资款或者服务报酬的比例取得应收账款”（第768条）。即保理人的受偿顺序是：优先保护登记；其次保护在先登记；再次保护最先到达的转让通知中载明的保理人；最后是按比例。

二、有追索权保理和无追索权保理

（一）有追索权保理

追索权是追偿权，有追索权保理，是指依照保理合同的约定保理人因债权转让向债权人融通资金（提供资金）后，享有对债权人追索的权利。保理人扣除融资款的本金、利息和费用后，剩余部分应当返还债权人，债权人仍承担应收账款债务人拒绝付款或无力付款的风险。“当事人约定有追索权保理的，保理人可以向应收账款债权人主张返还保理融资款本息或者回购应收账款债权，也可以向应收账款债务人主张应收账款债权。保理人向应收账款债务人主张应收账款债权，在扣除保理融资款本息和相关费用后有剩余的，剩余部分应当返还给应收账款债权人”（第766条）。

（二）无追索权保理

在当前国际保理业务中，占主流地位的是无追索权保理业务。无追索权保理，是指依照保理合同的约定保理人因债权转让向债权人融通资金（提供资金）后，无对债权人追索的权利，保理人独自承担应收账款债务人拒绝付款或无力付款的风险。“当事人约定无追索权保理的，保理人应当向应收账款债务人主张应收账款债权，保理人取得超过保理融资款本息和相关费用的部分，无需向应收账款债权人返还”（第767条）。无追索权保理，在债务人拒绝付款或无力付款（破产、清盘、财产被保全等）的情况下，保理人“不得杀回马枪”，也不发生债权人回购债权的问题，保理人自己承担回款的风险。与风险相对应，保理人“多收”自得，无义务返还。

【引例分析】

1. 当事人订立的是保理合同，该货款是应收账款，A公司是应收账款债权人，B公司是应收账款债务人，银行是保理人。

2. A公司的货款债权转到银行名下，在法律上归银行享有，其以自己的名义向B公司主张债权。

【本章小结】

本章介绍了保理合同的概念及对保理人的保护措施。保理分为有追索权保理和无追索权保理。

即测即评

第十七章　承揽合同

【本章引例】

甲与乙签订合同，约定由甲用自己准备的材料按乙提供的图纸制作一批衣服撑架。后因甲制作的衣服撑架与图纸不符，双方产生争议。

请问：甲与乙签订的是什么合同？

【本章学习目标】

通过学习本章，你应该能够：

1. 理解承揽合同的概念。
2. 了解承揽合同的内容。
3. 了解承揽人的主要义务。
4. 了解定作人的主要义务及随时解除权。

第一节　承揽合同概述

一、承揽合同的概念和特征

（一）承揽合同的概念

“承揽合同是承揽人按照定作人的要求完成工作，交付工作成果，定作人支付报酬的合同”（第770条第1款）。完成工作并交付工作成果的人称为承揽人，接受工作成果并支付报酬的人称为定作人。

（二）承揽合同的特征

1. 承揽合同是以完成一定工作为目的的合同

承揽合同定作人的签约目的在于获得特定的工作成果，承揽人的目的则是通过完成工作成果获得报酬。由于工作成果的特定性，要求承揽人须以自己的技术、设备和劳力，完成主要工作。

2. 承揽合同强调履行的协作性

对于承揽合同，法律要求的协作义务比较严格。例如，定作人提供材料的，定作人应当按照约定提供材料。承揽人对定作人提供的材料应当及时检验，发现不符合约定时，应当及时通知定作人更换、补齐或者采取其他补救措施。再如，承揽人在工作期间，应当接受定作人必要的监督检查。

3. 承揽合同是诺成合同、有偿合同、双务合同

承揽合同是诺成合同，不以交付标的物为合同成立、生效的要件。承揽合同又是有偿合同、双务合同，以工作成果和报酬作为相互的交换条件。

二、承揽合同的种类

承揽涉及生活、生产的各个方面，承揽合同的种类繁多。“承揽包括加工、定作、修理、复制、测试、检验等工作”（第 770 条第 2 款）。与此相应，承揽合同有加工合同、定作合同、修理合同、复制合同、测试合同、检验合同等。

（一）加工合同

加工合同是指由定作人提供原材料，由承揽人将原材料加工成为成品，定作人接受成品并支付报酬的合同。这里所说的报酬，实际上是加工费。如张某将一块布料交由商店做成西服，双方之间成立的合同就是加工合同。

（二）定作合同

定作合同是指由承揽人自备原材料，应定作人的特殊要求制作成品，定作人接受工作成果并支付报酬的合同。定作合同与加工合同的最大区别是原材料的提供者不同。如李某到某服装店做西服，服装店用自己的衣料为其制作，双方之间成立的合同就是定作合同。本章引例中的合同也是定作合同。定作合同兼有买卖合同的性质。

（三）修理合同

修理合同是指承揽人为定作人修理功能不良或被损坏的物品，使其恢复原状或价值，定作人支付报酬的合同。如王某将自己的汽车交汽车修理厂大修，双方之间就成立了修理合同。

（四）复制合同

复制合同是指承揽人根据定作人提供的样品，制作与样品相同的成品，定作人接受成品并支付报酬的合同。复制，可以是对文稿的复印、对照片的翻拍，也可以是对画稿的临摹、对塑像的模仿塑造，等等。

（五）测试合同

测试合同是指承揽人依定作人的要求，为定作人指定的项目或工程进行测试，取得测验、实验指标等结果，并将测试结果交付给定作人，定作人接受其成果并支付报酬的合同。

（六）检验合同

检验合同是指承揽人按照定作人的要求，对定作人提供的检验品进行检测、化验、分析等工作，并对检验品的品质、成分、结构、性能等方面作出报告或结论，定作人接受报告或结论并支付报酬的合同。如甲与乙约定，由甲方提供某种白酒的样品，乙方为甲方检验白酒的成分，双方之间的合同就是检验合同。

三、承揽合同的内容

"承揽合同的内容一般包括承揽的标的、数量、质量、报酬，承揽方式，材料的提供，履行期限，验收标准和方法等条款"（第771条）。

承揽的标的（给付），是承揽人应交付的工作成果或应完成的工作，如加工、定作、修理等。确定承揽的标的，等于确定了承揽合同的具体种类。

数量，是指以数字和计量单位来衡量定作物的尺度。如制作家具十件、粉刷房屋五间等。

质量，是指工作成果和完成的工作适合一定用途、满足一定需要的特性。如加工家具的坚固程度、形状、外观、色彩等。

报酬，是指定作人为获取工作成果或接受完成的工作而给付承揽人的对价。报酬一般用货币表示。

承揽方式，是指完成工作的方式，包括承揽人以何种技术手段、工作方法，何种设备，采取哪些步骤来完成承揽工作。承揽方式也指承揽人是亲自完成全部工作，还是将部分工作交由次承揽人完成。

材料的提供，是指材料由定作方提供还是由承揽方提供，以及材料数量、质量的多少等。

履行期限，是指完成工作、交付工作成果的时间限制。

验收标准和方法，是指定作人接受工作成果时应采用的标准和方法。例如，当事人可以采取国家质量标准，也可以约定质量标准；验收的方法可以由第三人鉴定，也可以由定作人鉴定；可以抽查，也可以全部检验等。验收标准和方法要根据需要由当事人约定。

第二节　承揽合同当事人的权利和义务

一、承揽人的权利、义务和责任

（一）亲自完成主要工作的义务

承揽合同建立在定作人对承揽人特定工作能力的信任的基础之上。"承揽人应当以自己的设备、技术和劳力，完成主要工作，但是当事人另有约定的除外。承揽人将其承揽的主要工作交由第三人完成的，应当就该第三人完成的工作成果向定作人负责；未经定作人同意的，定作人也可以解除合同"（第772条）。

"承揽人可以将其承揽的辅助工作交由第三人完成。承揽人将其承揽的辅助工作交由第三人完成的，应当就该第三人完成的工作成果向定作人负责"（第773条）。

（二）按约定提供材料的义务

"承揽人提供材料的，应当按照约定选用材料，并接受定作人检验"（第774条）。材料的规格、好坏，关系到成品或工作质量的好坏，因此承揽人对选用的材料，不得以次充好；未经对方同意，不得更换。

（三）及时检验的义务及不得随意更换的义务

"定作人提供材料的，应当按照约定提供材料。承揽人对定作人提供的材料应当及时

检验，发现不符合约定时，应当及时通知定作人更换、补齐或者采取其他补救措施。承揽人不得擅自更换定作人提供的材料，不得更换不需要修理的零部件”（第 775 条）。例如，在来料加工桌椅的合同中，承揽人擅自更换木料；在修理手表的合同中，利用定作人知识的欠缺，更换不需要修理的手表零件等，都是违法的行为。

（四）及时通知的义务

“承揽人发现定作人提供的图纸或者技术要求不合理的，应当及时通知定作人。因定作人怠于答复等原因造成承揽人损失的，应当赔偿损失”（第 776 条）。此通知义务是法定附随义务。

（五）履行抗辩权和解除权

“承揽工作需要定作人协助的，定作人有协助的义务。定作人不履行协助义务致使承揽工作不能完成的，承揽人可以催告定作人在合理期限内履行义务，并可以顺延履行期限；定作人逾期不履行的，承揽人可以解除合同”（第 778 条）。这里的“顺延履行期限”是承揽人行使履行抗辩权的行为。承揽人解除合同有一个前置程序：催告。

（六）接受监督的义务

“承揽人在工作期间，应当接受定作人必要的监督检验。定作人不得因监督检验妨碍承揽人的正常工作”（第 779 条）。这种接受监督的义务，在学理上又被称为“容忍义务”。

（七）交付工作成果的义务

“承揽人完成工作的，应当向定作人交付工作成果，并提交必要的技术资料和有关质量证明。定作人应当验收该工作成果”（第 780 条）。

（八）留置权和拒绝交付权

“定作人未向承揽人支付报酬或者材料费等价款的，承揽人对完成的工作成果享有留置权或者有权拒绝交付，但是当事人另有约定的除外”（第 783 条）。拒绝交付权在性质上是履行抗辩权。

参考案例 17－1

王某将汽车交给汽车修理厂大修，约定 4 月 1 日交钱提车，4 月 1 日王某没有交钱。汽车修理厂如何保护自己的利益？

——汽车修理厂有权拒绝交付修理的汽车，但可以给王某 60 日以上的宽展期，经过宽展期后，王某还不交修理费，则汽车修理厂可以与债务人协议以留置物（汽车）折价，也可以依法拍卖、变卖留置物，就所得的价款优先受偿。

（九）妥善保管的义务

“承揽人应当妥善保管定作人提供的材料以及完成的工作成果，因保管不善造成毁损、灭失的，应当承担赔偿责任”（第 784 条）。保管不善是过错行为。

（十）保密的义务

“承揽人应当按照定作人的要求保守秘密，未经定作人许可，不得留存复制品或者技术资料”（第 785 条）。这是为保护定作人的知识产权作出的规定。

（十一）共同承揽人的连带责任

所谓共同承揽人，是指对同一承揽事务负共同完成工作义务的两个和两个以上的多数人。“共同承揽人对定作人承担连带责任，但是当事人另有约定的除外”（第 786 条）。共同承揽人负连带责任，是指各承揽人对全部债务（完成工作并交付工作成果）负责，定作人可以向某一承揽人或全部承揽人要求履行债务。

参考案例 17-2

甲（定作人）与乙、丙约定，由乙、丙共同完成仿古瓷瓦的烧制工作。甲应如何主张权利？

——乙、丙为共同承揽人。到期甲可以要求乙交付，也可以要求丙交付。不能交付时，甲可以向乙要求赔偿，也可以向丙要求赔偿。

如果定作人甲与承揽人乙订立承揽合同，乙将部分工作转交丙完成，则丙与乙并不是共同承揽人，对于甲而言，只有乙是承揽人。

二、定作人的权利、义务和责任

（一）按照约定提供材料的义务

约定定作人提供材料的，定作人应当按照约定提供材料。按照约定提供，包括按约定的时间、数量和质量提供。

（二）因变更而产生的赔偿责任

“定作人中途变更承揽工作的要求，造成承揽人损失的，应当赔偿损失”（第 777 条）。从承揽合同的性质来看，应当赋予定作人以单方变更权，但定作人行使单方变更权给承揽人造成损失的，并不能免责，应当予以赔偿。

（三）验收工作成果

对承揽人提交的工作成果，定作人应当验收。“承揽人交付的工作成果不符合质量要求的，定作人可以合理选择请求承揽人承担修理、重作、减少报酬、赔偿损失等违约责任”（第 781 条）。

（四）支付报酬

支付报酬是定作人的主要义务，是定作人取得工作成果的对价。定作人应当按照约定的期限支付报酬。对支付报酬的期限没有约定或者约定不明确，依据《民法典》第 510 条补缺的规定仍不能确定的，定作人应当在承揽人交付工作成果时支付；工作成果部分交付的，定作人应当相应支付（见第 782 条）。

（五）随时解除权

“定作人在承揽人完成工作前可以随时解除合同，造成承揽人损失的，应当赔偿损失”（第 787 条）。定作人享有的随时解除权实际上是一种“法定任意解除权”。所谓“法定”，是指必须是法律直接规定的合同种类（如承揽合同）；所谓“任意”，是指解除合同时，不需要特定的理由。这种任意解除权的行使导致承揽人损失的，定作人不能免责，应当予以赔偿。该随时解除权专属于定作人，承揽人不享有。

学生提问

对随时解除权事先约定排除是否有效？可以对行使随时解除权约定违约金吗？

——排除任意解除权的约定无效。可对行使随时解除权约定违约金。因为，违约金具有预定赔偿金的性质，而行使随时解除权是以损害赔偿为代价的。

【引例分析】

甲与乙签订的是承揽合同中的定作合同，应当适用《民法典》关于承揽合同的规定。

【本章小结】

本章着重介绍了承揽合同的概念、分类以及当事人的权利和义务。承揽人亲自完成工作的义务、共同承揽人的连带责任、定作人的随时解除权是重要的知识点。

即测即评

第十八章　建设工程合同

【本章引例】

甲房地产开发公司与乙建筑公司签订建设工程合同，由乙公司为甲公司建造两栋商品楼。在商品楼竣工并对质量进行验收后，乙公司仍占有其中一栋商品楼，理由是甲公司欠其工程款项3 000万元。乙公司主张该楼为自己所有，要把该楼房整体出卖，以收回工程款。该楼在设计上是分单元出卖的，整栋楼的市值达一亿元。

请问：

1. 该商品楼的所有权归谁？
2. 乙公司可以如何主张权利？

【本章学习目标】

通过学习本章，你应该能够：

1. 理解建设工程合同的概念。
2. 了解建设工程合同当事人的权利和义务。
3. 了解司法解释对建设工程合同的有关规定。

第一节　建设工程合同概述

一、建设工程合同的概念和特征

（一）建设工程合同的概念

“建设工程合同是承包人进行工程建设，发包人支付价款的合同”（第788条第1款）。

建设单位（或建设人）称为发包人，勘察、设计或者施工单位称为承包人。建设工程合同是一种特殊的承揽合同。因此，对建设工程合同没有规定的，适用承揽合同的有关规定（见第808条）。

建设工程合同包括勘察合同、设计合同和施工合同。“勘察、设计合同的内容一般包括提交有关基础资料和概预算等文件的期限、质量要求、费用以及其他协作条件等条款”

（第 794 条）。“施工合同的内容一般包括工程范围、建设工期、中间交工工程的开工和竣工时间、工程质量、工程造价、技术资料交付时间、材料和设备供应责任、拨款和结算、竣工验收、质量保修范围和质量保证期、相互协作等条款”（第 795 条）。

（二）建设工程合同的特征

1. 建设工程合同是一种特殊承揽合同

建设工程合同的特殊性，在于它是完成一定工程项目，完成的工作成果是不动产或者与不动产紧密相连。而一般承揽合同完成的工作成果是动产。但有些承揽工作也与不动产紧密相连。如修理合同，不仅包括对动产（如汽车）的修理，也包括对不动产的修理（如对房屋的装修也是修理，装饰装修也可以是个工程）。在涉及不动产的时候，区分建设工程合同与承揽合同就成为难点，一般应当从规模和结构是否改变来进行分析判断。

2. 建设工程合同的标的是完成建设工程的行为

《民法典》所说的建设工程与《中华人民共和国建筑法》（以下简称《建筑法》）所说的建筑工程不同。《建筑法》第 2 条第 2 款指出：“本法所称建筑活动，是指各类房屋建筑及其附属设施的建造和与其配套的线路、管道、设备的安装活动。”从上述条文对“建筑活动”的规定可以看出，建筑工程只是建设工程的一类，建设工程的范围大于建筑工程。建设工程包括土木工程、建筑工程、线路管道和设备安装工程及装修工程。

有人认为，建设工程合同的标的是基本建设工程，如比较复杂的土木建筑，包括房屋、桥梁涵洞、水利工程、道路工程等。一些结构简单、价值较小的工程项目，如居民建筑的住宅、企业建造的附属房屋，并不作为建设工程，因而不适用《民法典》关于建设工程合同的规定。上述观点只是一种理论观点，是没有法律根据的。作为建设工程合同标的的工程，并不一定是“基本建设工程”，居民兴建房屋等也可以作为建设工程合同的标的，同样受《民法典》关于建设工程合同的有关规定的调整。

学生提问

建设工程合同的发包人是否一定为法人？

——建设工程合同的发包人一般为法人，但自然人也可以作为发包人。例如，一位村民要盖一座小楼，他就可以与施工公司订立建设工程合同。

3. 建设工程合同的订立和履行受到国家的严格管控

一般来说，建设工程投资大、周期长、质量要求高。从整体上看，建设工程还会影响到国计民生。因此，对于建设工程合同的订立和履行，就受到国家的严格管理和调控。

4. 建设工程合同是要式、诺成、有偿、双务合同

基于建设工程合同的特殊性，“建设工程合同应当采用书面形式”（第 789 条）。也就是说，建设工程合同是要式合同。该种合同还是诺成、有偿、双务合同。

二、建设工程合同的订立

建设工程合同的订立，可以采取一般协商方式，也可以采用招标投标方式。符合

《中华人民共和国招标投标法》（以下简称《招标投标法》）规定的，必须采取招标方式①。

“建设工程的招标投标活动，应当依照有关法律的规定公开、公平、公正进行”（第790条）。这里所说的有关法律，主要是指《招标投标法》和《反不正当竞争法》。在招标投标中恶意串通中标的，市场监督管理等部门有权确认中标无效。

“国家重大建设工程合同，应当按照国家规定的程序和国家批准的投资计划、可行性研究报告等文件订立”（第792条）。

三、发包、分包与转包

“禁止承包人将工程分包给不具备相应资质条件的单位。禁止分包单位将其承包的工程再分包。建设工程主体结构的施工必须由承包人自行完成”（第791条第3款）。

（一）发包人不得将建设工程支解发包

“发包人可以与总承包人订立建设工程合同，也可以分别与勘察人、设计人、施工人订立勘察、设计、施工承包合同。发包人不得将应当由一个承包人完成的建设工程支解成若干部分发包给数个承包人”（第791条第1款）。支解发包，是指发包人将应当由一个承包人完成的建设工程分解成若干部分发包给不同的承包人的行为。禁止支解发包是效力性强行性规定，违反该规定的合同无效。

（二）建设工程的分包

“总承包人或者勘察、设计、施工承包人经发包人同意，可以将自己承包的部分工作交由第三人完成。第三人就其完成的工作成果与总承包人或者勘察、设计、施工承包人向发包人承担连带责任。承包人不得将其承包的全部建设工程转包给第三人或者将其承包的全部建设工程支解以后以分包的名义分别转包给第三人”（第791条第2款）。

（1）分包是指将部分建设工程转包给第三人。第三人称为分包人，承包人与分包人的合同称为分承包合同或分包合同。

（2）承包人与分包人的分包合同要经过发包人的同意，事先未经同意的分包合同为效力待定。根据《施工合同解释（一）》第1条的规定，违法分包建设工程的行为无效。这里的“违法分包”，应当限制解释为未经发包人同意以外的违法行为。

（3）发包人与承包人之间有合同关系，承包人与分包人之间有合同关系，但发包人与分包人之间并没有合同关系。然而，分包人却要就其完成的工作成果向发包人承担连带责任，这是合同相对性原则的例外，即该责任的依据是法律而非约定，用合同的相对性原则是解释不通的。

建设工程合同图示可见图18-1。

---

① 《招标投标法》第3条规定：“在中华人民共和国境内进行下列工程建设项目包括项目的勘察、设计、施工、监理以及与工程建设有关的重要设备、材料等的采购，必须进行招标：（一）大型基础设施、公用事业等关系社会公共利益、公众安全的项目；（二）全部或者部分使用国有资金投资或者国家融资的项目；（三）使用国际组织或者外国政府贷款、援助资金的项目。前款所列项目的具体范围和规模标准，由国务院发展计划部门会同国务院有关部门制订，报国务院批准。法律或者国务院对必须进行招标的其他项目的范围有规定的，依照其规定。”

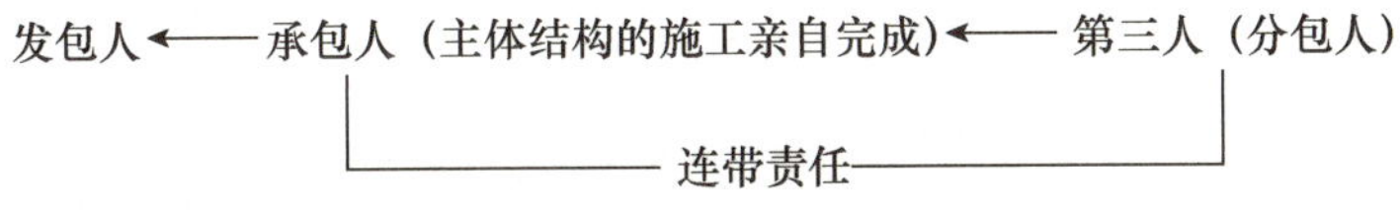

图 18－1　建设工程合同图示

参考试题

甲房地产公司与乙建筑公司签订了一份楼盘建筑施工合同，后乙经甲同意，将部分管道安装工作交由丙建筑施工公司来做，并签订有书面合同。后经验收，丙所完成的管道安装工作严重不合格，乙所完成的工作也有重大的瑕疵。则下列说法正确的有：

A. 丙与甲并未签订合同，丙只需向乙就它们之间的合同承担违约责任，而无须向甲承担任何责任

B. 丙虽然并未与甲签订合同，但是丙仍然要就乙对甲所承担的合同义务承担连带责任

C. 由于乙已将管道安装的工作交由丙来做，对此，甲知情而且已表示同意，因此直接由丙对甲就此项工作负责，乙对此无须负责，乙只就其他工作向甲负责即可

D. 丙需向乙就它们之间的合同承担违约责任，乙需向甲就它们之间的合同承担违约责任，而且丙需就它完成的管道安装工作与乙一道向甲承担连带责任

E. 若甲对乙与丙之间的分包合同并不知情，则该合同无效

——应当选择 D。

（4）承包人不得违法分包。分包是允许的，但不允许违法分包。所谓违法分包，是指下列行为：第一，总承包人将建设工程分包给不具备相应资质条件的单位的；第二，建设工程总承包合同中没有约定，又未经发包人的认可，承包人将其承包的部分建设工程交由其他单位完成的；第三，施工总承包单位将建设工程主体结构的施工分包给其他单位的；第四，分包单位将其承包的建设工程再分包的。

（三）建设工程的转包

承包人必须自己向发包人承担主要的建设义务。承包人必须自行完成建设工程主体结构的施工，不能将主要的建设义务交由第三人完成。

转包，是指承包人承包建设工程后，不履行合同约定的责任和义务，将其承包的全部建设工程转给他人或者将其承包的全部建设工程支解以后以分包的名义分别转给其他单位承包的行为。

转包合同，不管发包人是否同意，都无效。

四、建设工程施工合同无效的后果

建设工程合同包括勘察合同、设计合同和施工合同，这里仅介绍施工合同无效的后果。有三种情形：

（1）合同无效但工程合格。“建设工程施工合同无效，但是建设工程经验收合格的，可以参照合同关于工程价款的约定折价补偿承包人”（第 793 条第 1 款）。约定的工程款是折价补偿参照基准。

（2）合同无效且工程不合格。建设工程施工合同无效，且建设工程经验收不合格的，按照以下情形处理：其一，修复后的建设工程经验收合格的，发包人可以请求承包人承担修复费用；其二，修复后的建设工程经验收不合格的，承包人无权请求参照合同关于工程价款的约定折价补偿（见第 793 条第 2 款）。

（3）合同无效且当事人对工程不合格有过错。应注意，对合同无效有过错与对工程不合格有过错是不同的两个过错。其一，“发包人对因建设工程不合格造成的损失有过错的，应当承担相应的责任”（第 793 条第 3 款）；其二，双方对工程不合格均有过错的，适用过错相抵的规则。

第二节　建设工程合同当事人的权利和义务

一、承包人的权利和义务

承包人的基本权利是取得价款（工程款）。其义务则可以作多项分解。

（一）容忍义务

承包人应当接受监理人的监理和发包人的监督检查，这被称为容忍义务。《民法典》第 796 条规定：“建设工程实行监理的，发包人应当与监理人采用书面形式订立委托监理合同。发包人与监理人的权利和义务以及法律责任，应当依照本编委托合同以及其他有关法律、行政法规的规定。”第 797 条规定：“发包人在不妨碍承包人正常作业的情况下，可以随时对作业进度、质量进行检查。”

在我国，监理人是指具有相应资格的监理单位。工程监理单位应当依法取得相应等级的资质证书，并在其资质等级许可的范围内承担工程监理业务。

由于监理责任重大，因此技术监理业务必须由监理单位亲自完成。工程监理单位不得允许其他单位或者个人以本单位的名义承接工程监理业务。工程监理单位不得转让工程监理业务。

（二）隐蔽工程的通知义务

通知义务是一种附随义务。“隐蔽工程在隐蔽以前，承包人应当通知发包人检查。发包人没有及时检查的，承包人可以顺延工程日期，并有权请求赔偿停工、窝工等损失”（第 798 条）。其他必要事由，也可以发生通知义务。

（三）依法、按约交付工作成果的义务

承包人应当依法、按约交付工作成果。工作成果包括施工成果、勘察成果和设计成果。就施工合同而言，承包人应当依法施工，应当严格按照操作规程施工，按时、按质交付工作成果。因施工人的原因致使建设工程质量不符合约定的，发包人有权要求施工人在合理期限内无偿修理或者返工、改建。经过修理或者返工、改建后，造成逾期交付的，施工人应当承担违约责任。施工人拒绝修理、返工或者改建的，发包人可请求减少支付工程价款。

（四）“终身责任制”

“因承包人的原因致使建设工程在合理使用期限内造成人身损害和财产损失的，承包人应当承担赔偿责任”（第 802 条）。本书把此项规定称为“终身责任制”，这是为了加强

承包人的责任心、保护被害人利益的重要规定。承包人在建设工程漫长的合理使用期间（终身）内，都要承担质量瑕疵担保责任，不能因建设工程已经竣工验收而免责。

（五）承包人的优先受偿权

“发包人未按照约定支付价款的，承包人可以催告发包人在合理期限内支付价款。发包人逾期不支付的，除根据建设工程的性质不宜折价、拍卖外，承包人可以与发包人协议将该工程折价，也可以请求人民法院将该工程依法拍卖。建设工程的价款就该工程折价或者拍卖的价款优先受偿”（第 807 条）。

（1）承包人优先受偿权的性质是不动产担保物权。承包人行使建设工程价款优先受偿权的期限为 18 个月，自发包人应当支付建设工程价款之日起算。

（2）条文中有“除外规定”：“除根据建设工程的性质不宜折价、拍卖外”。这些建设工程主要包括涉及公共利益的公路建设工程、水利工程、图书馆等。

学生提问

发包人是否可以要求承包人声明放弃优先受偿权？

——权利（私权）可以放弃，承包人自愿放弃（包括事前放弃）优先受偿权是可以的。但发包人不能利用优势地位强制承包人放弃权利。《施工合同解释（二）》第 23 条规定：“发包人与承包人约定放弃或者限制建设工程价款优先受偿权，损害建筑工人利益，发包人根据该约定主张承包人不享有建设工程价款优先受偿权的，人民法院不予支持。”

二、发包人的权利和义务

发包人的主要权利是取得工作成果。其义务可以作多项分解。

（一）协助义务

发包人有协助义务。“发包人未按照约定的时间和要求提供原材料、设备、场地、资金、技术资料的，承包人可以顺延工程日期，并有权请求赔偿停工、窝工等损失”（第 803 条）。顺延工期实质上是行使先履行抗辩权的行为，除行使抗辩权之外，还可以追究对方的违约责任。

（二）及时验收义务

“建设工程竣工后，发包人应当根据施工图纸及说明书、国家颁发的施工验收规范和质量检验标准及时进行验收。验收合格的，发包人应当按照约定支付价款，并接收该建设工程。建设工程竣工经验收合格后，方可交付使用；未经验收或者验收不合格的，不得交付使用”（第 799 条）。验收是权利，及时验收是义务。

发包人没有履行验收义务就接受了工程，而后又主张工程质量不合格的纠纷在实践中经常发生。《施工合同解释（一）》第 14 条规定：“建设工程未经竣工验收，发包人擅自使用后，又以使用部分质量不符合约定为由主张权利的，不予支持；但是承包人应当在建设工程的合理使用寿命内对地基基础工程和主体结构质量承担民事责任。”

参考试题

甲建筑公司负责乙房地产开发公司的一项商业居民楼建设施工工程，双方签订了施工合同，工程完成后，甲公司通知乙公司验收，乙公司迟迟不验收，径行出售该居民楼，不久一买主丙被塌陷的天花板砸伤。则下列说法正确的是：

A. 买主只能向卖方乙房地产开发公司主张违约责任

B. 买主可以向乙房地产开发公司主张违约责任或者侵权责任，也可以向甲建筑公司主张侵权责任

C. 乙房地产开发公司可以向甲建筑公司主张违约责任或者侵权责任

D. 乙房地产开发公司不可以依天花板塌陷向甲建筑公司主张违约责任或者侵权责任

——应当选择BD。丙被砸伤，依《民法典》第802条“终身责任制”的规定，可直接主张甲侵权；而且，丙可以依据与乙的买卖合同主张乙承担违约责任；不仅如此，由于乙应当预见到未经验收合格的房屋可能造成他人损害，而它仍然将该房屋出售给丙，因此乙对丙的受害存在过错，故丙可以主张乙承担侵权责任。显然，天花板塌陷不属于地基基础工程和主体结构质量瑕疵，因为乙未尽验收义务径行出售该楼，故不得以质量不合格为由向甲主张违约责任。乙也不是被侵权人，不可以向甲主张侵权责任。

（三）支付价款的义务

支付价款是发包人最主要的义务，是发包人一方负担的对价。发包人应当按照约定的数量、时间支付。

【引例分析】

1. 商品楼竣工后，虽然是由施工人乙公司占有，但仍由甲公司取得所有权。尽管没有办理登记手续，不妨碍甲公司对该楼所有权的取得。

2. 乙公司可以请求法院拍卖该商品楼的若干单元，实现自己的优先受偿权。

【本章小结】

本章阐释了建设工程合同的概念，介绍了当事人的权利和义务，并对建设工程合同的有关规定作了说明。在理解上，应注意建设工程合同与承揽合同的关系。在实务中，要注意优先受偿权的运用。

即测即评

第十九章　运输合同

【本章引例】

张某在山东收购5吨新鲜蔬菜，欲运到北京销售。张某与某货运公司达成了口头运输合同。货运公司派出一辆卡车，由张某押车。经两天跋涉到达北京，张某发现大部分蔬菜已经腐烂，遂起诉货运公司要求赔偿。经查，在交付装运前，该批蔬菜突遭雨淋，这是蔬菜腐烂的原因，运输公司并无迟延等过错。

请问：法院应否支持张某的诉讼请求？

【本章学习目标】

通过学习本章，你应该能够：

1. 理解客运合同和货运合同的概念。
2. 了解客运合同承运人的主要义务。
3. 了解货运合同承运人的主要义务。

第一节　运输合同概述

一、运输合同的概念和特征

（一）运输合同的概念

“运输合同是承运人将旅客或者货物从起运地点运输到约定地点，旅客、托运人或者收货人支付票款或者运输费用的合同”（第809条）。运输合同是承运人利用交通运输工具提供劳务的合同。运输合同分为客运合同和货运合同。

（二）运输合同的特征

运输合同属于提供劳务一类的合同。劳务是一种行为，因此运输合同的标的是行为，是运送行为，具体而言，是利用交通运输工具提供劳务的运送行为。出租车提供的是旅客运输服务，“出租”只是一个习惯的说法，成立的并不是租赁合同。

（1）运输合同为双务、有偿合同。在客运合同中，虽然有儿童免票（通常以儿童的身高或年龄为免票的依据）的规定，但这并不影响运输合同为有偿合同的基本性质。

（2）货运合同成立时即生效。客运合同比较复杂。“客运合同自承运人向旅客出具客票时成立，但是当事人另有约定或者另有交易习惯的除外”（第 814 条）。不同交通工具的客运合同，成立和生效不同。火车客运合同在检票的时候生效；飞机客运合同在办理乘机手续的时候生效；公路客运合同在旅客上车的时候生效；半路拦截公共汽车，在旅客上车的时候合同成立并生效，不以交付客票为成立的要件。

（3）运输合同经常表现为格式合同。如航空客运合同，格式条款记载在飞机票上。

（4）从事公共运输的承运人有强制缔约义务。“从事公共运输的承运人不得拒绝旅客、托运人通常、合理的运输要求”（第 810 条）。此规定也可以类推适用于其他提供公共服务的企业。例如，超市不得拒绝消费者购买商品。

二、承运人、旅客、托运人、收货人的基本义务

（一）承运人的基本义务

1. 按时、按地、安全运输的义务

“承运人应当在约定期限或者合理期限内将旅客、货物安全运输到约定地点”（第 811 条）。这里有三个要素：按时、按地、安全。这三个要素的要求，体现了承运人最基本的义务。

2. 按合理运输路线运输的义务

合理的运输路线是约定的路线和通常的路线。“承运人应当按照约定的或者通常的运输路线将旅客、货物运输到约定地点”（第 812 条）。例如，有的出租车司机故意绕道，多收乘客的运输费，就违反了上述法定义务和诚实信用原则。

（二）旅客、托运人、收货人的基本义务

旅客、托运人和收货人的基本义务是支付款项。“旅客、托运人或者收货人应当支付票款或者运输费用。承运人未按照约定路线或者通常路线运输增加票款或者运输费用的，旅客、托运人或者收货人可以拒绝支付增加部分的票款或者运输费用”（第 813 条）。

第二节 客运合同

一、客运合同的概念

客运合同是指承运人使用运输工具，将旅客运送到约定的目的地，旅客支付费用的协议。费用，一般表现为票款。

客运合同多使用客票。客票包括车票、船票和机票。客票是旅客与承运人之间存在运输关系的凭证。也可以说，客票是客运合同凭证。

二、客运合同当事人的权利和义务

（一）旅客的权利和义务

旅客的基本权利是获得约定的、安全的运输服务；旅客的基本义务是支付票款。

客票是合同凭证，旅客应当按照客票的记载乘坐。旅客无票乘坐、超程乘坐、越级乘坐或者持不符合减价条件的优惠客票乘坐的，应当补交票款，承运人可以按照规定加收票款；旅客不支付票款的，承运人可以拒绝运输。

客票有实名和非实名两种。实名客票丢失的，可以请求承运人挂失补办，承运人不得再次收取票款和其他不合理费用。旅客退票或者变更手续也要按规定进行。

旅客携带行李应当符合要求。旅客有不携带违禁品的义务，这项义务不仅是民法上的义务，也是公法上的义务。在机场等地进行安全检查，于法有据。

（二）承运人的权利和义务

承运人的基本权利是收取票款，义务可以分解为多项。

1. 告知义务

“承运人应当严格履行安全运输义务，及时告知旅客安全运输应当注意的事项。旅客对承运人为安全运输所作的合理安排应当积极协助和配合”（第 819 条）。告知义务，是一种附随义务。在晚点、停飞等情况下，旅客有权了解真实情况。

2. 按约运输的义务

“承运人应当按照有效客票记载的时间、班次和座位号运输旅客。承运人迟延运输或者有其他不能正常运输情形的，应当及时告知和提醒旅客，采取必要的安置措施，并根据旅客的要求安排改乘其他班次或者退票；由此造成旅客损失的，承运人应当承担赔偿责任，但是不可归责于承运人的除外”（第 820 条）。承运人对迟延运输有过错的，应当承担赔偿责任。赔偿的范围要受可预见规则的限制。飞机晚点时间较长的，承运人安排食宿等可认为是赔偿的一种形式。

3. 按约定的服务标准运输的义务

“承运人擅自降低服务标准的，应当根据旅客的请求退票或者减收票款；提高服务标准的，不得加收票款”（第 821 条）。服务质量，降低不行，提高可以，“降低要退费，提高不加钱”。

4. 尽力救助义务

“承运人在运输过程中，应当尽力救助患有急病、分娩、遇险的旅客”（第 822 条）。“尽力”，是指根据承运人的条件和所处环境，尽最大努力。因为承运人毕竟不是救护机构，所以只要“尽力”，即使未达到救助的目的，也不因此承担赔偿责任。

参考案例 19-1

赵某乘坐火车，在上层硬卧上发病掉在地板上，口吐白沫，神志不清。乘务员以为是乞丐未加理睬。后其他乘客在到站后呼叫救护车予以抢救，赵某到医院后死亡，死亡原因是癫痫发作，并非摔死。赵某之子向铁路承运人索赔。承运人指出：伤亡是旅客自身健康原因造成的，自己没有赔偿责任。请问：承运人的观点是否正确？

——很明显，承运人没有尽救助义务，负有赔偿责任。即便是乞丐，其获得救助的权利也与其他乘客相同。

5. 安全运送义务

这是承运人的基本义务之一。“承运人应当对运输过程中旅客的伤亡承担赔偿责任；

但是，伤亡是旅客自身健康原因造成的或者承运人证明伤亡是旅客故意、重大过失造成的除外。前款规定适用于按照规定免票、持优待票或者经承运人许可搭乘的无票旅客”（第823条）。承运人承担的是无过错责任，造成旅客损害就应当承担责任，但无过错责任并非绝对责任，有法定免责事由的，当然免责。免责事由有三个：一是旅客自身的健康原因；二是旅客的故意；三是旅客的重大过失。对旅客的故意或者重大过失，由承运人承担举证责任。

6. 物品、行李毁损、灭失的过错赔偿责任

在旅客乘坐交通运输工具旅行的过程中，发生物品、行李毁损、灭失的情况，承运人是否承担赔偿责任，其归责原则是不同的。“在运输过程中旅客随身携带物品毁损、灭失，承运人有过错的，应当承担赔偿责任。旅客托运的行李毁损、灭失的，适用货物运输的有关规定”（第824条）。也就是说，对于旅客自带物品的毁损、灭失，承运人是过错责任，有过错要赔偿，无过错不赔偿。之所以如此规定，是因为旅客随身携带的物品，是在旅客的直接控制之下、由旅客保管的。旅客托运的行李在运输过程中毁损、灭失的，适用货物运输的有关规定。

第三节　货运合同

一、货运合同的概念和特征

货运合同是指承运人将托运人交付的货物运送到约定的地点，托运人支付运费的合同。货运合同是诺成合同，托运人与承运人意思表示一致，合同即可成立、生效。货运合同是双务、有偿合同。货运合同的收货人有时是托运人，有时是第三人。

二、货运合同当事人的权利和义务

（一）托运人的权利和义务

1. 托运人的义务

（1）准确、如实申报的义务。

托运人办理货物运输，应当向承运人准确、如实表明收货人的必要状况和货物的必要状况。托运人准确、如实申报，是承运人正确安排运输的一个条件。货物运输需要办理审批、检验等手续的，托运人还应当将办理完有关手续的文件提交给承运人。

（2）妥善包装的义务。

托运人应当按照约定的方式包装货物。对包装方式没有约定或者约定不明确的，依据《民法典》第510条补缺的规定仍不能确定的，应当按照通用的方式包装；没有通用方式的，应当采取足以保护标的物的包装方式。托运人未能妥善包装的，承运人可以拒绝运输。包装是安全运输的需要，主要是为了运输货物本身的安全。货物包装是否符合运输的要求，也关系到运输工具的安全和运输工具上其他货物的安全。

（3）托运危险物品时的义务。

“托运人托运易燃、易爆、有毒、有腐蚀性、有放射性等危险物品的，应当按照国家有关危险物品运输的规定对危险物品妥善包装，做出危险物品标志和标签，并将有关危险物

品的名称、性质和防范措施的书面材料提交承运人。托运人违反前款规定的，承运人可以拒绝运输，也可以采取相应措施以避免损失的发生，因此产生的费用由托运人负担”（第828条）。具体采取何种措施，承运人可以根据实际情况进行选择。

2. 托运人的权利

托运人的基本权利是获得约定的运输服务，基本权利即对价性权利。

为满足现实中的实际需要，《民法典》第829条还赋予托运人以法定解除权、变更权：“在承运人将货物交付收货人之前，托运人可以要求承运人中止运输、返还货物、变更到达地或者将货物交给其他收货人，但是应当赔偿承运人因此受到的损失。”其中，返还货物是合同的解除，变更到达地或者变更收货人属于合同的变更。这里有三点要注意：其一，法定变更权、解除权的行使，须在货物交付收货人之前；其二，法定变更权、解除权的行使，无须提出理由和证明理由；其三，法定变更权、解除权的行使，是以损害赔偿为代价的。

（二）承运人的权利和义务

1. 运送义务

承运人应当按时、按地、安全地完成运输任务。运送义务是承运人的基本义务，即其对价性义务。

2. 及时通知义务

“货物运输到达后，承运人知道收货人的，应当及时通知收货人，收货人应当及时提货。收货人逾期提货的，应当向承运人支付保管费等费用”（第830条）。及时通知是附随义务，也是基于诚实信用原则产生的义务。

3. 货物毁损、灭失的责任

“承运人对运输过程中货物的毁损、灭失承担赔偿责任。但是，承运人证明货物的毁损、灭失是因不可抗力、货物本身的自然性质或者合理损耗以及托运人、收货人的过错造成的，不承担赔偿责任”（第832条）。免责的事由有三项：其一，不可抗力；其二，货物本身的自然性质或者合理损耗；其三，托运人、收货人的过错造成的。要求免责的举证责任在承运人。

货物的毁损、灭失的赔偿额，当事人有约定的，按照其约定；没有约定或者约定不明确，依据《民法典》第510条补缺的规定仍不能确定的，按照交付或者应当交付时货物到达地的市场价格计算。法律、行政法规对赔偿额的计算方法和赔偿限额另有规定的，依照其规定（见第833条）。按照货物到达地的市场价格计算，赔偿额包括了可得利益。

4. 单式联运承运人之间的连带责任

“两个以上承运人以同一运输方式联运的，与托运人订立合同的承运人应当对全程运输承担责任；损失发生在某一运输区段的，与托运人订立合同的承运人和该区段的承运人承担连带责任”（第834条）。“单式”，即单一的运输方式，是使用同一运输工具。单式联运，是数个承运人使用同一运输工具联合运输。如铁路承运人与铁路承运人的联运、公路承运人与公路承运人的联运、海上承运人与海上承运人的联运等。

参考案例 19-2

甲是托运人，乙、丙是区段承运人，乙负责A至B区段的铁路运输，丙负责B至C区段的铁路运输，货物运输合同是由乙与甲签订的。

——如果货物在A至B区段毁损、灭失，由乙单独向甲承担责任；如果货物在B至C区段毁损、灭失，由乙、丙向甲承担连带责任。

5. 不可抗力损失的分担

“货物在运输过程中因不可抗力灭失，未收取运费的，承运人不得请求支付运费；已经收取运费的，托运人可以请求返还。法律另有规定的，依照其规定”（第835条）。

参考案例 19-3

甲托运人将2万吨优质煤炭交乙铁路承运人运输2 000公里。运输至1 000公里时，因罕见且没有预报的洪水冲击铁路，该2万吨煤炭灭失。承运人已经运输了1 000公里，能否要求甲方承担1 000公里的运费？

——货物在运输过程中因不可抗力灭失，损失由双方当事人分担，托运人承担货物的损失，承运人承担运费的损失，因此承运人不能要求甲方承担1 000公里的运费。

6. 承运人的留置权、提存权

托运人或者收货人不支付运费等费用的，承运人可以依法行使留置权。收货人不明或者收货人无正当理由拒绝受领货物的，承运人依法可以提存货物。货物不适于提存的，可以变卖后提存价款。提存之后，视为承运人履行了债务。

（三）收货人的主要义务

1. 收货人对货物的检验

收货人提货时应当按照约定的期限检验货物。对检验货物的期限没有约定或者约定不明确，依据《民法典》第510条补缺的规定仍不能确定的，应当在合理期限内检验货物。收货人在约定的期限或者合理期限内对货物的数量、毁损等未提出异议的，视为承运人已经按照运输单证的记载交付的初步证据（见第831条）。“合理期限”有多长，要具体问题具体分析，如鲜活产品，可能只有几天的时间，机器设备的时间要长一些。

2. 受领货物与支付费用

受领货物是权利，及时受领是义务。约定由收货人支付费用的，收货人应当按约定支付。

三、多式联运合同

（一）多式联运合同的概念

多式联运合同是指多式联运经营人与托运人订立的，约定用两种以上运输方式，将货物运送到约定地点的运输合同。多式联运合同是一种使用两种以上不同运输方式的连贯运输的合同。运输方式包括铁路、公路、航空、海运等方式。联运可以是水陆联运，也可以是水陆空联运等。在多式联运中，托运人一次交费并使用同一运输凭证。

多式联运是在集装箱运输的基础上产生和发展起来的。多式联运提供的是“一次托运、一次收费、一票到底、一次保险、全程负责”的“一条龙”服务。多式联运，把海上运输、铁路运输、公路运输、航空运输等传统的、单一的、分阶段的运输方式和过程结合起来，形成连贯运输，提高了运输效率。

（二）多式联运合同经营人的地位及与区段承运人的关系

“多式联运经营人负责履行或者组织履行多式联运合同，对全程运输享有承运人的权利，承担承运人的义务”（第 838 条）。多式联运合同的一方是托运人，一方是多式联运经营人。多式联运经营人与区段承运人不同，区段承运人与多式联运经营人存在合同关系，区段承运人只对自己负责运送的过程承担责任。

【引例分析】

法院不应支持张某的诉讼请求。托运人张某交付被雨淋的蔬菜及由其在途押车，是货运公司免责的理由。

【本章小结】

本章阐释了运输合同、客运合同、货运合同和多式联运合同的概念，介绍了当事人的权利和义务。对运输途中的损害赔偿责任应当加以注意。

即测即评

第二十章　技术合同

【本章引例】

某大学李教授、刘教授与四海公司签订了技术委托开发合同。合同约定，由四海公司提供实验条件、经费并向两位教授支付报酬，由两位教授研制开发可溶塑料制品。该大学曾给四海公司开出这样的证明："李××、刘××是我校××专业教授。"后技术研发成功，四海公司认为其出了钱，应当由其申请专利，大学校长认为两位教授是学校的教师，其成果是职务技术成果，申请专利的权利应当归学校。两位教授认为，开发的技术不是学校交付的任务，也没有利用学校的物质技术条件，不是职务技术成果；在与四海公司签订的合同中，没有规定申请专利的权利的归属。

请问：专利申请权归谁?

【本章学习目标】

通过学习本章，你应该能够：

1. 了解技术合同的种类及相互之间的区别。
2. 掌握认定职务技术成果的标准。
3. 掌握研究开发成果的归属。

第一节　技术合同概述

一、技术合同的概念

"技术合同是当事人就技术开发、转让、许可、咨询或者服务订立的确立相互之间权利和义务的合同"（第 843 条）。

技术合同包括：（1）技术开发合同；（2）技术转让合同；（3）技术许可合同；（4）技术咨询合同；（5）技术服务合同。

二、职务技术成果与非职务技术成果

技术成果从权属上划分，可以分为职务技术成果和非职务技术成果。

（一）职务技术成果

1. 职务技术成果的界定

“职务技术成果是执行法人或者非法人组织的工作任务，或者主要是利用法人或者非法人组织的物质技术条件所完成的技术成果”（第 847 条第 2 款）。

“执行法人或者非法人组织的工作任务”包括：（1）履行法人或者非法人组织的岗位职责或者承担其交付的其他技术开发任务；（2）离职后一年内继续从事与其原所在法人或者非法人组织的岗位职责或者交付的任务有关的技术开发工作，但法律、行政法规另有规定的除外。

“主要是利用法人或者非法人组织的物质技术条件”包括：（1）职工在技术成果的研究开发过程中，全部或者大部分利用了法人或者非法人组织的资金、设备、器材或者原材料等物质条件，并且这些物质条件对形成该技术成果具有实质性的影响；（2）该技术成果实质性内容是在法人或者非法人组织尚未公开的技术成果、阶段性技术成果基础上完成的。但下列情况除外：第一，对利用法人或者非法人组织提供的物质技术条件，约定返还资金或者交纳使用费的；第二，在技术成果完成后利用法人或者非法人组织的物质技术条件对技术方案进行验证、测试的。

参考案例 20－1

王某是甲大学生物系教授，2018 年王某将他利用甲大学的物质技术条件取得的一项技术成果通过乙公司生产出产品，市场销路很好。王某在该项技术研究过程中曾与甲大学签订过协议，约定若利用该技术所生产的产品能够获得市场认可，则由乙公司一次性支付甲大学 10 万元。现王某、甲大学就该项技术成果的归属产生争议：甲大学主张该技术成果为职务技术成果，王某主张该技术成果为自己所有。

——在该案中，王某与甲大学签订的协议是一个为第三人（乙公司）设定义务的合同，要取得第三人的同意，才对第三人生效，但即使第三人（乙公司）不同意，也不影响该合同在王某和甲大学之间生效。按照《技术合同解释》第 4 条第 1 项的规定，对利用法人或者其他组织提供的物质技术条件，约定返还资金或者交纳使用费的，不认为是主要利用法人或者其他组织提供的物质技术条件，因而该技术成果不属于职务技术成果，应由王某享有。但王某对甲大学负有一项 10 万元的金钱债务，在乙公司同意履行的情况下，由乙公司履行，王某负担保其履行的责任；在乙公司不同意履行的情况下，由王某履行。

2. 职务技术成果享有人的使用权、转让权和完成人的优先受让权

“职务技术成果的使用权、转让权属于法人或者非法人组织的，法人或者非法人组织可以就该项职务技术成果订立技术合同。法人或者非法人组织订立技术合同转让职务技术成果时，职务技术成果的完成人享有以同等条件优先受让的权利”（第 847 条第 1 款）。例如，甲公司将研制新型除尘机器人的任务交给工程师李乙，李乙在职期间没有完成，辞职后半年内研究成功。该项成果是职务技术成果，甲公司享有使用权、转让权。后甲公司决

定将该技术成果转让，则完成人李乙可以主张同等条件下的优先受让权。

优先受让权的制度设计，有利于技术创新、发展和利用。

（二）非职务技术成果

非职务技术成果，是职务技术成果以外的技术成果，享有者是自然人。“非职务技术成果的使用权、转让权属于完成技术成果的个人，完成技术成果的个人可以就该项非职务技术成果订立技术合同”（第 848 条）。

完成技术成果的“个人”，包括对技术成果单独或者共同作出创造性贡献的人，也即技术成果的发明人或者设计人。而只有提出实质性技术构成并由此实现技术方案的人，才是作出创造性贡献的人。那些仅提供资金、设备、材料、试验条件，进行组织管理，协助绘制图纸、整理资料、翻译文献等的人员，不属于完成技术成果的个人。

“完成技术成果的个人享有在有关技术成果文件上写明自己是技术成果完成者的权利和取得荣誉证书、奖励的权利”（第 849 条）。这些权利包括人身性权利和财产性权利。

三、无效技术合同

具有《民法典》总则编规定的无效事由的技术合同应当确认为无效。《民法典》第 850 条还具体规定：“非法垄断技术或者侵害他人技术成果的技术合同无效。”

根据《技术合同解释》第 10 条的规定，“非法垄断技术”有以下情形：

（1）限制当事人一方在合同标的技术基础上进行新的研究开发或者限制其使用所改进的技术，或者双方交换改进技术的条件不对等，包括要求一方将其自行改进的技术无偿提供给对方、非互惠性转让给对方、无偿独占或者共享该改进技术的知识产权。

（2）限制当事人一方从其他来源获得与技术提供方类似的技术或者与其竞争的技术。

（3）阻碍当事人一方根据市场需求，按照合理方式充分实施合同标的技术，包括明显不合理地限制技术接受方实施合同标的技术生产产品或者提供服务的数量、品种、价格、销售渠道和出口市场。

（4）要求技术接受方接受并非实施技术必不可少的附带条件，包括购买非必需的技术、原材料、产品、设备、服务以及接收非必需的人员等。

（5）不合理地限制技术接受方购买原材料、零部件、产品或者设备等的渠道或者来源。

（6）禁止技术接受方对合同标的技术知识产权的有效性提出异议或者对提出异议附加条件。

第二节　技术开发合同

一、技术开发合同的概念和种类

（一）技术开发合同的概念

“技术开发合同是当事人之间就新技术、新产品、新工艺、新品种或者新材料及其系

统的研究开发所订立的合同”（第 851 条第 1 款）。“开发”，是研究新技术的活动，是智力性投入。

技术开发合同是要式合同，应当采用书面形式。

（二）技术开发合同的种类

技术开发合同分为两大类：委托开发合同和合作开发合同。委托开发的受托人是开发人，合作开发的各方都是开发人。

委托开发合同是指一方当事人委托另一方当事人进行研究开发所订立的合同。一方是委托人，另一方是开发人（受托人）。这种合同，开发人（受托人）进行智力性投入。“委托开发合同的委托人应当按照约定支付研究开发经费和报酬，提供技术资料，提出研究开发要求，完成协作事项，接受研究开发成果”（第 852 条）。

合作开发合同是当事人共同进行研究开发所订立的合同。这种合同，各方都是开发人，都进行智力性投入。“合作开发合同的当事人应当按照约定进行投资，包括以技术进行投资，分工参与研究开发工作，协作配合研究开发工作”（第 855 条）。

二、技术开发合同的解除

技术开发合同的解除，自当遵循《民法典》的一般规定。除此之外，《民法典》第 857 条还规定了技术开发合同解除的特殊原因：“作为技术开发合同标的的技术已经由他人公开，致使技术开发合同的履行没有意义的，当事人可以解除合同。”

“已经由他人公开”，通常是指以下两种情况：其一，该技术已经由他人申请专利而公开；其二，该技术被他人向社会公开，成为公知公用的技术。前一种情况可能使技术开发合同的继续履行在经济上没有意义；后一种情况必然使技术开发合同的履行丧失意义，因为当事人可以从公开的渠道获取该技术。

三、研究开发的风险责任

技术开发合同履行过程中，因出现无法克服的技术困难，致使研究开发失败或者部分失败的，该风险由当事人约定；没有约定或者约定不明确，依据《民法典》第 510 条补缺的规定仍不能确定的，风险由当事人合理分担。当事人一方发现上述规定的可能致使研究开发失败或者部分失败的情形时，应当及时通知另一方并采取适当措施减少损失；没有及时通知并采取适当措施，致使损失扩大的，应当就扩大的损失承担责任（见第 858 条）。合理分担，应当是按公平原则分担。

参考案例 20-2

1. A、B 双方签订了合作开发合同，双方约定：开发成功，A 对开发成果享有 70%的利益；B 对开发成果享有 30%的利益。但双方对开发失败的风险负担没有约定。

——若因不可克服的技术困难导致开发失败，则 A 应负担 70%的损失，B 应负担 30%的损失。

2. 甲公司对市场上流行的一种冰箱很有兴趣，就委托乙公司开发这种专有技术，约定 3 个月开发成功。但经过 6 个月，乙公司仍然没有开发成功。乙公司起诉，要求甲公司分担因不可克服的技术困难致开发失败的费用。经调查，这种技术不是国际和国内尖端技术。乙公司的主张应否获得支持？

——乙公司不能因自己开发失败，就把它归于风险，让甲公司分担。是不是不可克服的技术困难，不能以乙公司的标准衡量。该技术并非该领域的尖端技术，乙公司是“没有金刚钻，偏揽瓷器活”，应当承担违约责任。研究开发风险的认定标准有以下三点：一是看研究开发课题本身在国际和国内现有水平下是否具有足够难度；二是看当事人在研究开发中是否充分发挥了主观努力并已经取得实质性进展；三是看同行业专家对因科研风险导致的这次失败是否认为属于合理的失败。从开发技术的规律来看，取得实质性进展不应作为认定风险的一个条件。上述观点表明，研究开发失败，不等于风险。研究开发失败，可能归于风险，也可能归于违约。

四、研究开发成果的归属和分享

（一）申请专利权利的归属

1. 委托研究开发申请专利权利的归属

“委托开发完成的发明创造，除法律另有规定或者当事人另有约定外，申请专利的权利属于研究开发人。研究开发人取得专利权的，委托人可以依法实施该专利。研究开发人转让专利申请权的，委托人享有以同等条件优先受让的权利”（第 859 条）。发明创造包括发明、实用新型和外观设计。权利归属的原则是：谁开发（完成），归谁。

在本章引例中，两位教授与四海公司的技术委托开发合同中没有约定申请专利权的归属，因此，申请专利的权利应当属于两位教授。

2. 合作研究开发申请专利权利的归属

（1）“合作开发完成的发明创造，申请专利的权利属于合作开发的当事人共有；当事人一方转让其共有的专利申请权的，其他各方享有以同等条件优先受让的权利。但是，当事人另有约定的除外”（第 860 条第 1 款）。完成的发明创造只产生一个专利申请权，对这一个申请权，各方因都是开发人而共有。当事人可以转让自己共有的专利申请权以获利。因只有一个申请权，故转让的标的实质上是共有的份额权益。

（2）“合作开发的当事人一方声明放弃其共有的专利申请权的，除当事人另有约定外，可以由另一方单独申请或者由其他各方共同申请。申请人取得专利权的，放弃专利申请权的一方可以免费实施该专利”（第 860 条第 2 款）。例如，甲、乙、丙三方合作开发了一项发动机技术，甲声明放弃其共有的专利申请权，乙、丙申请取得专利权后，甲实施该专利权自不用给乙、丙交费。

（3）“合作开发的当事人一方不同意申请专利的，另一方或者其他各方不得申请专利”（第 860 条第 3 款）。这是单方否决权。

参考案例 20-3

甲、乙、丙三方签订研究开发合同，甲、乙各出资 40 万元，丙出资 20 万元。甲、乙主张就研究的发明创造申请专利，丙反对，认为将发明创造作为技术秘密进行保护、使用可以带来更大的利益。甲、乙向法院起诉丙，并详细论证了申请专利可以带来更大的经济利益，要求法院判决允许他们就合作开发的发明创造申请专利。

——在本案中，丙不必证明将发明创造作为技术秘密进行保护、使用可以给三方带来更大的利益，只要援引《民法典》第860条第3款的规定就可胜诉。法律规定单方否决权的原因，在于是否申请专利是涉及各方当事人利益的重大问题，需要取得合意，否则，就等于赋予了当事人处置他人财产的权利。

（二）技术秘密成果的使用权、转让权的归属和收益分配方法

委托开发或者合作开发完成的技术秘密成果的使用权、转让权以及收益分配办法的确定，有以下几个层次：

第一，约定优先。

第二，没有约定或者约定不明确的，依据《民法典》第510条补缺的规定确定。

第三，适用补缺的规定仍不能确定的，在没有相同技术方案被授予专利权前，当事人均有使用和转让的权利。但是，委托开发的研究开发人不得在向委托人交付研究开发成果之前，将研究开发成果转让给第三人。例如，甲、乙两个公司合作开发了一种新的呼吸机制造技术，没有相同的技术被授予专利权，对技术的归属两个公司没有约定，按《民法典》第510条补缺的规定也不能确定，则甲、乙都有使用和转让的权利。如果相同的技术已经被授予了专利权，则甲、乙开发的技术不是在先技术，使用和转让就会构成专利侵权。如果该例改为委托开发，甲是委托人，乙是开发人，其他条件不变，则乙不得在向委托人甲交付技术之前向第三人转让该技术。

第三节　技术转让合同和技术许可合同

一、技术转让合同

（一）技术转让合同的概念

“技术转让合同是合法拥有技术的权利人，将现有特定的专利、专利申请、技术秘密的相关权利让与他人所订立的合同”（第862条第1款）。合同的一方是让与人（转让人），另一方是受让人。

技术转让合同是要式合同，应当采用书面形式。

（二）技术转让合同的类型

“技术转让合同包括专利权转让、专利申请权转让、技术秘密转让等合同”（第863条第1款）。

1. 专利权转让合同

专利权转让合同，是指专利权人将对发明创造享有的专利权转让给受让人所订立的合同。专利权转让合同生效后，受让人成为新的专利权人，享受实施该项发明创造的排他性权利；原专利权人就失去了专利权。除合同另有约定的以外，转让人自己也不得再实施该项专利技术。

2. 专利申请权转让合同

专利申请权转让合同，是指转让人将其就特定的发明创造申请专利的权利移交受让人

所订立的合同。

3. 技术秘密转让合同

技术秘密转让合同，是指让与人将拥有的技术秘密转让给受让人订立的合同。技术秘密包括未申请专利的技术成果、未授予专利权的技术成果、不属于专利法保护范围的技术成果。公知公用的技术不是技术秘密。作为技术秘密转让的技术成果，应当实用可靠，并能够在合同约定的领域内应用。

参考案例 20-4

甲工业公司设计了一种独一无二的新型注塑机，一共生产了两台。乙塑料制品公司得知消息后欲购买。双方约定：乙公司支付使用费 550 万元，甲公司交付新型注塑机一台和全套资料；乙公司可以仿造该新型注塑机并公开销售，但对生产新型注塑机的技术诀窍应当保密。后来双方发生争议。甲公司认为双方签订的是技术秘密转让合同，乙公司认为双方签订的是买卖合同。甲、乙双方签订的合同本质上属于哪类合同？为什么？

——甲、乙双方签订的合同本质上属于技术秘密转让合同，不属于买卖合同。因为独一无二的注塑机是技术秘密的载体，甲公司并没有将成批的货物卖给乙方，而是卖给其一台允许其仿造，同时又向其提供全套资料，且又规定了保密条款。这些都说明甲公司转让的是技术秘密。

（三）技术转让合同当事人的义务和责任

1. 技术转让合同让与人的义务与瑕疵担保责任

技术转让合同的让与人的基本义务，是将技术转移给受让人。为保障这一基本义务的实现，《民法典》第 870 条还规定了让与人应当承担的权利瑕疵担保责任和品质瑕疵担保责任：“技术转让合同的让与人和技术许可合同的许可人应当保证自己是所提供的技术的合法拥有者，并保证所提供的技术完整、无误、有效，能够达到约定的目标。”

2. 技术转让合同受让人的义务

技术转让合同的受让人的主要义务是按照约定支付使用费，并应当按照约定的范围和期限，对让与人提供的技术中尚未公开的秘密部分承担保密义务。

二、技术许可合同

（一）技术许可合同的概念

“技术许可合同是合法拥有技术的权利人，将现有特定的专利、技术秘密的相关权利许可他人实施、使用所订立的合同”（第 862 条第 2 款）。合同的一方是许可人，另一方是被许可人。

技术许可合同是要式合同，应当采用书面形式。

技术转让合同是将权利的本体让与对方，让与后转让人自己失去了这项权利；而技术许可合同是将技术的使用收益权能转移给对方，许可人自己保留权利的本体。

（二）技术许可合同的类型

“技术许可合同包括专利实施许可、技术秘密使用许可等合同”（第 863 条第 2 款）。

1. 专利实施许可合同

专利实施许可合同，是指专利权人或者授权的人作为转让方许可受让方在约定的范围内实施专利所订立的合同。专利实施许可合同的标的是发明、实用新型和外观设计专利的使用权。“专利实施许可合同仅在该专利权的存续期限内有效。专利权有效期限届满或者专利权被宣告无效的，专利权人不得就该专利与他人订立专利实施许可合同”（第 865 条）。发明专利的有效期是 20 年，实用新型专利的有效期是 10 年，外观设计专利的有效期是 15 年，均自申请之日开始计算。

专利实施许可包括以下方式：

（1）独占实施许可。是指让与人在约定许可实施专利的范围内，将该专利仅许可一个受让人实施，让与人依约定不得实施该专利。

（2）排他实施许可。是指让与人在约定许可实施专利的范围内，将该专利仅许可一个受让人实施，但让与人依约定可以自行实施该专利。

（3）普通实施许可。是指让与人在约定许可实施专利的范围内许可他人实施该专利，并且可以自行实施该专利。当事人对专利实施许可方式没有约定或者约定不明确的，认定为普通实施许可。

（4）再许可。是指专利实施许可合同约定被许可人可以再许可他人实施专利。再许可为普通实施许可，但当事人另有约定的除外。“专利实施许可合同的被许可人应当按照约定实施专利，不得许可约定以外的第三人实施该专利，并按照约定支付使用费”（第 867 条）。再许可的第三人是约定的第三人，不得许可约定以外的第三人实施该专利。

2. 技术秘密使用许可合同

技术秘密使用许可合同是许可人将拥有的技术秘密交给被许可人使用、收益而订立的合同。技术秘密依靠保密来维持，因此被许可人理所当然地承担保密义务。

三、后续改进技术成果的分享

技术转让合同和技术许可合同的当事人可以按照互利的原则，在合同中约定实施专利、使用技术秘密后续改进的技术成果的分享办法；没有约定或者约定不明确，依据《民法典》第 510 补缺的规定仍不能确定的，一方后续改进的技术成果，其他各方无权分享（见第 875 条）。基本规则是：谁改进谁享有，另有约定的除外。

第四节　技术咨询合同和技术服务合同

一、技术咨询合同

“技术咨询合同是当事人一方以技术知识为对方就特定技术项目提供可行性论证、技术预测、专题技术调查、分析评价报告等所订立的合同”（第 878 条第 1 款）。

（1）技术咨询合同是不要式合同，可以采用书面形式，也可以采用口头形式。

（2）受托人完成合同基本义务的方式是提出书面咨询报告或者解答问题，解答问题可以是书面的，也可以是口头的。“技术咨询合同的受托人应当按照约定的期限完成咨询报告或者解答问题，提出的咨询报告应当达到约定的要求”（第 880 条）。

（3）受托人对委托人决策后果的免责。“技术咨询合同的委托人按照受托人符合约定要求的咨询报告和意见作出决策所造成的损失，由委托人承担，但是当事人另有约定的除外”（第 881 条第 3 款）。例如，甲公司要上一个技术改造项目，请乙大学进行可行性论证，乙大学提供了可行性论证报告，乙大学只对可行性论证报告本身的质量负责，对甲公司进行技术改造的后果并不负责。当然，允许当事人作出特别约定。

二、技术服务合同

“技术服务合同是当事人一方以技术知识为对方解决特定技术问题所订立的合同，不包括承揽合同和建设工程合同”（第 878 条第 2 款）。

（1）技术服务合同是不要式合同，可以采用书面形式，也可以采用口头形式。

（2）承揽合同和建设工程合同的承揽人、承包人提供的是物化劳动成果，承揽人、承包人的工作要体现在物上；而技术服务合同的受托人是按照约定完成服务项目，解决特定的技术问题并传授解决特定技术问题的知识，其提供的是技术性劳务，不是物化劳动成果。

（3）技术服务与技术咨询的受托人都提供技术性劳务，但技术服务合同是为了“特定技术问题”的“解决”；技术咨询合同是为了“特定技术项目”的“咨询”。特定的技术问题是已经出现或已经被发现的问题；特定的技术项目是将要实施或者可能实施的项目。技术服务的成果是使特定的具体技术问题从有到无，消除了技术障碍；技术咨询的成果是为特定技术项目的决策提供咨询报告（可行性论证、技术预测、专题技术调查、分析评价报告等）。例如，甲公司要改产生产熔喷布，与乙大学签订合同，由乙为甲提供一个熔喷布生产的国内外技术调查报告。甲与乙签订的合同就是技术咨询合同。后来，甲的生产流水线有技术故障，本公司技术人员解决不了，就请丙公司帮助排除故障，甲与丙之间的合同就是技术服务合同。

三、技术咨询合同、技术服务合同的成果归属

技术成果归属的基本原则是：谁完成归谁，另有约定的除外。“完成”，是智力投入的结果。“技术咨询合同、技术服务合同履行过程中，受托人利用委托人提供的技术资料和工作条件完成的新的技术成果，属于受托人。委托人利用受托人的工作成果完成的新的技术成果，属于委托人。当事人另有约定的，按照其约定”（第 885 条）。

【引例分析】

从两位教授与某大学的关系来看，他们的研究成果，既不是接受本单位的工作任务，也没有利用本单位的物质技术条件，因此属于非职务技术成果。从两位教授与四海公司的关系来看，双方在技术委托开发合同中没有约定专利申请权的归属，该技术的专利申请权依法归研究开发方。因此，两位教授享有专利申请权。

【本章小结】

本章介绍了五大类技术合同，阐明了职务技术成果和非职务技术成果的划分标准、当事人的主要权利和义务，以及技术成果的归属。

即测即评

第二十一章　保管合同

【本章引例】

张某与李某同时将汽车开进收费停车场。适逢停车场看门人去洗手间，李某未能交保管费。张某是按月交付保管费。一辆汽车自燃，停车场未及时采取措施，导致张某和李某的汽车被烧毁。后停车场对张某予以赔偿，对李某拒绝赔偿，理由是李某未交保管费。

请问：

1. 保管合同是否为要式合同、有偿合同？
2. 张某、李某与停车场的保管合同是否成立，为什么？
3. 停车场应否对李某进行赔偿？为什么？
4. 李某声称车内有贵重物品，价值一万余元。停车场是否必须按照贵重物品予以赔偿？

【本章学习目标】

通过学习本章，你应该能够：

1. 理解保管合同的概念。
2. 了解保管合同当事人的主要权利和义务。

第一节　保管合同概述

一、保管合同的概念

“保管合同是保管人保管寄存人交付的保管物，并返还该物的合同”（第 888 条第 1 款）。保管合同又称为寄托合同、寄存合同。将标的物交付保管的人称为寄存人，为对方保管标的物的人是保管人。

保管物一般是特定物，但也可以是种类物。保管物可以是“活物”（如动物），也可以是“死物”。

“寄存人到保管人处从事购物、就餐、住宿等活动，将物品存放在指定场所的，视为

保管，但是当事人另有约定或者另有交易习惯的除外”（第 888 条第 2 款）。例如，消费者到超市购物，将手提包放到超市的自动寄存柜中，就与超市成立了保管合同。

二、保管合同的特征

（一）保管合同是实践合同

“保管合同自保管物交付时成立，但是当事人另有约定的除外”（第 890 条）。据此，保管合同是实践合同，仅有保管人和寄存人的合意合同尚不能成立，须有标的物的交付合同才成立。当事人特约合同签名、盖章时成立或者约定以其他方式成立，自当允许，因为“另有约定的除外”。保管合同自成立时生效。例如，旅客将行李交付火车站寄存处寄存，保管合同成立且同时生效，保管人接受保管物后即产生保管责任。

参考案例 21－1

孙某驾驶汽车进入某旅店的院内，按院内“收费停车场”的指示牌进入收费停车场。将车泊放之后，孙某到旅店办理住宿手续。第二天早上，孙某到停车场，发现汽车丢失了。孙某向法院提起诉讼，要求旅店赔偿。法院判决旅店赔偿 9 万元人民币。后此案由检察院提起抗诉。抗诉理由是：其一，旅店所设的收费停车场管理人员不在场，双方之间的合同并未成立；其二，孙某没有交费。

——孙某与旅店就汽车成立了保管合同，保管合同是实践合同，一是双方意思表示要取得一致，二是标的物要交付。孙某是按旅店的指示牌进入收费停车场的，尽管停车场的管理人员不在现场，但双方仍有意思表示，而且取得了合意。孙某将汽车开进旅店的停车场泊放，旅店即产生保管责任。因为保管合同成立时生效。是否交费，不影响保管合同的成立、生效。孙某与旅店之间成立的是有偿保管合同，即使停车场注明是“免费停车场”，仍应视为有偿保管合同，因为保管费用已经计入住宿费之中了。

（二）保管合同可以是无偿合同，也可以是有偿合同

寄存人应当按照约定向保管人支付保管费。当事人对保管费没有约定或者约定不明确，依据《民法典》第 510 条补缺的规定仍不能确定的，视为无偿保管（见第 889 条）。按照此条规定，保管合同原则上是无偿的，这是因为，保管通常具有互助的性质。

参考案例 21－2

黄某在饭店用餐，由饭店保安人员引导将汽车停放在饭店门口，没有办理停车手续，但饭店门口有明显的停车位。在用餐期间汽车丢失，饭店是否应当承担赔偿责任？

——黄某和饭店已经成立了保管合同关系，饭店对于黄某的汽车有保管义务，饭店保管不善，应当承担赔偿责任。另外，饭店虽未对黄某单独收取停车费，但黄某与饭店的保管合同应当视为有偿保管合同。

在无偿的保管合同中，寄存人也可能需要支付必要费用，这是指保管人为保管标的物实际支付的费用，不包括报酬。例如，无偿合同的保管人为了保管寄存人的物品，购买了 500 元的干燥剂，尽管是无偿合同，寄存人仍然要向保管人支付 500 元。这 500 元

不是作为对价存在的，纯粹是为寄存人自己的利益产生的费用，因此仍然是无偿保管合同。

第二节　保管合同当事人的权利和义务

一、保管人的主要权利和义务

（一）给付保管凭证的义务

"寄存人向保管人交付保管物的，保管人应当出具保管凭证，但是另有交易习惯的除外"（第 891 条）。保管凭证是指保管人开具的，证明收到保管物，以及证明当事人之间存在保管合同关系的单据。从习惯上看，具有互助性质的无偿、小额保管合同，保管人一般不给寄存人开出单据，这是正常现象。

（二）妥善保管的义务

"保管人应当妥善保管保管物。当事人可以约定保管场所或者方法。除紧急情况或者为维护寄存人利益外，不得擅自改变保管场所或者方法"（第 892 条）。例如，某种食品的保质期，常温三个月，冷藏六个月，而保管人违反冷藏保管的约定，擅自采用常温保管，就损害了寄存人的利益。

学生提问

在紧急情况下，保管人为了避免保管物受到损失，更换了保管地，但是更换后发生了不可抗力，导致保管物毁损或灭失，责任应如何确定？

——保管人是为了避免保管物受损失而更换保管地的，保管人没有过错（保管合同适用过错责任原则），因此，保管人不承担责任。

（三）亲自保管的义务

"保管人不得将保管物转交第三人保管，但是当事人另有约定的除外。保管人违反前款规定，将保管物转交第三人保管，造成保管物损失的，应当承担赔偿责任"（第 894 条）。因为，保管合同存在特殊信任关系，是在寄存人对保管人特殊信任的基础上产生的法律关系，转交第三人保管就破坏了这种信任。转交第三人造成损害的，保管人有赔偿责任；没有损害自然不赔。在第三人处因不可抗力造成的损害，保管人原则上不免责。

保管人丧失保管能力时，为保护寄存人的利益，可以将保管物交给第三人保管。

（四）不使用保管物的义务

"保管人不得使用或者许可第三人使用保管物，但是当事人另有约定的除外"（第 895 条）。使用不是保管的目的，而且容易造成保管物的磨损或者损害。但在消费寄托（见第 901 条）的情况下可以使用。

（五）权利危险时的返还和通知义务

"第三人对保管物主张权利的，除依法对保管物采取保全或者执行措施外，保管人应

当履行向寄存人返还保管物的义务”（第 896 条第 1 款）。这里强调的是，保管人对主张权利的第三人没有返还义务，仍对寄存人承担返还义务，经过法定程序的除外。

“第三人对保管人提起诉讼或者对保管物申请扣押的，保管人应当及时通知寄存人”（第 896 条第 2 款）。这是保管人的附随义务。

（六）返还保管物及孳息的义务

“保管期限届满或者寄存人提前领取保管物的，保管人应当将原物及其孳息归还寄存人”（第 900 条）。所谓孳息，是指原物派生的物。如保管的母牛生了一头小牛，小牛就是天然孳息。

保管人应当返还保管的原物，但消费保管例外。消费保管合同又称为消费寄托合同，是指保管人可以消费保管物品，届期以替代物返还的保管合同。《民法典》第 901 条规定：“保管人保管货币的，可以返还相同种类、数量的货币；保管其他可替代物的，可以按照约定返还相同种类、品质、数量的物品。”货币以外的可替代物，须有“专门约定”，才能替代返还。

货币保管与货币借贷不同，货币保管与储蓄的目的不同。保管人使用保管的货币，不必举证是否使用。

货币以外的可替代物的保管，与可替代物的消费借贷不同。可替代物的消费借贷，是指出借人将一定数量的货币或其他实物交给借用人使用，借用人于约定期限返还同量、同质、同类实物的合同。

（七）保管人的损害赔偿责任和法定的一般过失免责

责任也是一种义务。“保管期内，因保管人保管不善造成保管物毁损、灭失的，保管人应当承担赔偿责任。但是，无偿保管人证明自己没有故意或者重大过失的，不承担赔偿责任”（第 897 条）。应当注意以下两点：第一，保管不善是过错责任。不可抗力致使保管物毁损、灭失的，保管人不承担责任。第二，无偿保管合同的保管人一般过失免责。无偿保管是助人行为，体现了良好的道德观念，为了鼓励这种行为，维护既有的道德观念，对无偿付出的人的责任要求宽松一些。

参考案例 21-3

某大学学生李某将价值一万元的手提电脑交给同宿舍的同学周某保管，并约定周某可以使用。一天，周某使用电脑后锁门外出，门被撬开，手提电脑被偷走。周某应否承担赔偿责任？

——周某有权使用电脑，但不能视使用为报酬。周某与李某之间是无偿保管合同。周某没有重大过失，无偿保管合同的保管人一般过失免责。如果周某使用电脑后未锁门，则有重大过失，就应当赔偿。

（八）保管人的留置权及其排除

“寄存人未按照约定支付保管费或者其他费用的，保管人对保管物享有留置权，但是当事人另有约定的除外”（第 903 条）。“其他费用”，一般是指无偿保管合同中的费用。无偿保管合同也可以成立留置权。

参考案例 21-4

某村民委员会让村民乔某保管500袋小麦（价值5万元），约定为无偿保管。在保管期间，逢连绵细雨天气，为了采取防潮措施，乔某花去300元。村民委员会取小麦的时候拒绝支付300元，理由是保管是无偿的。乔某遂扣留500袋小麦。请问：乔某能否成立留置权？

——无偿保管合同也可以成立留置权。《民法典》第450条规定："留置财产为可分物的，留置财产的价值应当相当于债务的金额。"因此，乔某把所有小麦都留置是错误的，应当留置相应的部分。

二、寄存人的权利和义务

（一）按期支付保管费的义务

有偿的保管合同，寄存人应当按照约定的期限向保管人支付保管费。当事人对支付期限没有约定或者约定不明确，依据《民法典》第510条补缺的规定仍不能确定的，应当在领取保管物的同时支付（见第902条）。对于支付保管费的期限，由当事人约定，当事人对支付保管费的期限没有约定或者约定不明确的，依法应当同时履行。同时履行可产生《民法典》第525条规定的同时履行抗辩权。

（二）告知义务

"寄存人交付的保管物有瑕疵或者根据保管物的性质需要采取特殊保管措施的，寄存人应当将有关情况告知保管人。寄存人未告知，致使保管物受损失的，保管人不承担赔偿责任；保管人因此受损失的，除保管人知道或者应当知道且未采取补救措施外，寄存人应当承担赔偿责任"（第893条）。该条规定的告知义务是预先告知义务，视具体情况，应当于交付保管物前告知或者交付保管物时告知。

保管物有瑕疵，是指保管物的隐蔽瑕疵。保管物有表面瑕疵但被包装物覆盖时，视为有隐蔽瑕疵。例如，交付保管的动物有传染病、交付保管的巨型广告钢铁支架的焊缝有肉眼难以发现的断裂等都应当认为是有隐蔽瑕疵。有隐蔽瑕疵的保管物是需要采取特殊保管措施的物。按照保管物的性质需要采取特殊保管措施的物品，是指需冷藏、需通风的物品，易燃、易爆、易腐蚀的物品，等等。重要的文物、动物也是需要采取特殊保管措施的物品。

寄存人将有关情况告知保管人，体现了对自己利益的保护，同时也防止了对保管人利益的侵害。例如，寄存人将一头牛交给保管人（另一位养牛人）保管，如果不将牛患传染病的情况告知保管人，不但该牛得不到特殊照顾，还可能使保管人自己的牛也被传染患病。

寄存人未履行法定告知义务，致使保管物毁损、灭失的，保管人不承担损害赔偿责任。应当注意：未告知与毁损、灭失之间须有因果关系，保管人才不承担责任。

寄存人未履行法定告知义务，致使保管人受到损失的，寄存人应当承担损害赔偿责任。应当注意两点：第一，未告知与损失有因果关系，寄存人才承担责任；第二，保管人知道或者应当知道寄存人交付的保管物有瑕疵或者按照保管物的性质需要采取特殊保管措

施而未采取补救措施的，寄存人免责。

（三）寄存贵重物品的声明义务

“寄存人寄存货币、有价证券或者其他贵重物品的，应当向保管人声明，由保管人验收或者封存；寄存人未声明的，该物品毁损、灭失后，保管人可以按照一般物品予以赔偿”（第898条）。例如，有位女士到超市买东西，超市负责保管的员工不慎将该女士寄存的包弄丢了。该女士到法院起诉，要求超市赔偿20万元，说包里有现金、首饰等共价值20万元。法官认为该女士没有事先声明，因此判决赔偿3 000元。审判实践中，经常把手机当作贵重物品，实际上，手机现在已经相当普及，一般不应当作贵重物品对待。

（四）随时领取保管物的权利

“寄存人可以随时领取保管物。当事人对保管期限没有约定或者约定不明确的，保管人可以随时请求寄存人领取保管物；约定保管期限的，保管人无特别事由，不得请求寄存人提前领取保管物”（第899条）。

（1）即便约定了保管期限，寄存人也有权随时领取保管物，对于约定保管期限的合同，保管人提前领取保管物是行使随时解除权的行为。

（2）对于提前领取，保管人与寄存人的“待遇”不同。约定了保管期限，保管人无权请求寄存人提前领取保管物，有特别事由的除外，例如，在保管期限内保管场所被征用，保管人可请求寄存人提前领取，且寄存人是“领取”，保管人是“请求”。当事人对保管期间没有约定或者约定不明确的，保管人才可以随时“请求”寄存人领取保管物。

【引例分析】

1. 保管合同为不要式合同。保管合同既可以是有偿合同，也可以是无偿合同，没有约定或者约定不明确的为无偿保管合同。
2. 保管合同已经成立，因为保管物已经交付。
3. 保管合同成立的同时生效，因此停车场应当对李某进行赔偿。
4. 停车场不必按照贵重物品予以赔偿，因为这属于事先未声明的情况。

【本章小结】

保管合同是实践合同。保管不善是过错责任。无偿保管合同的保管人一般过失免责。寄存贵重物品未声明，保管人可以按照一般物品予以赔偿。寄存人可随时解除合同。

即测即评

第二十二章　仓储合同

【本章引例】

甲方到乙方处存储铝锭100万吨，仓储费6 000元，储存期40天。甲方提前取货，乙方允许，但不同意减收仓储费。

请问：

1. 甲方提前20天取货，并要求仓储费减半，应否允许？
2. 甲方手持仓单，只要自己背书就可自由转让，此观点是否正确？理由何在？

【本章学习目标】

通过学习本章，你应该能够：

1. 理解仓储合同的概念。
2. 了解仓储合同当事人的权利和义务。

第一节　仓储合同概述

一、仓储合同的概念

“仓储合同是保管人储存存货人交付的仓储物，存货人支付仓储费的合同”（第904条）。当事人一方为存货人或仓单持有人，为他人保管仓储物、收取仓储费的一方是保管人。

二、仓储合同的特征

（一）保管人是利用自己的仓储条件专事仓储保管营业的人

保管人是以仓储保管为业的人，是经营人，所以保管人又称为仓库营业人。正因如此，保管人也是拥有仓储保管条件的人。

（二）仓储合同的保管物是动产

保管人是利用自己的仓储条件提供保管服务的，仓储条件主要包括不能移动的仓库、

场地，除此之外，还包括附属在仓库、场地的一些设备。这就决定了仓储物只能是动产，不能是不动产。

（三）仓储合同是诺成合同

"仓储合同自保管人和存货人意思表示一致时成立"（第905条）。仓储合同自成立时起生效，仓储合同是诺成合同。

（四）仓储合同是双务、有偿合同

仓储合同当事人互为给付，是双务、有偿合同。保管人的身份属性（商人），也决定了仓储合同双务、有偿的性质。基于保管人的身份属性，仓储合同还是商事合同。

（五）仓储合同是一种具有保管性质的合同

仓储合同是独立的典型合同，也是一种具有保管性质的合同。关于保管合同的规定和关于仓储合同的规定，是一般规定和特殊规定的关系。故《民法典》第918条规定："本章没有规定的，适用保管合同的有关规定。"

三、仓储合同与保管合同的联系和区别

（1）保管合同是实践合同；仓储合同是诺成合同。

（2）保管合同可以是有偿合同，也可以是无偿合同；仓储合同都是有偿合同。

（3）仓储合同的保管人是营业人，是商事主体；法律对保管合同的保管人没有此项要求，也就是说，保管合同的保管人是一般民事主体。

（4）保管合同是一般的民事合同；仓储合同是商事合同。

（5）保管合同是给付保管凭证；仓储合同是给付仓单。

（6）保管合同和仓储合同都有善良管理人的注意义务，但无偿保管有一般过失免责的规定，仓储合同因都是有偿合同，所以一般过失不免责。

（7）寄存人和存货人或仓单持有人都可以随时领取保管物、仓储物。但保管人要求对方提前领取的权利不同（见第899条、第914条）。

（8）保管合同、仓储合同的保管人都有留置权。

第二节　仓储合同当事人的权利和义务

一、保管人的权利和义务

保管人的基本权利是收取仓储费。其义务可以分解为多项。

（一）验收义务

"保管人应当按照约定对入库仓储物进行验收。保管人验收时发现入库仓储物与约定不符合的，应当及时通知存货人。保管人验收后，发生仓储物的品种、数量、质量不符合约定的，保管人应当承担赔偿责任"（第907条）。验收是明确责任的必要手段。

（二）给付仓单、入库单等凭证的义务

"存货人交付仓储物的，保管人应当出具仓单、入库单等凭证"（第908条）。

1. 仓单、入库单的含义

"仓单是提取仓储物的凭证。存货人或者仓单持有人在仓单上背书并经保管人签名或

者盖章的，可以转让提取仓储物的权利”（第 910 条）。

仓单和入库单都是保管人收到仓储物后给存货人出具的提取仓储物的凭证，但二者有明显的区别。仓单是形式格式化、内容固定化的典型有价证券。仓单的流通性较强，存货人可以凭仓单提取储存的货物，也可以以背书的方式并经保管人签名或盖章将仓单上载明的仓储物所有权转移给他人。入库单是非典型化的有价证券，对形式的格式化、内容的固定化要求不高，流通性不强，不采用“背书”的法定方式和程序流通。

2. 仓单的内容

仓单是要式证券。“保管人应当在仓单上签名或者盖章。仓单包括下列事项：（一）存货人的姓名或者名称和住所；（二）仓储物的品种、数量、质量、包装及其件数和标记；（三）仓储物的损耗标准；（四）储存场所；（五）储存期限；（六）仓储费；（七）仓储物已经办理保险的，其保险金额、期间以及保险人的名称；（八）填发人、填发地和填发日期”（第 909 条）。

3. 仓单的转让

仓单可以转让，也可以质押。

4. 仓单的分割

一般认为，仓单的分割，是指仓单的持有人请求保管人将保管的货物分为数部分，分别填发该部分的仓单。仓单分割的，仓单持有人应将原仓单交还。实际上，不一定是已经持有仓单的人要求对仓单进行分割，存货人在交付货物的时候，就可以要求保管人分别填发、交付仓单，以利仓储物的处分（买卖、质押等）。

5. 仓单的丧失

仓单因毁损、遗失、被盗等原因而灭失。仓单是记名证券（记载了存货人的名称或者住所），灭失后只要有证据仍然能够领取货物。

（三）容忍义务

“保管人根据存货人或者仓单持有人的要求，应当同意其检查仓储物或者提取样品”（第 911 条）。仓储合同是满足存货人需要的服务性合同，因此，保管人应当容忍存货人来检查、提取样品所造成的麻烦。

（四）危险通知义务和催告处置、紧急处置

1. 危险通知义务

危险，是指入库仓储物损坏的可能。“保管人发现入库仓储物有变质或者其他损坏的，应当及时通知存货人或者仓单持有人”（第 912 条）。依据诚实信用原则，保管人发现入库仓储物有变质或者其他损害可能的，也有通知义务。

2. 催告处置与紧急处置

“保管人发现入库仓储物有变质或者其他损坏，危及其他仓储物的安全和正常保管的，应当催告存货人或者仓单持有人作出必要的处置。因情况紧急，保管人可以作出必要的处置；但是，事后应当将该情况及时通知存货人或者仓单持有人”（第 913 条）。这里分为货主（存货人）的必要处置和保管人的必要处置。由货主处置，保管人要催告。在紧急情况下，保管人也可以作出必要的处置。这种处置，既是权利，又是义务。这种处置，包括事实上的处分，如抛弃腐烂变质的食品，条文没有明确规定是否包括法律上的处分。从诚信原则和减损义务来看，保管人可以对仓储物进行法律上的处分。例如，将发生损害的物品

降价出售。为避免发生争议，保管人在处分标的物的时候，应当取得相应的证据。在发生争议的时候，举证责任在保管人一方。

（五）妥善保管义务

妥善保管，是保管人的基本义务。“储存期内，因保管不善造成仓储物毁损、灭失的，保管人应当承担赔偿责任。因仓储物本身的自然性质、包装不符合约定或者超过有效储存期造成仓储物变质、损坏的，保管人不承担赔偿责任”（第 917 条）。妥善保管义务，除要求保管人在保管过程中尽谨慎小心的义务以外，还要求其具有相应的保管条件。保管不善是过错责任。例如，保管的食物因过期而变质，不能归责于保管人。

参考案例 22－1

甲公司在乙公司存储 160 吨布袋装面粉。甲公司提取面粉时，发现面粉已经受潮，遂要求乙公司赔偿。乙公司引用《民法典》第 893 条进行抗辩：“寄存人交付的保管物有瑕疵或者根据保管物的性质需要采取特殊保管措施的，寄存人应当将有关情况告知保管人。寄存人未告知，致使保管物受损失的，保管人不承担赔偿责任；保管人因此受损失的，除保管人知道或者应当知道且未采取补救措施外，寄存人应当承担赔偿责任。”乙公司的抗辩理由是否能够成立？

——甲、乙之间成立的是仓储合同，依据《民法典》第 918 条，可以适用保管合同的有关规定。乙公司引用了《民法典》第 893 条对保管合同的规定，但按该条规定，乙公司仍应承担责任。因为布袋装面粉不能防潮，乃是保管人应当具备的常识，无须寄存人特别告知。乙公司违反了妥善保管义务，应当承担赔偿责任。

（六）返还保管物的义务

应存货人或者仓单持有人的请求，保管人有随时返还保管物的义务，对保管期限的约定，不影响随时返还义务的存在。

二、存货人的权利和义务

（一）说明义务

说明义务针对的是危险物品、易变质物品。“储存易燃、易爆、有毒、有腐蚀性、有放射性等危险物品或者易变质物品的，存货人应当说明该物品的性质，提供有关资料。存货人违反前款规定的，保管人可以拒收仓储物，也可以采取相应措施以避免损失的发生，因此产生的费用由存货人负担。保管人储存易燃、易爆、有毒、有腐蚀性、有放射性等危险物品的，应当具备相应的保管条件”（第 906 条）。对危险物品、易变质物品，不履行说明义务，可能会对保管人的利益造成侵害（如破坏保管设备和保管场所），导致存货人的侵权责任。保管人可以在拒收或采取相应的措施这两种方式之间选择，由此发生的费用在仓储费外单独计算（正常情况下，仓储支出的费用已经列入了成本）。如果保管人不拒收，而又未采取相应的措施，保管人的损失应当由保管人自行承担。

（二）提取仓储物的权利

提取仓储物是存货人的权利，约定储存期限的，到期提取也是义务。

1. 随时提取权

“当事人对储存期限没有约定或者约定不明确的，存货人或者仓单持有人可以随时提取仓储物，保管人也可以随时请求存货人或者仓单持有人提取仓储物，但是应当给予必要的准备时间”（第 914 条）。当事人对储存期间没有约定或者约定不明确的，存货人或者仓单持有人享有的是“随时提取权”，此即随时解除合同的权利。提取仓储物须为存货人或仓单持有人的行为，因而保管人是“随时请求”提取，这也是随时解除合同的权利，只是要给对方以必要的准备时间。

2. 按期提取货物

提取货物是权利，“按期”提取货物也是义务。“储存期限届满，存货人或者仓单持有人应当凭仓单、入库单等提取仓储物。存货人或者仓单持有人逾期提取的，应当加收仓储费；提前提取的，不减收仓储费”（第 915 条）。仓库的安排有一定的计划性，提前提取未必能给当事人带来利益；如果逾期提取，则肯定要使仓库保管人的付出增加。如果存货人提前 10 天提取货物，则不能减少 10 天的仓储费；如果逾期 10 天提取，则应加收 10 天的仓储费。如果当事人特约逾期提货的应当支付违约金，其约定有效。

存货人逾期不提取货物，造成压库，保管人可以提存。“储存期限届满，存货人或者仓单持有人不提取仓储物的，保管人可以催告其在合理期限内提取；逾期不提取的，保管人可以提存仓储物”（第 916 条）。这里的提存有一个前置程序，就是催告。未经催告不得提存，否则要承担赔偿责任。

【引例分析】

1. 甲方可以提前取货，但不能要求仓储费减半。
2. 这种观点不正确。仓单的转让，还须乙方（仓储保管人）的签名或者盖章。

【本章小结】

本章阐释了仓储合同的概念，对仓储合同与保管合同进行了比较，介绍了仓储合同双方当事人的权利和义务。

即测即评

第二十三章　委托合同

【本章引例】

张某委托李某利用回家探亲之际买一棵野生人参。李某进山以后才发现对野生人参无法精确鉴别，就临时雇请王某代为购买，给王某100元报酬。李某为购买野生人参垫付了3万元。张某只同意给李某3万元，对该3万元的利息和给王某的100元报酬却不同意支付。理由是：双方的合同是无偿合同，李某属于擅自转委托。

请问：

1. 委托合同是否为诺成合同、要式合同？
2. 利息应否支付？根据是什么？
3. 转委托的效果如何？100元是否应当支付？

【本章学习目标】

通过学习本章，你应该能够：

1. 掌握委托合同的概念和特征。
2. 了解委托合同当事人的权利和义务。
3. 掌握委托合同终止的情形。

第一节　委托合同概述

一、委托合同的概念

“委托合同是委托人和受托人约定，由受托人处理委托人事务的合同”（第919条）。委托的事务包括法律事务和非法律事务。

（一）受委托完成法律事务

受托人完成法律事务，是指受托人通过意思表示，代理委托人与第三人建立法律关系。如受托人接受委托人的委托，为委托人订立买卖、借贷、承揽等合同。再如，受托人接受委托人的委托，在报纸上发布悬赏广告等。并非一切法律事务都可以委托，委托人应当亲自处理的事务不得成为委托合同的标的。例如，办理结婚登记，不得委托。

（二）受委托完成非法律事务

如受托人接受委托，进行记账、算账、清点货物等单纯的事实行为。处理非法律事务，无须受托人对外为意思表示，也无须代理受托人与第三人发生法律关系。

二、委托与代理

代理有委托代理、职务代理、法定代理等。委托代理是通过委托合同的约定产生的，如甲公司委托李某代理签订购买 1 000 吨煤炭的合同。职务代理是基于职务产生的，如乙公司的总经理代理公司签订租赁合同。法定代理是基于法律的规定产生的，如监护人代理被监护人签订受赠财产的合同。

三、委托的类型

（一）特别委托和概括委托

“委托人可以特别委托受托人处理一项或者数项事务，也可以概括委托受托人处理一切事务”（第 920 条）。委托按上述规定分为特别委托和概括委托。李四委托张三买 600 千克菜，这是特别委托。李四委托张三处理营业上的一切事务，这是概括委托。

（二）直接委托和间接委托

直接委托和间接委托是关于法律事务委托的分类。直接委托，是指受托人以委托人的名义完成法律事务。这种情形被称为代理或者直接代理。

间接委托，是指受托人以自己的名义代委托人处理法律事务。这种情况被称为间接代理（隐名代理）、行纪和中介（行纪合同和中介合同是特殊的委托合同）等。间接委托的特征是受托人以自己的名义与第三人发生法律关系。

四、委托合同的特征

（1）委托合同的受托人替他人处理委托事务，根据需要和当事人约定，可以以自己的名义，也可以以委托人的名义。例如，B 向 A 借钱，委托 C 来担保，B 和 C 成立的是委托合同，C 和 A 成立的是保证合同。保证人 C 是以自己的名义提供担保的，是以自己的名义与 A 订立保证合同的。

（2）当事人之间有特别信任关系。任何合同都存在信任关系，否则不会协商建立法律关系，但是委托合同存在特别信任关系。具体地说，这种特别信任关系主要是委托人对受托人的信任关系。

（3）委托合同可以是有偿的，也可以是无偿的。有偿或者无偿，由当事人约定。

（4）委托合同是诺成合同。委托人与受托人达成合意时，合同成立、生效。委托合同还是不要式合同。

第二节　委托合同当事人的权利和义务

一方的义务，即是另一方的权利。这里从义务的角度叙述委托合同当事人的权利和义务。

一、受托人的主要义务

（一）按委托人的指示处理委托事务

受人之托，忠人之事。“受托人应当按照委托人的指示处理委托事务。需要变更委托人指示的，应当经委托人同意；因情况紧急，难以和委托人取得联系的，受托人应当妥善处理委托事务，但是事后应当将该情况及时报告委托人”（第922条）。

（二）亲自处理委托事务

“受托人应当亲自处理委托事务。经委托人同意，受托人可以转委托。转委托经同意或者追认的，委托人可以就委托事务直接指示转委托的第三人，受托人仅就第三人的选任及其对第三人的指示承担责任。转委托未经同意或者追认的，受托人应当对转委托的第三人的行为承担责任；但是，在紧急情况下受托人为了维护委托人的利益需要转委托第三人的除外”（第923条）。因委托合同具有特殊信任关系，所以受托人应当亲自处理委托事务。但为了保护委托人的利益，不可太过拘泥，一定情况下也可以转委托。转委托也称为“委托之替代”。转委托有两种：一种是经过委托人同意进行的转委托，另一种是紧急情况下（如受托人生病、受托人力所不及等），受托人为了维护委托人的利益进行的转委托。在紧急情况下，未经同意的转委托在效果上等同于经同意的转委托。

（三）报告义务

“受托人应当按照委托人的要求，报告委托事务的处理情况。委托合同终止时，受托人应当报告委托事务的结果”（第924条）。报告义务分为过程报告义务和结果报告义务。受托人应当在委托合同终止时履行结果报告义务。

（四）财产转交义务

“受托人处理委托事务取得的财产，应当转交给委托人”（第927条）。如受托人替委托人出售货物，所取得的价金应当交给委托人。

参考案例 23-1

张某有一棵野生人参，委托黄某按1万元的价格出售，约定给黄某500元报酬。黄某利用自己的经验，卖了12 000元。黄某交给张某1万元。后张某知道真相，向法院起诉，要求黄某再支付2 000元。请问：此案应当如何处理？

——根据《民法典》第927条的规定，黄某应当将全部价金转交给张某。参照第955条第2款的规定，黄某有权要求增加报酬。报酬应当增加100元，总共为600元。

（五）谨慎注意义务和赔偿责任

“有偿的委托合同，因受托人的过错造成委托人损失的，委托人可以请求赔偿损失。无偿的委托合同，因受托人的故意或者重大过失造成委托人损失的，委托人可以请求赔偿损失。受托人超越权限造成委托人损失的，应当赔偿损失”（第929条）。受托人处理委托事务，有谨慎注意义务。这种义务对有偿委托合同和无偿委托合同的要求不同。有偿的委托合同，受托人是过错责任，一般过失不免责。无偿的委托合同，受托人一般过失免责。

参考案例 23-2

乔某买了100袋水泥，王某开拖拉机路过，提出无偿帮助乔某将100袋水泥运回家。在运输途中，王某为了躲避迎面急速开来的卡车，不慎将拖拉机陷入路边的水沟，100袋水泥全部毁损。乔某要求王某给予赔偿。

——因运输合同是有偿合同，故乔某与王某之间的合同应认定为无偿委托合同。从已知的条件来看，王某不是故意，也没有重大过失，根据《民法典》第929条的规定，王某是属于一般过失免责，不构成赔偿责任。

二、委托人的主要义务

（一）支付费用的义务

“委托人应当预付处理委托事务的费用。受托人为处理委托事务垫付的必要费用，委托人应当偿还该费用并支付利息”（第921条）。费用和报酬不同。有费用没有报酬，是无偿合同，因为费用是成本而不是对价。

（二）支付报酬的义务

“受托人完成委托事务的，委托人应当按照约定向其支付报酬。因不可归责于受托人的事由，委托合同解除或者委托事务不能完成的，委托人应当向受托人支付相应的报酬。当事人另有约定的，按照其约定”（第928条）。报酬，是有偿委托合同的标志。这里的关键词是“相应的报酬”，即使解除或者其他原因导致委托合同终止的，仍应考虑受托人工作的“量”及实际效果，给予适当的报酬。

（三）赔偿责任

（1）“受托人处理委托事务时，因不可归责于自己的事由受到损失的，可以向委托人请求赔偿损失”（第930条）。例如，张甲请好朋友李乙帮忙到老家村里开一份证明，李乙进村就被恶狗咬伤，李乙就其损害有权请求张甲赔偿。

（2）“委托人经受托人同意，可以在受托人之外委托第三人处理委托事务。因此造成受托人损失的，受托人可以向委托人请求赔偿损失”（第931条）。这是对同一事务又委托他人办理。例如，甲委托乙办理事务，又另行委托丙办理该事务，搞“双保险”，结果丙完成了委托事务，乙为完成事务的花费“泡了汤”，则乙就该花费有权请求甲赔偿。

三、委托合同中的连带责任

“两个以上的受托人共同处理委托事务的，对委托人承担连带责任”（第932条）。例如，李某委托王某、赵某代理自己办理独资企业登记事宜，王某和赵某对李某承担连带责任。

第三节　显名代理与隐名代理

委托事务是法律行为，需要与第三人订立合同时，受托人可以以委托人的名义，也可以以自己的名义与第三人订立合同。前者是显名代理，后者是隐名代理。

一、显名代理

委托人授权受托人以委托人的名义对外签订合同，合同的后果由委托人即被代理人承受，这种代理被称为显名代理或直接代理。委托人与受委托人之间的关系即是被代理人与代理人之间的关系，双方之间的合同是委托合同。

“代理人在代理权限内，以被代理人名义实施的民事法律行为，对被代理人发生效力”（第 162 条）。受托人作为代理人以委托人的名义与第三人建立的合同，是其他交易合同。例如，受托人以委托人的名义与第三人订立买卖合同、承揽合同等。合同的当事人是委托人（被代理人）与第三人。

二、隐名代理

根据委托事务的要求和内容，受托人在授权范围内以自己的名义与第三人订立合同，这种代理被称为隐名代理、非显名代理、间接代理。

（一）第三人知道委托人与受托人之间的代理关系时合同的效力

“受托人以自己的名义，在委托人的授权范围内与第三人订立的合同，第三人在订立合同时知道受托人与委托人之间的代理关系的，该合同直接约束委托人和第三人；但是，有确切证据证明该合同只约束受托人和第三人的除外”（第 925 条）。

隐名代理，是委托人与受托人通过委托合同建立起来的关系。受托人接受委托人的委托，在授权范围内与第三人订立的合同，是委托合同以外的合同。比如，受托人可以接受委托，以自己的名义与第三人订立买卖合同。第三人在订立合同时，知道委托人与受托人之间的代理关系的，该合同直接约束委托人和第三人。如果受托人以自己的名义与第三人订立了买卖合同，第三人在订立买卖合同时知道受托人是隐名代理委托人买卖，那么，第三人可以向委托人主张自己在买卖合同中的权利；委托人也可以向第三人主张自己对买卖合同的权利。

如果有证据证明因隐名代理签订的合同只是约束受托人和第三人的，那么受托人以自己的名义与第三人签订合同，其效力不及于委托人。例如，受托人以自己的名义与第三人订立买卖合同，第三人在订立合同时声明，该买卖合同只约束买卖合同签名的双方当事人，对此受托人表示同意或接受，那么，这份买卖合同就不能直接约束委托人和第三人，只能直接约束受托人与第三人。

（二）第三人不知道受托人与委托人之间的代理关系时相关当事人的权利

“受托人以自己的名义与第三人订立合同时，第三人不知道受托人与委托人之间的代理关系的，受托人因第三人的原因对委托人不履行义务，受托人应当向委托人披露第三人，委托人因此可以行使受托人对第三人的权利。但是，第三人与受托人订立合同时如果知道该委托人就不会订立合同的除外。受托人因委托人的原因对第三人不履行义务，受托人应当向第三人披露委托人，第三人因此可以选择受托人或者委托人作为相对人主张其权利，但是第三人不得变更选定的相对人。委托人行使受托人对第三人的权利的，第三人可以向委托人主张其对受托人的抗辩。第三人选定委托人作为其相对人的，委托人可以向第三人主张其对受托人的抗辩以及受托人对第三人的抗辩”（第 926 条）。

1. 委托人的介入权

委托人的介入权，是指受托人因第三人的原因对委托人不履行义务时，在符合条件的情况下，委托人行使受托人对第三人的权利。委托人介入权的产生和行使，须注意以下几点：

（1）必须是受托人在以自己的名义与第三人订立合同时，第三人不知道委托人与受托人之间的代理关系。如果知道，则应适用《民法典》第925条的规定。

（2）必须是受托人因第三人的原因对委托人不履行义务。如果受托人因自己的原因对委托人不履行义务，委托人当然不能向第三人主张权利。

（3）必须是受托人向委托人披露第三人，指出其不履行合同的事实。如果不披露，委托人也无从主张权利。

（4）如果第三人与受托人订立合同时知道该委托人不会订立合同的，委托人就不能产生介入权。在未披露委托人的隐名代理中，第三人是以受托人为交易对象的。如果第三人在订立合同时，知道委托人，就会基于对委托人的信誉或履约能力的不信任而拒绝订立合同的，委托人不能产生介入权。

（5）委托人行使受托人对第三人的权利的，第三人可以向委托人主张其对受托人的抗辩。亦即委托人行使介入权时，委托人是作为第三人的交易对象出现的。第三人对受托人的抗辩权，自可对委托人行使。

2. 第三人的选择权

第三人的选择权，是指受托人因委托人的原因对第三人不履行义务，第三人可以选择向受托人或者委托人主张请求权的权利。第三人的选择权的产生和行使，应当注意以下几点：

（1）受托人在以自己的名义与第三人订立合同时，第三人不知道委托人与受托人之间的代理关系。如果知道，则适用《民法典》第925条的规定。

（2）受托人应当向第三人披露委托人。如果不披露，第三人无从行使选择权。

（3）第三人只有一次选择的机会，一旦选定，不得变更。

（4）第三人选定受托人为其相对人的，第三人与受托人按双方之间的合同行使权利、承担义务。

（5）第三人选定委托人为其相对人的，委托人可以向第三人主张其对受托人的抗辩以及受托人对第三人的抗辩。也就是说，委托人对受托人的抗辩权，可以向第三人行使；受托人对第三人的抗辩权也可由委托人对第三人行使。

第四节　委托合同的终止

委托合同终止有两个特殊的原因：一个是因解除而终止；另一个是因为主体资格丧失而终止。

一、因解除而终止

解除是委托合同终止的一种原因。委托合同适用《民法典》对解除的一般规定。《民法典》第933条还规定了随时解除权及相关责任的承担："委托人或者受托人可以随时解除委托合同。因解除合同造成对方损失的，除不可归责于该当事人的事由外，无偿委托合同的解除方应当赔偿因解除时间不当造成的直接损失，有偿委托合同的解除方应当赔偿对方的直接损失和合同履行后可以获得的利益。"

（1）随时解除权，也可称为任意解除权，当事人行使这种解除权，不需要陈述理由，也不需要对理由举证。解除权的行使主体是“委托人或者受托人”，这里的关键词是“或者”，因为如果受托人是一个对公众展开营业的企业，它就没有任意解除权，这样的企业有强制缔约义务。

（2）随时解除权设立的理由主要有两个：一是委托合同以特殊的信任为基础，当这种信任不存在或者发生动摇的时候，当事人可以解除合同；二是委托合同基于当事人的特殊需要，当这种需要不存在时，也应当允许随时解除。

（3）因行使解除权造成对方损失的，存在不可归责于该当事人事由的，解除人不承担赔偿责任。

（4）随时解除有可能发生解除时间不当的问题。1）无偿委托合同的解除方应当赔偿因解除时间不当造成的直接损失。无偿委托合同的受托人没有可得利益，因而委托人解除只是赔偿受托人的直接损失。受托人解除也只是赔偿委托人的直接损失，这是对无偿付出人的法律优惠。2）有偿委托合同的解除方应当赔偿因解除时间不当造成的直接损失和合同履行后可以获得的利益。

二、因主体资格丧失而终止

（一）关于主体资格丧失的基本规定

“委托人死亡、终止或者受托人死亡、丧失民事行为能力、终止的，委托合同终止；但是，当事人另有约定或者根据委托事务的性质不宜终止的除外”（第 934 条）。主体资格丧失的主要原因有：（1）当事人（自然人）死亡。（2）当事人（这里主要是指自然人）丧失民事行为能力。（3）委托人或者受托人终止，如企业办理了注销登记。

（二）委托人丧失主体资格

“因委托人死亡或者被宣告破产、解散，致使委托合同终止将损害委托人利益的，在委托人的继承人、遗产管理人或者清算人承受委托事务之前，受托人应当继续处理委托事务”（第 935 条）。例如，张三委托李四卖 3 000 千克活鱼，在李四卖到一半的时候，突然传来消息，张三死了，这时，李四要继续处理委托事务，其义务不以张三死亡而消灭。

（三）受托人丧失主体资格

“因受托人死亡、丧失民事行为能力或者被宣告破产、解散，致使委托合同终止的，受托人的继承人、遗产管理人、法定代理人或者清算人应当及时通知委托人。因委托合同终止将损害委托人利益的，在委托人作出善后处理之前，受托人的继承人、遗产管理人、法定代理人或者清算人应当采取必要措施”（第 936 条）。例如，张三替李四收集文物，张三死了之后，张三的继承人没有必要继续替李四收集文物，而应妥善保管张三收集的文物，这叫作采取必要措施。

【引例分析】

1. 委托合同是诺成合同、不要式合同。
2. 根据《民法典》第 921 条的规定，利息应当支付。
3. 根据已知的条件，转委托的效果应当由委托人张某承担，100 元应当支付。

【本章小结】

本章阐释了委托合同的概念，介绍了显名代理、隐名代理的含义和规则，以及委托合同当事人的权利和义务，并对委托合同的终止作了较详尽的说明。

即测即评

第二十四章　物业服务合同

【本章引例】

甲房地产公司（建设单位）与乙物业服务公司签订前期物业服务合同，委托乙为A小区提供物业服务工作。前期物业服务合同尚未到期，甲就通知乙解除前期物业服务合同，理由是乙未按前期物业服务合同的约定向甲支付款项。甲另行与丙物业服务公司签订了前期物业服务合同，要求乙退出A小区，由丙进驻。甲将A小区的房屋持续出售，至与乙发生争议时，已经出售90%以上。

请问：甲是否有权将乙更换成丙？为什么？

【本章学习目标】

通过学习本章，你应该能够：

1. 掌握物业服务合同的概念。
2. 了解前期物业服务合同的含义。
3. 了解物业服务合同当事人的权利和义务。
4. 了解物业服务合同解除的规定。

第一节　物业服务合同概述

一、物业服务合同的概念和内容

（一）物业服务合同的概念

“物业服务合同是物业服务人在物业服务区域内，为业主提供建筑物及其附属设施的维修养护、环境卫生和相关秩序的管理维护等物业服务，业主支付物业费的合同”（第937条第1款）。

（1）物业服务合同是完成委托事务的合同，但是它从委托合同中独立出来，成为独立的典型合同（有名合同）。物业服务人提供服务，就是完成委托事务，该服务具有综合性、管理性、长期性、稳定性的特点。物业服务人的“管理”，不是行政权力，而是民法上的一种权限。这种权限源自业主的委托。

(2) 物业服务合同是要式合同。“物业服务合同应当采用书面形式”（第 938 条第 3 款）。物业服务合同也是双务、有偿合同。

(3)“物业服务人包括物业服务企业和其他管理人”（第 937 条第 2 款）。物业服务合同的一方当事人是业主，另一方当事人是物业服务人。业主是特定物业服务区域内对建筑物内的住宅、经营性用房等专有部分享有所有权，对专有部分以外的共有部分享有共有和共同管理权利的人。业主不限于自然人，也可以是法人、非法人组织。物业管理人一般是物业管理公司，也可以是非法人组织、自然人。例如，一栋独立的居民楼没有与其他居民楼组合成小区，该楼的业主可以聘请一个自然人来管理。应注意将物业管理人与雇佣合同的受雇人相区别。物业服务企业或者其他管理人根据业主的委托，依照《民法典》“合同编”有关物业服务合同的规定管理建筑区划内的建筑物及其附属设施，接受业主的监督并及时答复业主对物业服务情况提出的询问（见第 285 条第 1 款）。

(二) 物业服务合同的内容

“物业服务合同的内容一般包括服务事项、服务质量、服务费用的标准和收取办法、维修资金的使用、服务用房的管理和使用、服务期限、服务交接等条款。物业服务人公开作出的有利于业主的服务承诺，为物业服务合同的组成部分”（第 938 条第 1、2 款）。例如，物业服务公司在物业服务区域内发布的公告中承诺的服务事项，在原物业服务合同中并没有涉及，但这些服务事项自动进入物业服务合同之中，并不需要业主、业主委员会或者业主代表大会专门表示接受。

二、前期物业服务合同

(一) 前期物业服务合同的含义

业主与物业服务人成立物业服务合同法律关系有三种方式：第一，建设单位依法与物业服务人订立前期物业服务合同；第二，业主委员会作为订立人与业主大会依法选聘的物业服务人订立合同；第三，业主直接选聘物业服务人并与之订立合同。《民法典》第 939 条规定：“建设单位依法与物业服务人订立的前期物业服务合同，以及业主委员会与业主大会依法选聘的物业服务人订立的物业服务合同，对业主具有法律约束力。”

前期物业服务合同是指建设单位与物业服务人订立的，旨在为业主与物业服务人建立物业服务法律关系的合同。建设单位虽然是签订主体，但并不是物业服务法律关系的主体，服务的对象只能是业主。

前期物业服务合同不能自动对业主生效。建设单位与物业买受人签订的买卖合同应当包含前期物业服务合同约定的内容。这种合同是狭义的涉他合同，在买卖合同上签名或者盖章后，前期物业合同设定的权利义务由买受人承受。例如，张甲买了一套房屋，在房屋买卖合同上签名后，即对出卖人（房地产公司）选定的物业服务公司享有权利、负担义务。

(二) 前期物业服务合同的终止

“建设单位依法与物业服务人订立的前期物业服务合同约定的服务期限届满前，业主委员会或者业主与新物业服务人订立的物业服务合同生效的，前期物业服务合同终止”（第 940 条）。这是对前期物业服务合同提前终止的规定，即以物业服务合同取代前期物业服务合同。对建设单位聘请的物业服务企业或者其他管理人，业主有权依法更换。

第二节　物业服务人与业主的权利和义务

一方的义务，即是另一方的权利。这里从义务的角度叙述物业服务合同当事人的权利和义务。

一、物业服务人的义务

（一）亲自完成物业服务的主要工作的义务

物业服务合同是带有特殊信任关系的合同，物业服务人应当亲自完成主要工作。“物业服务人将物业服务区域内的部分专项服务事项委托给专业性服务组织或者其他第三人的，应当就该部分专项服务事项向业主负责。物业服务人不得将其应当提供的全部物业服务转委托给第三人，或者将全部物业服务支解后分别转委托给第三人”（第 941 条）。物业服务人将物业服务区域内的全部物业服务业务一并委托给他人而签订的委托合同是无效的。对专项工作，物业服务人可以委托给第三人完成。比如，物业公司可以把居民小区内的植物养护工作交给专业公司来完成。

（二）维修、养护、安保义务及报告义务

“物业服务人应当按照约定和物业的使用性质，妥善维修、养护、清洁、绿化和经营管理物业服务区域内的业主共有部分，维护物业服务区域内的基本秩序，采取合理措施保护业主的人身、财产安全。对物业服务区域内违反有关治安、环保、消防等法律法规的行为，物业服务人应当及时采取合理措施制止、向有关行政主管部门报告并协助处理”（第 942 条）。

（1）物业服务人对业主的共有部分进行维修、养护①。房屋的外墙面、楼顶平台、楼梯、电梯等属于业主共有，有些室内管道等也属于业主共有。

学生提问

居民小区里的居民楼外墙面脱落，物业公司有维修义务吗？

——居民楼外墙面属于业主共有，物业公司应承担维修、养护义务。

（2）物业服务人对业主的人身、财产有安全保卫义务。例如，业主在居民小区共用的车库里停放的汽车被盗，物业服务人应因失职而承担责任。

（3）对服务区域内出现的违法行为，物业服务人应当予以制止，属于行政机关主管的，应当及时报告并协助处理。例如，居民在楼道里存放木柜等易燃品，物业服务人应当及时处理，处理不了的应当及时向主管部门报告。

① 《民法典》第 274 条规定：“建筑区划内的道路，属于业主共有，但是属于城镇公共道路的除外。建筑区划内的绿地，属于业主共有，但是属于城镇公共绿地或者明示属于个人的除外。建筑区划内的其他公共场所、公用设施和物业服务用房，属于业主共有。”第 275 条规定：“建筑区划内，规划用于停放汽车的车位、车库的归属，由当事人通过出售、附赠或者出租等方式约定。占用业主共有的道路或者其他场地用于停放汽车的车位，属于业主共有。”

（三）公开和报告义务

“物业服务人应当定期将服务的事项、负责人员、质量要求、收费项目、收费标准、履行情况，以及维修资金使用情况、业主共有部分的经营与收益情况等以合理方式向业主公开并向业主大会、业主委员会报告”（第943条）。

学生提问

我们居民小区共有18部电梯，物业公司利用电梯做广告，收入多少不详。业主询问物业公司，物业公司说已经报告给业主委员会了。请问：物业公司的做法正确吗?

——电梯是业主共有的财产，在电梯上做广告的收入在扣除合理成本之后，属于业主共有，只报告给业主委员会是不够的，应当采用合理方式向业主们公开收入的数额及分配的原则或者处分情况。

二、业主的义务

（一）支付物业费的义务

物业费是业主承担的对价。“业主应当按照约定向物业服务人支付物业费。物业服务人已经按照约定和有关规定提供服务的，业主不得以未接受或者无需接受相关物业服务为由拒绝支付物业费。业主违反约定逾期不支付物业费的，物业服务人可以催告其在合理期限内支付；合理期限届满仍不支付的，物业服务人可以提起诉讼或者申请仲裁。物业服务人不得采取停止供电、供水、供热、供燃气等方式催交物业费”（第944条）。

（1）依据诚实信用原则，物业服务人的服务工作只是有轻微瑕疵时，业主不能成立履行抗辩权（拒绝支付物业费）。只有服务工作出现重大瑕疵时，业主才可成立、行使履行抗辩权。

（2）物业服务人提供的物业服务，具有特定范围的“公共性”，当特定的业主没有接受相应的、具体的服务时，是其作为债权人没有受领服务，不构成物业服务人的违约。例如，业主张甲到国外进修一年，不能以未接受服务为由拒绝交付一年的物业费。

（3）业主违反约定逾期不支付物业费的，物业服务人没有停水、停电、锁门等权利。物业服务人可以提起诉讼或者申请仲裁，但要履行一个前置程序：催告其在合理期限内支付，逾期仍不支付的，才可以提起诉讼或者申请仲裁。

（二）重大事项的告知义务

（1）装修涉及业主的共同利益，可能对他人的生活造成影响，也直接涉及物业服务人的管理工作，因而业主有预先告知义务和配合义务。“业主装饰装修房屋的，应当事先告知物业服务人，遵守物业服务人提示的合理注意事项，并配合其进行必要的现场检查”（第945条第1款）。

（2）“业主转让、出租物业专有部分、设立居住权或者依法改变共有部分用途的，应当及时将相关情况告知物业服务人”（第945条第2款）。以上所述事项，涉及物业服务合同主体的变化、接受服务人的变化以及业主的公共利益，因而应当及时告知物业服务人。

三、业主对物业服务人的解聘、续聘及定期合同向不定期的转化

（一）解聘与续聘

1. 解聘的共同法律行为和解除的单方法律行为

“业主依照法定程序共同决定解聘物业服务人的，可以解除物业服务合同。决定解聘的，应当提前六十日书面通知物业服务人，但是合同对通知期限另有约定的除外”（第946条第1款）。

（1）业主大会的决议解聘与续聘是共同法律行为。业主大会作出解聘的决议后，由业主委员会通知物业服务人解除物业服务合同。这种解除是单方法律行为。

（2）对于定期物业服务合同（规定了期限的物业服务合同），业主一方有单方解除权，可以在到期前解除；物业服务人一方没有单方解除权。这是因为物业服务合同是具有特殊信任关系的合同，对业主需要提供特殊保护。

（3）业主的单方解除权在性质上是任意解除权，行使这项权利无须提出理由，无须对理由举证。

（4）业主的单方解除并不免除责任。解除合同造成物业服务人损失的，除不可归责于业主的事由外，业主应当赔偿损失。

2. 续聘与续订

续聘是业主们的共同法律行为；续订是订立新的物业服务合同的双方法律行为。“物业服务期限届满前，业主依法共同决定续聘的，应当与原物业服务人在合同期限届满前续订物业服务合同”（第947条第1款）。提前续订才能实现前后两个合同的“无缝对接”。

对续聘，物业服务人可以接受，也可以拒绝。“物业服务期限届满前，物业服务人不同意续聘的，应当在合同期限届满前九十日书面通知业主或者业主委员会，但是合同对通知期限另有约定的除外”（第947条第2款）。

（二）定期物业服务合同向不定期的转化及双方随时解除权

“物业服务期限届满后，业主没有依法作出续聘或者另聘物业服务人的决定，物业服务人继续提供物业服务的，原物业服务合同继续有效，但是服务期限为不定期”（第948条第1款）。也就是说，定期物业服务合同期限届满后，双方以提供服务和受领服务的行为成立了不定期物业服务合同，原物业服务合同除期限条款外，其他继续有效。

“当事人可以随时解除不定期物业服务合同，但是应当提前六十日书面通知对方”（第948条第2款）。对于定期物业服务合同，仅业主一方有单方任意解除权，而不定期物业服务合同的双方都有任意解除权（随时解除权）。随时解除，至少要给对方60日的准备时间。

四、物业服务合同终止后的义务

合同后义务也称为后合同义务，是合同终止后应承担的法定义务。合同到期、解除等是合同终止的原因。

（一）退出义务、配合义务

“物业服务合同终止的，原物业服务人应当在约定期限或者合理期限内退出物业服务区域，将物业服务用房、相关设施、物业服务所必需的相关资料等交还给业主委员会、决定自行管理的业主或者其指定的人，配合新物业服务人做好交接工作，并如实告知物业的使用和管理状况”（第 949 条第 1 款）。上述退出物业服务区域，交还用房、资料等义务，实质是返还占有的义务。占有依据的权利称为本权，业主是享有本权的人。原物业服务人到期拒不返还占有的，业主可以提起民事诉讼，请求法院强制执行。除了退出义务，原物业服务人还有配合义务（包括告知义务）。原物业服务人违反前述义务的，不得请求业主支付物业服务合同终止后的物业费；造成业主损失的，应当赔偿损失。

（二）被接管之前的继续服务义务

“物业服务合同终止后，在业主或者业主大会选聘的新物业服务人或者决定自行管理的业主接管之前，原物业服务人应当继续处理物业服务事项，并可以请求业主支付该期间的物业费”（第 950 条）。被接管之前的继续服务义务是法定义务，仍存在对价（物业费）。

【引例分析】

虽然前期物业服务合同是由房地产公司甲与物业服务公司乙签订的，但乙已经与业主建立了物业服务合同法律关系，解聘、另聘的权利归业主，甲无权解聘乙，无权将乙更换成丙。

【本章小结】

本章对物业服务合同、前期物业服务合同的概念和当事人的权利义务进行了阐释。物业服务合同的特别之处，在于物业服务的综合性、管理性、稳定性、长期性以及合同的建立需要特别的信任关系。实务中，物业服务公司往往表现得“强势”，因而法律对业主加强了保护。

即测即评

第二十五章　行纪合同

【本章引例】

委托人甲公司要求乙公司（行纪人）以 50 万元的价格购买一匹赛马。乙公司以 60 万元的价格从丙公司处购买了一匹赛马。

请问：

1. 乙、丙之间的买卖合同是否有效？为什么？
2. 乙、丙之间的买卖行为是否对甲公司直接发生效力？根据是什么？
3. 甲公司应当以多少价款受领标的物？根据何在？
4. 乙公司有无介入权？在行使介入权时，是否应支付报酬？

【本章学习目标】

通过学习本章，你应该能够：

1. 理解行纪合同的概念。
2. 了解行纪合同当事人的权利和义务。

第一节　行纪合同概述

一、行纪合同的概念

“行纪合同是行纪人以自己的名义为委托人从事贸易活动，委托人支付报酬的合同”（第 951 条）。行纪合同的一方是委托人，接受委托的另一方是行纪人。行纪人以自己的名义与第三人签订买卖合同等贸易合同。行纪合同的本质，是一种特殊的委托合同。因此，行纪合同可以适用委托合同的规定（见第 960 条）。

二、行纪行为的种类

我国目前比较常见的行纪行为有以下几种：

（1）代销、代购或者寄售合同行为，特别是代销比较常见。

（2）证券经纪行为。

（3）期货经纪行为。

（4）委托拍卖行为，也就是拍卖公司（行纪人）与货主、物主之间的关系。拍卖公司与竞买成功的人是买卖合同关系。

学生提问

甲公司与乙公司约定，由乙公司在某地独家经销甲公司的产品。后乙公司积压了一部分商品，要求退回甲公司。甲公司是否有权拒绝？

——甲、乙之间签订的是经销合同（买卖合同），代销合同才是行纪合同。因甲、乙之间不是行纪合同关系，故乙公司不能退回商品。

三、行纪合同的特征

（1）行纪人要有特定的营业资格。

行纪人是营业人，例如拍卖公司、证券公司等。自然人不能充当行纪人。自然人以自己的名义与第三人成立合同，为委托人办理买卖等贸易事务，应认定为委托合同。

（2）行纪人以自己的名义与第三人发生法律关系。

“行纪人与第三人订立合同的，行纪人对该合同直接享有权利、承担义务。第三人不履行义务致使委托人受到损害的，行纪人应当承担赔偿责任，但是行纪人与委托人另有约定的除外”（第958条）。行纪人与第三人订立买卖等合同，为实行行为，见图25－1。

甲（委托人）——行纪合同—— 乙（行纪人）——实行行为 / 买卖等合同—— 丙（第三人）

图25－1　行纪人与第三人订立买卖合同图示

（3）行纪人完成的事务是法律事务。

所谓行纪人完成的法律事务，是以自己的名义与第三人签订买卖等交易合同。

（4）行纪合同是有偿、双务、诺成合同。

第二节　行纪合同当事人的权利和义务

一、行纪人的权利和义务

（一）行纪人的主要权利

1. 报酬请求权

行纪人从事行纪经营活动就是为了获取报酬。行纪人完成了行纪工作，自然有权获得报酬。当然，报酬也可以约定先付。

2. 介入权

“行纪人卖出或者买入具有市场定价的商品，除委托人有相反的意思表示外，行纪人自己可以作为买受人或者出卖人”（第 956 条第 1 款）。这是关于行纪人介入权的规定。行纪人行使介入权的条件有两个：第一，买卖的商品必须是具有市场定价的商品，也就是说买卖的商品在市场上有公示的市场价格。第二，委托人没有相反的意思表示，即委托人在与行纪人订立合同时，或者在行纪人行使介入权前，没有禁止行纪人作为出卖人或者买受人的意思表示。

行纪人在符合法定条件介入的情况下仍然可以请求委托人支付报酬（见第 956 条第 2 款），因为行纪人的介入仍然属于履行行纪合同的一种方式。

行纪人行使介入权时的法律关系见图 25－2。

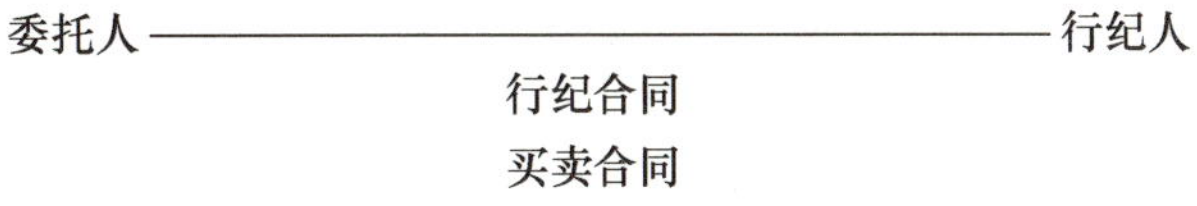

图 25－2　行纪人行使介入权时的法律关系

3. 提存权

“行纪人按照约定买入委托物，委托人应当及时受领。经行纪人催告，委托人无正当理由拒绝受领的，行纪人依法可以提存委托物。委托物不能卖出或者委托人撤回出卖，经行纪人催告，委托人不取回或者不处分该物的，行纪人依法可以提存委托物”（第 957 条）。行使提存权之前，应当催告，这是必经程序。

4. 留置权

“行纪人完成或者部分完成委托事务的，委托人应当向其支付相应的报酬。委托人逾期不支付报酬的，行纪人对委托物享有留置权，但是当事人另有约定的除外”（第 959 条）。行纪人留置权的行使，还要遵守《民法典》“物权编”的有关规定。

（二）行纪人的主要义务

1. 依指示完成受托法律事务

依指示完成受托法律事务，是行纪人的基本义务。这个义务中包含着忠实价格指示的具体义务。

行纪人低于委托人指定的价格卖出或者高于委托人指定的价格买入的，应当经委托人同意；未经委托人同意，行纪人补偿其差额的，该买卖对委托人发生效力。行纪人高于委托人指定的价格卖出或者低于委托人指定的价格买入的，可以按照约定增加报酬；没有约定或者约定不明确，依据《民法典》第 510 条补缺的规定仍不能确定的，该利益属于委托人。委托人对价格有特别指示的，行纪人不得违背该指示卖出或者买入（见第 955 条）。

如果委托人让行纪人以 500 万元的价格买入，行纪人却以 600 万元的价格买入，但是行纪人自己拿出 100 万元补偿差额，那么这个买卖对委托人是发生效力的。如果委托人让行纪人以 500 万元的价格卖出，行纪人却只卖了 400 万元，少卖了 100 万元，行纪人填补差额，那么这个买卖也对委托人发生效力。如果委托人让行纪人以 500 万元的价格卖出，行纪人卖了 600 万元，多卖的 100 万元的利益应该归委托人，行纪人可以要求委托人增加报酬。

2. 负担行纪费用的义务

因为行纪合同是一个经营合同、商事合同，所以费用（经营的一种成本）由行纪人承担。“行纪人处理委托事务支出的费用，由行纪人负担，但是当事人另有约定的除外”（第952条）。这与委托合同有所不同，委托合同的费用原则上是由委托人承担的。

3. 妥善保管委托物的义务

“行纪人占有委托物的，应当妥善保管委托物”（第953条）。谁占有谁保管，这是由自然规律决定的一个基本法律规则。

4. 合理处分委托物的义务

“委托物交付给行纪人时有瑕疵或者容易腐烂、变质的，经委托人同意，行纪人可以处分该物；不能与委托人及时取得联系的，行纪人可以合理处分”（第954条）。这是授权合理处分他人财产的规定。从表面上看这是一个权利，从立法本旨看，其实是诚信义务、减损义务的体现。

二、委托人的权利和义务

（一）受领的权利和及时受领的义务

行纪人按照约定买入委托物，委托人应当及时受领。受领是权利，及时受领是义务。

（二）支付报酬的义务

行纪合同与其他有偿合同一样，是一个交易关系，报酬是委托一方承担的对价。

（三）取回标的物的义务

在行纪人没能售出标的物时，委托人要取回标的物，这既是委托人的权利，也是委托人的义务。

【引例分析】

1. 乙、丙之间的买卖合同并无违法事由，因此有效。

2. 依据《民法典》第958条的规定，乙、丙之间的买卖行为对甲并不直接发生效力。

3. 依据《民法典》第955条的规定，甲公司应当以50万元受领标的物。

4. 乙公司并无介入权，因为该马是特定物品，并无市场定价。假如有介入权并行使了该权利，行纪人仍有权请求报酬。

【本章小结】

本章阐释了行纪合同的概念，介绍了行纪合同当事人的权利和义务。对利益的最终归属及介入权等应当予以注意。行纪人与第三人的交易，并不对委托人直接发生效力。

即测即评

第二十六章　中介合同

【本章引例】

张某找到甲公司，要求提供媒介中介，与乙公司建立合同关系。甲依照贴在墙上的价目表，收了报酬500元。

请问：

1. 张某看到的价目表是否进入合同?
2. 如何处理报酬与必要费用的关系?

【本章学习目标】

通过学习本章，你应该能够：

1. 理解中介合同的概念。
2. 能够区分报告中介和媒介中介。
3. 了解中介合同双方当事人的基本权利、义务。

第一节　中介合同概述

一、中介合同的概念

“中介合同是中介人向委托人报告订立合同的机会或者提供订立合同的媒介服务，委托人支付报酬的合同”（第961条）。中介合同也称为居间合同，一方为委托人，另一方为中介人。中介人也称为居间人、中间人，中介人是经纪人的一种。

中介分为报告中介（报告居间）和媒介中介（媒介居间）。

所谓报告中介，是指中介人为委托人寻找、寻觅并指示可以与委托人建立合同关系的人，中介人是直接面向委托人的，并不在委托人与第三人之间牵线搭桥。中介人是以提供信息的方式促成委托人与第三人成立合同的，或者单纯通过向委托人提供信息来获取报酬的。对委托人是否与第三人成立合同，报告中介人并不负担义务。

所谓媒介中介，是指中介人在委托人和第三人之间斡旋、介绍和撮合，不仅报告订立合同的机会，还周旋于委托人和第三人之间，促使双方订立合同。媒介中介实为双方之中介人，否则他无法按照中介合同的规定从双方取得报酬。媒介中介的中介人，不但直接面向委托人，还直接面向第三人，是“一手托两家”的。例如，房屋中介机构在欲租房者（委托人）与欲出租者（第三人）之间撮合，促使二者订立租赁合同，这就属于媒介中介。

中介人可以是法人、非法人组织，也可以是自然人，而且中介人无须以居间为业。中介人可以兼有代理人的身份，也可以兼任保证人。

二、中介合同的特征

中介合同是诺成合同、有偿合同、双务合同、不要式合同。中介合同是一种提供服务的合同。中介合同是一种特殊的委托合同。因此，《民法典》第 966 条规定：“本章没有规定的，参照适用委托合同的有关规定。”

学生提问

中介人甲受乙所托，提供媒介中介，促使乙与丙订立买卖合同，在促成乙与丙订立合同后中介合同才生效吧？

——甲和乙的中介合同是诺成合同，在双方达成合意时成立并生效。

第二节　中介合同当事人的权利和义务

中介人的义务，即是委托人的权利；同理，委托人的义务，即是中介人的权利。义务或者权利，是“一体两面”。

一、中介人的义务

（一）提供约定的服务

报告中介人应当按照约定，报告订立合同的机会。这种机会就是一种信息。

媒介中介人应周旋于委托人与第三人之间提供中介服务（媒介服务），促使委托人与特定的第三人订立合同。

（二）忠实义务

“中介人应当就有关订立合同的事项向委托人如实报告。中介人故意隐瞒与订立合同有关的重要事实或者提供虚假情况，损害委托人利益的，不得请求支付报酬并应当承担赔偿责任”（第 962 条）。这里强调的是中介人的“故意过错”。受人之托，要忠人之事。如果中介人和一方当事人恶意串通，就应当承担连带责任。

（三）保密义务

中介人在中介活动中可能会接触到当事人的商业秘密或个人的隐私，自应当承担保密义务。

二、委托人的义务

（一）委托人与第三人成立合同时支付报酬的义务

（1）中介人促成合同成立的，委托人应当按照约定支付报酬，即委托人与第三人之间的合同因中介人的报告或媒介而成立的，中介人得按约定请求报酬。中介人与委托人若有约定或者按交易习惯，中介人只提供信息，不论委托人与第三人是否成立合同，照样可以获得报酬。实践中一些房屋中介机构向消费者（委托人）提供租房的信息以换取报酬，至于消费者能否与第三人建立租赁关系，中介机构是不管的。

（2）报告中介人促成合同成立的，对其报酬没有约定或者约定不明确，依据《民法典》第510条补缺的规定仍不能确定的，根据中介人的劳务合理确定。

（3）在媒介中介中，中介人（受托人）实际为委托人和第三人双方的中介人，中介成功而又没有约定报酬的，应当由双方平均负担中介人的报酬。根据合同自由的原则，当事人可对报酬作出约定。

（4）中介人促成合同成立的，取得报酬，同时中介人应承担中介活动的费用，报酬与费用不能并存。这种费用，是中介活动所要付出的成本，其本质是营业成本。

（二）委托人与第三人未成立合同时支付必要费用的义务

“中介人未促成合同成立的，不得请求支付报酬；但是，可以按照约定请求委托人支付从事中介活动支出的必要费用”（第964条）。必要费用包括交通费、通信费、误餐费、办公费等。

参考案例 26－1

甲公司想做乙公司在A地的独家销售代理商，中介机构丙公司表示以甲公司代理人的身份与乙公司协商，甲、丙约定，甲与乙签订独家销售代理协议后，给付丙100万元的报酬。后由于丙斡旋没有成功，甲对丙拒绝支付任何费用。丙可以主张何种权利？

——丙是媒介中介人兼代理人，因此可以适用中介合同的规定。丙虽然不能主张报酬，但可以主张必要费用。

含成立合同目的的报告中介和媒介中介，能否促成合同的成立，还取决于第三人的意志，因此，即便未成功，也有权获得必要费用。报酬和费用的关系是利润和成本的关系，费用包括在报酬之内。

（三）“跳单”后支付报酬的义务

委托人为“省钱”绕开媒介中介人与中介人指示的特定第三人签订合同，称为“跳单”。“委托人在接受中介人的服务后，利用中介人提供的交易机会或者媒介服务，绕开中介人直接订立合同的，应当向中介人支付报酬”（第965条）。“跳单”不符合诚实信用原则的要求，委托人仍应向中介人支付原定的报酬。

【引例分析】

1. 价目表进入了合同。该价目表是格式条款，未被当事人排除适用。

2. 对于媒介中介人而言，报酬是中介成功（委托人与第三人成立合同）的对价。对于报告中介人而言，导致委托人与第三人成立合同的，可收取报酬，但另有约定或者另有交易习惯的除外。在媒介中介不能成功时，或者要求报告中介促成委托人与第三人成立合同而未成立时，中介人只能主张必要费用。引例中的中介属媒介中介，因此须中介成功才能收取报酬。

【本章小结】

本章阐释了中介合同的概念和特征，介绍了中介合同当事人的权利和义务，对报告中介与媒介中介、报酬与费用作了区分。在媒介中介中，中介合同与中介人促成的合同有各自的效力。

即测即评

第二十七章　合伙合同

【本章引例】

甲、乙、丙三人各出资2万元，在某学校校内开了一个小卖部，没有到市场监督管理部门办理登记。三人的合同约定，甲负责进货，乙、丙负责盯摊销售，利润按比例分成。乙负责盯摊时出售了过期腐坏食品，造成十余名学生腹泻住院。经查，当时甲在国外旅游，丙因病住院。

请问：

1. 甲、乙、丙三人的合同是什么合同？
2. 甲、乙、丙三人对学生的侵权责任，是单独责任还是连带责任？

【本章学习目标】

通过学习本章，你应该能够：

1. 掌握合伙的概念和特征。
2. 了解合伙事务的执行的含义及对外执行的代表效力。
3. 了解合伙出资的财产类型。
4. 掌握合伙人对合伙债务的无限连带责任。
5. 了解合伙合同终止的事由。

第一节　合伙合同概述

一、合伙合同的概念

“合伙合同是两个以上合伙人为了共同的事业目的，订立的共享利益、共担风险的协议”（第967条）。合伙合同也称为合伙协议、合伙契约。实务中，很多人把合伙合同写成合作协议，应注意甄别。合同名称与合同内容不符的，应根据合同内容确定合同的性质。

合伙合同的当事人即合伙人。合伙人为两人以上（含两人），可以是自然人，也可以是法人、非法人组织，个人合伙合同只是合伙合同的一种。例如，A公司与B公司共同出资，租了一个码头进行经营，A与B有法人资格，不影响它们之间成立合伙合同。

二、合伙合同的特征

（一）合伙合同是共同法律行为

合伙合同成立，须合伙人达成合意（意思表示取得一致）。合伙合同是两人以上平行的意思表示达成的合意，是共同法律行为。

作为共同法律行为的合伙合同，不同于作为双方法律行为的合同①。双方法律行为，两个对立的意思表示一致，达成合意。两个对立的意思表示，双方的目的是对立的，一方增加一分，另一方相应减少一分。如买卖合同当事人约定“买受人的价款减少一万元”，那么买受人多得一万元的利益，出卖人则减少一万元的利益。两个以上合伙人的意思表示，是平行的、相容的，有共同的目的追求。

（二）当事人订立合伙合同是为了共同的事业目的

共同的事业目的，即合伙的目的，可以是实现经济利益的经营活动，也可以是其他活动；可以是私益合伙，也可以是公益合伙。例如，张甲与李乙约定，一人出钱，一人出力，租一个池塘养鱼，获利平分，二人是合伙关系。再如，王丙与赵丁为救助小动物共同筹资，虽然不是经营活动，仍构成合伙关系。

合伙从事的事业种类，经全体合伙人一致同意，才可变更，合伙合同另有规定的除外。

（三）合伙人共享利益、共担风险

共享利益，是指全体合伙人都享有合伙的利益。如果合同约定，当事人中，只有一人或者数人享有合伙利益，其余人不获合伙利益，则不为合伙人。不获合伙利益的人可能是赠与人、贷款人、出租人、担保人等，这些主体不参与合伙的决策。例如，张甲与李乙合伙买了一辆卡车跑运输，因资金有缺口就邀请好朋友王丙出资参加合伙，王丙出资10万元，但明确表示，不管盈利多少，自己一分钱不要，该10万元也不用退给自己。后汽车销售商要求张甲、李乙、王丙就汽车尾款的偿还承担连带责任。王丙是赠与人，不是合伙人，不应承担责任。

共担风险，是指合伙人都要承担合伙带来的财产损失的风险。成立合伙，追求合伙事业，可能亏损、对外负担债务等。对合伙的亏损，各合伙人对内要按照约定分担，对外要承担无限连带责任。合伙合同约定合伙人一人或者数人对外免责的，对外不发生效力；除非法律另有规定，合伙合同约定合伙人一人或者数人对外承担有限责任的，对外不发生效力。

（四）合伙合同具有高度人合性

人合性是指当事人是因“人身”信任关系而结合在一起。比如，自然人合伙，常见亲属、朋友之间的合伙。其他当事人的合伙，也相互注重信誉、信用、名誉等。

（五）合伙合同是不要式合同

一般合伙协议可以采取口头形式，也可以采取书面形式，因而合伙合同是不要式合

---

① 《民法典》“合同编”规定的典型合同，除合伙合同、技术合作开发合同外，都是双方法律行为。

同，有专门规定的，从其规定。例如，成立合伙企业，应当签订书面合同。

三、合伙事务的执行与合伙代表

（一）合伙事务的执行与代表

合伙事务的执行是管理合伙事务的行为。合伙事务的执行分为对内执行（对内关系）和对外执行（对外关系）两种，两种执行有不同的效力。对内执行合伙事务，全体合伙人对管理结果均应予以承认、接受。对外执行合伙事务，应有使全体合伙人享有权利、负担义务的效力，这种执行人是合伙的代表人，不是代理人。法人的代表人只有一个，合伙的代表人的人数没有限制。

在合伙合同对代表人没有限制，法律也没有特别规定限制的情况下，各合伙人均有代表合伙的权利。合伙合同对代表人有限制的，不能对抗善意第三人。

（二）共同执行、委托执行、分别执行

（1）共同执行，须形成一致意见。“合伙人就合伙事务作出决定的，除合伙合同另有约定外，应当经全体合伙人一致同意”（第 970 条第 1 款）。

（2）“合伙事务由全体合伙人共同执行。按照合伙合同的约定或者全体合伙人的决定，可以委托一个或者数个合伙人执行合伙事务；其他合伙人不再执行合伙事务，但是有权监督执行情况”（第 970 条第 2 款）。如果委托一个合伙人执行，该合伙人就是合伙的代表人。委托数个合伙人执行，要看合伙人对内对外的权限，可能都是代表人。受委托执行合伙事务但对外活动有限制的，不能对抗善意的第三人。

（3）“合伙人分别执行合伙事务的，执行事务合伙人可以对其他合伙人执行的事务提出异议；提出异议后，其他合伙人应当暂停该项事务的执行”（第 970 条第 3 款）。这是对内而言的。合伙人应当暂停事务的执行而不暂停的，对外不能对抗善意第三人。

（三）关于执行人的报酬

“合伙人不得因执行合伙事务而请求支付报酬，但是合伙合同另有约定的除外”（第 971 条）。由于合伙的人合性，执行合伙事务原则上没有报酬，若确定支付报酬，因涉及全体合伙人的利益，必须合伙合同有特约。

第二节　合伙人的权利和义务

一、合伙人的出资义务及合伙财产

（一）合伙人的出资义务和出资方式

1. 合伙人的出资义务

成立合伙关系，须设定合伙各方的出资义务。出资，是形成合伙财产的基础。出资的财产，转化为合伙企业实物财产的共有或者非实物财产的准共有。

“合伙人应当按照约定的出资方式、数额和缴付期限，履行出资义务”（第 968 条）。出资的数额由当事人约定，没有明确约定的，可以推定当事人均等出资。实际出资的期限，可以是合伙成立时，也可以是约定的其他时间。没有约定具体出资期限的，可以按照合伙事业的进程确定出资期限。

2. 合伙人的出资方式

（1）合伙的出资方式灵活多样。

合伙的债务，最终是由各合伙人承担无限连带责任的，因此合伙的出资方式灵活多样，不像公司那样有严格限制。

合伙人的出资，可以是货币，也可以是非货币财产（货币以外的实物、知识产权中的财产权、债权等），还可以是劳务、个人的信用。有的人的名字就代表着信用、信誉，就可以作为对合伙的出资。

（2）移转出资和用益出资。

财产出资，可以是移转出资，也可以是用益出资。合伙人将自己的财产移转给合伙所有（合伙人共有），称为移转出资。例如，甲、乙、丙三人搞水果加工合伙，甲将当年自己生产的2万斤橘子作为出资交给合伙，作为合伙的共有财产。合伙人将自己财产的收益权能移转给合伙，称为用益出资。例如，甲、乙合伙搞餐饮，甲出劳务，乙将一间临街的房屋的使用权作为用益出资。非消耗物可作用益出资，消耗物无法作用益出资。

（二）合伙财产

1. 合伙财产的构成

“合伙人的出资、因合伙事务依法取得的收益和其他财产，属于合伙财产”（第969条第1款）。合伙财产，实物属于合伙人共有，非实物的财产，为准共有。合伙财产的来源：一是合伙人的出资；二是经营合伙“赚”的钱；三是经营合伙使合伙财产升值或者接受赠与等。

2. 合伙财产的分割

合伙财产是共同经营事业的物质基础，也是对外清偿债务的责任财产。“合伙合同终止前，合伙人不得请求分割合伙财产”（第969条第2款）。合伙财产的分割不是分红（利润分配），也不是支付报酬或劳务费。合伙合同终止，合伙人按合伙合同的约定分割、分配财产。

二、合伙的利润分配和亏损分担

“合伙的利润分配和亏损分担，按照合伙合同的约定办理；合伙合同没有约定或者约定不明确的，由合伙人协商决定；协商不成的，由合伙人按照实缴出资比例分配、分担；无法确定出资比例的，由合伙人平均分配、分担”（第972条）。据此，利润分配和亏损分担的确定，分为以下四个递进的层次：

首先，按约定，约定优先；

其次，没有约定或者约定不明确的，由合伙人协商决定；

再次，协商不成的，由合伙人按照实缴出资比例分配、分担，应注意的是，不是按约定的出资比例而是按实缴出资的比例；

最后，无法确定出资比例的，由合伙人平均分配、分担。

参考案例27-1

甲、乙、丙、丁四人合伙开了一家扬州修脚店，合伙合同约定甲、乙、丙各出资20万元，合伙事务执行人丁出资40万元，还约定各合伙人按出资比例分配利润、分担亏损。因丁一直不分配利润，甲、乙、丙起诉丁要求按实际出资分配前一年的利润。甲、

乙、丙已经出资到位，丁声称出资了 40 万元，但其提供的证据表明只出资 30 万元。请问：是按实缴出资比例分配利润，还是按合伙合同约定的比例分配利润？

——约定优先，本案应按合伙合同约定的比例分配利润。丁只能证明出资 30 万元，应补足出资，再缴 10 万元。

三、对合伙债务的责任

“合伙人对合伙债务承担连带责任。清偿合伙债务超过自己应当承担份额的合伙人，有权向其他合伙人追偿”（第 973 条）。合伙人对合伙债务承担无限连带责任。

（1）所谓无限责任，是指合伙财产（合伙人共有的财产）与合伙人的其他财产，都是清偿合伙债务的责任财产。债权人可以请求以合伙财产作为责任财产清偿，也可以请求以某合伙人、部分合伙人或者全体合伙人的财产作为责任财产清偿。

（2）所谓连带责任，是指每一个合伙人都对合伙的全部债务承担责任。在诉讼上，债权人可以以全部合伙人为被告，也可以以部分合伙人或者一个合伙人为被告。

（3）对合伙债务的承担，并不是首先以合伙的共有财产作为责任财产，除非法律另有规定，合伙的共有财产和其他财产，在清偿上没有顺序关系①。

四、合伙人份额的转让

合伙人的份额，是指合伙人因出资而对合伙按比例或约定享有的财产权利，是一种财产权，可称为份额权。份额按出资比例确定，合伙合同另有约定的除外。

合伙份额的转让，分为对内转让和对外转让。合伙具有强烈的人合性，因而对合伙人份额的对外转让，《民法典》第 974 条作了限制性的规定：“除合伙合同另有约定外，合伙人向合伙人以外的人转让其全部或者部分财产份额的，须经其他合伙人一致同意。”对内转让，没有特别限制。

五、不得代位行使的权利及其例外

“合伙人的债权人不得代位行使合伙人依照本章规定和合伙合同享有的权利，但是合伙人享有的利益分配请求权除外”（第 975 条）。合伙人的债权人不同于合伙的债权人，前者是合伙人负担债务，后者是合伙（合伙体）负担债务。比如，甲和乙合伙养海参，向丙借了 10 万元买饲料，这是合伙的债务，丙是合伙的债权人；甲的儿子要办婚礼，甲从丙那儿又借了 30 万元，这是合伙人甲的债务，丙是甲个人的债权人。

《民法典》规定了债权人代位权，但合伙人的债权人，除利益分配请求权外，对其他权利不得代位行使。例如，甲、乙、丙合伙开设了粮食加工厂，丙个人欠丁 80 万元，丙从粮食加工厂可以分得利润 100 万元，除此之外，他没有财产对丁清偿。此种情况下，丁可以代位行使丙要求分红的权利，请求合伙支付其 80 万元。丁对丙的表决权、业务执行

① 《合伙企业法》第 38 条规定：“合伙企业对其债务，应先以其全部财产进行清偿。”第 39 条规定：“合伙企业不能清偿到期债务的，合伙人承担无限连带责任。”以上规定的清偿顺序关系，不能适用于其他合伙。

权等，不得代位行使，这是由合伙的人合性决定的。

第三节　合伙的终止

一、合伙终止的含义和原因

合伙的终止，是指合伙合同法律关系的终止。俗话说的“散伙”，就是指合伙的终止。

合伙终止的原因很多，如：事业目的成功或事业目的成功不能；定期合伙合同规定的期限届满；不定期合伙合同被行使随时解除权解除；合伙人死亡；合伙合同约定的解散事由发生；合伙人决议解散；等等。

二、不定期合伙及其随时解除

（一）不定期合伙的产生

不定期合伙，是没有规定合伙期限的合伙。不定期合伙包括三种情况：其一，合伙人对合伙期限没有约定。其二，推定的不定期合伙，即合伙人对合伙期限没有约定或者约定不明确，依据《民法典》第 510 条的补缺规定仍不能确定的，视为不定期合伙。其三，合伙期限届满后，实际履行形成的合伙。“合伙期限届满，合伙人继续执行合伙事务，其他合伙人没有提出异议的，原合伙合同继续有效，但是合伙期限为不定期”（第 976 条第 2 款）。

（二）不定期合伙特有的随时解除权

“合伙人可以随时解除不定期合伙合同，但是应当在合理期限之前通知其他合伙人”（第 976 条第 3 款）。这是对合伙人行使随时解除权的规定。随时解除权也称为任意解除权，解除权的行使，不以提出解除理由为必要，更无须对解除理由进行证明。虽然可以随时解除不定期合伙合同，但因解除造成其他合伙人损失且解除人有过错的，仍应承担赔偿责任。

三、合伙人主体资格丧失导致的终止

（一）合伙人主体资格丧失与合伙终止

《民法典》第 977 条规定：“合伙人死亡、丧失民事行为能力或者终止的，合伙合同终止；但是，合伙合同另有约定或者根据合伙事务的性质不宜终止的除外。”这是对主体资格丧失导致的终止及其例外的规定。

（1）合伙的事业目的具有特定性且与特定的人身相关。例如，以攀登高山为目的成立的“驴友”合伙，当某一“驴友”死亡时，其继承人就不宜再成为合伙人；当某一“驴友”丧失民事行为能力（如变成精神病患者）时，不能由监护人代理执行合伙事务。如果是二人合伙，一人死亡或者丧失民事行为能力，则合伙终止。

（2）有的合伙人以姓名、信用出资，有的合伙人以商誉出资。自然人死亡或者法人终止，其他人承继为合伙人就丧失了意义，可致合伙终止。

（3）有时合伙人以特殊技能出资，没有这项技能合伙就丧失了存在的基础，“人死如

灯灭”，其他人没有这项特殊技能时，合伙应当终止。例如，甲、乙、丙三人合伙销售手工泥人，只有甲有捏泥人的祖传手艺，乙、丙负责销售，甲去世后，合伙终止。

（4）合伙的成立和运行，具有强烈的人合性。合伙人的相互结合基于相互信赖，甚至基于情感因素，且合伙人亲自参与合伙的事务。当事人丧失主体资格，他人不宜继受为合伙人的，合伙应终止。

（5）合伙人死亡、丧失行为能力的以及法人、非法人组织终止的，并不必然导致合伙终止，还要看合伙是否丧失了存在的基础。合伙继续存在的，其合伙份额应折价补偿给继承人、承继人；合伙终止的，继承人、承继人有权参与合伙财产的分割、分配。

（二）合伙人主体资格丧失但合伙不终止的情形

合伙合同约定合伙人主体资格丧失但合伙仍可继续存在的，自当遵循其约定。合伙人主体资格丧失，根据合伙事务的性质不宜终止的，自当维系合伙。例如，甲、乙、丙三人出资合伙经营小卖部，三人以货币出资，一人死亡或者丧失民事行为能力不影响合伙继续存在。

四、合伙终止后合伙财产的分配

合伙合同终止后，合伙财产在支付因终止而产生的费用以及清偿合伙债务后有剩余的，依据《民法典》第972条对利润分配的规定进行分配（见第978条）。首先，按照合伙合同的约定办理；其次，合伙合同没有约定或者约定不明确的，由合伙人协商决定；再次，协商不成的，由合伙人按照实缴出资比例分配；最后，无法确定出资比例的，由合伙人平均分配。

【引例分析】

1. 甲、乙、丙三人的合同是共享利益、共担风险的合伙合同。
2. 甲、乙、丙三人对学生的侵权责任是连带责任。

【本章小结】

合伙合同是两个以上合伙人为了共同的事业目的而订立的共享利益、共担风险的协议。对这个概念的把握，是理解合伙制度的基础。合伙事务的执行、合伙人的出资、合伙人的连带责任、合伙的终止，是合伙制度的基本内容。

即测即评

第二十八章　准合同

【本章引例】

张甲听到龙卷风将要来袭的天气预报，想到同村的李乙房屋破旧，很可能会被龙卷风摧毁。李乙出国探亲，家中无人，张甲找人帮其加固房屋，用了人工费、材料费等合理费用 1 万元，拆下的废料卖了 150 元。

请问：

1. 张甲实施了什么行为？张甲与李乙形成了什么法律关系？
2. 加固费用 1 万元、出卖废料所得 150 元应如何处理？
3. 张甲是否有权请求李乙支付报酬？
4. 房屋因加固未被龙卷风毁损，李乙是否构成了不当得利？

【本章学习目标】

通过学习本章，你应该能够：

1. 掌握无因管理的概念。
2. 掌握无因管理的成立要件。
3. 掌握不当得利的概念。
4. 掌握不当得利的成立要件。

第一节　无因管理

一、无因管理的概念

无因管理，也称为无因管理行为，是指管理人没有法定的或者约定的义务，为避免他人利益受损失而管理他人事务的行为。

无因管理之债，是因无因管理行为产生的法定之债。无因管理之债，一方为管理人，另一方为受益人（也称为本人）。无因管理之债的内容，是管理人请求受益人偿还因管理事务而支出的必要费用；管理人因管理事务受到损失的，可以请求受益人给予适当补偿

（见第 979 条第 1 款）。

无因管理和不当得利因与合同有类似之处，被称为准合同，也称为准契约。“合同编”的第三分编就是“准合同”。该编没有规定的，适用“合同编”通则的有关规定，但是根据其性质不能适用的除外。

从道德角度讲，无因管理的行为是见义勇为、患难相助、助人为乐的高尚行为。无因管理制度，要保护这种行为，倡导互相帮助的理念和善良风俗，同时又要防止对他人事务不必要的干预。对他人事务不必要的管理也会构成侵权行为。

通说认为，无因管理是事实行为，而非民事法律行为。即无因管理是因管理行为的事实发生债权债务关系，而不是因为当事人的意志发生债权债务关系。无因管理作为一种事实行为，就不要求管理人必须是完全民事行为能力人。有些无因管理行为，限制民事行为能力人、无民事行为能力人也可以实施。

也有人认为无因管理可以是法律行为，如管理人将受益人空置的房屋出租给第三人。就租赁而言，是双方法律行为，但对于管理受益人的事务来说，它只是无因管理的实行行为，并非与受让人实施双方法律行为，与受益人并不因意思表示发生无因管理的效力。

无因管理是合法的事实行为，是为法律所鼓励的行为。

无因管理是无偿行为，管理人不能因为管理行为而要求受益人给予报酬，即管理人无报酬请求权。但是必要费用（管理的成本）却有权要求受益人支付，有损失的有权要求补偿。

管理人管理事务欠缺要件，但是受益人享有管理利益的，受益人应当在其获得的利益范围内向管理人承担相应义务（见第 980 条）。

二、无因管理的成立要件

（一）管理他人事务

管理他人事务，是指有管理他人事务的行为。此为客观要件。管理他人事务，可以是对他人的财产进行管理，也可以是对他人的非财产事务进行管理。例如，张某癫痫发作，李某将其送至医院，就属于非财产事务的管理。

将自己的事务误认为他人的事务而管理，称为幻想管理。幻想管理不构成无因管理，因为欠缺客观要件。例如，甲想为乙做事，喂养乙的牛，后来发现喂养的是自己的牛，甲为幻想管理（不构成无因管理）。

（二）有为他人利益的意思

为他人利益的意思又称为管理意思，是指管理人管理事务是为了他人的利益。此为主观要件，欠缺主观要件不构成无因管理。例如，误替他人交了电费，不具有为他人利益的意思，欠缺了主观要件。无因管理是事实行为，管理人为他人利益的意思，无须向他人（受益人）表示，即可构成无因管理关系。

实施某种行为是为了自己的利益，自不构成无因管理行为，但管理他人事务，兼为自己利益的，不影响成立无因管理。例如，张甲见邻居李乙的房屋失火，为了防止自己的房子被殃及，就去救火，应认定构成无因管理。

（三）对他人事务的管理没有法定或者约定的义务

对他人事务的管理没有法定或者约定的义务，也称为无法律上的原因。法定义务如监护的义务等。公众服务机构的人员履行职责的行为，也是履行法定义务的行为。如警察帮助居民脱离危险，是履行职责的行为，不构成无因管理。约定义务是指接受委托，承担受托人的义务，或者因为雇佣、承揽等合同产生义务。如保管人对寄存人的财产尽保管义务，是履行合同的行为，明显不是无因管理。

“没有义务而替别人办事”为法律允许甚至鼓励，是因为管理的本质是为了受益人的利益，或者是为了受益人应尽的义务而进行管理。

（四）符合受益人真实意思

管理人的管理行为应符合受益人的真实意思，即管理人应按照受益人明示或可推知的意思进行管理。例如，登山遇险人发出求救信号，周围的人前去救援是按受益人的明示实行管理行为的。没有收到求救信号，得知有人遇险去救援，是按可推知的意思实行管理行为的。

管理事务不符合受益人真实意思的，管理人不享有请求支付必要费用和请求适当补偿的权利，但是受益人的真实意思违背公序良俗的除外（见第979条第2款）。管理人违反受益人真实意思进行管理，对于因其管理所生损害，虽无过失，也要承担损害赔偿的责任。但是，管理人的真实意思违反公共秩序和善良风俗的，不影响无因管理的成立。例如，某甲为逃避扶养义务，把患精神病的妻子赶出家门，某乙收留该精神病患者，尽管不符合某甲的真实意思，某乙的行为仍为无因管理，仍可请求必要费用，有损失时可以请求适当补偿。

三、无因管理的追认

当受益人知悉管理情事而予以追认时，无因管理即转变成“有因管理”，这种“有因管理”，即是一种委托关系。无因管理行为被追认后，适用委托的规定。“管理人管理事务经受益人事后追认的，从管理事务开始时起，适用委托合同的有关规定，但是管理人另有意思表示的除外”（第984条）。不仅事后可以追认，管理事务仍在继续时也可追认。追认是受益人的单方法律行为，不是管理人的承诺，故而适用委托合同的规定使管理人处于较不利的地位时，管理人可以另以意思表示拒绝。管理人毕竟是做好事的人，法律保护要尽量周到。

四、无因管理之债的内容

（一）管理人的义务

管理人管理他人事务后，就产生相应的义务。这种义务可以区分为以下内容：

1. 适当管理、继续管理的义务

“管理人管理他人事务，应当采取有利于受益人的方法。中断管理对受益人不利的，无正当理由不得中断”（第981条）。适当管理，即要以有利于受益人的方法为之。对需要连续进行的无因管理，不得擅自中断。例如，收留了一个走失的儿童，须儿童得到妥善安置后才能终止管理。再如，替外出的人修房子不能修到一半就扔在那里，但听到要统一拆

除的消息后，可以中断，以防止产生损失。

2. 通知义务

“管理人管理他人事务，能够通知受益人的，应当及时通知受益人。管理的事务不需要紧急处理的，应当等待受益人的指示”（第 982 条）。

3. 报告及权利移转的义务

“管理结束后，管理人应当向受益人报告管理事务的情况。管理人管理事务取得的财产，应当及时转交给受益人”（第 983 条）。

（二）管理人的权利

管理人的主要权利（债权）是要求受益人偿付必要的费用，有损失的，可要求适当补偿。

第二节　不当得利

一、不当得利的概念

不当得利是指没有合法根据（合法原因）而受益，致使他人受损失的法律事实。

不当得利，是债发生的一项原因。不当得利之债，是因不当得利产生的债权债务关系。得利人没有法律根据取得不当利益的，受损失的人可以请求得利人返还获得的利益。返还不当得利的请求权，是债权请求权。

不当得利的客观表现是“损人利己”。不当得利的产生可以因为人的行为，也可以因为自然事件。这种行为或者事件（原因事实），产生了一方获得利益、另一方受损害两个结果。

不当得利常与侵权行为并存（竞合）。此种情况下，由当事人选择如何主张请求权。

二、不当得利的成立要件

（一）一方取得财产利益

取得财产利益，可以是财产范围的扩大（积极的增加），也可以是应减少而未减少（消极的增加）。取得财产利益主要包括以下几种情况：

（1）取得财产权。如取得所有权、无形财产权、债权等。

（2）取得占有。占有也可以是不当得利的客体，因为占有也被认为是一种财产上的利益，是一种法益。

（3）债务消灭或者减少，属于取得财产利益。

（4）接受劳务或使用他人之物，属于取得财产利益。

（二）一方受损

构成不当得利的要件之一，在于一方受损，“于自己有利，于他人无损”的事实不构成不当得利。例如，甲的宏伟大厦盖起来之后，临近的乙的地价随之猛涨，乙取得的是反射利益，不构成不当得利，因为对甲并没有产生损害结果。

（三）取得利益与所受损失间有因果关系

即一方财产的增加在于另一方财产的减少，或者一方财产的减少使另一方的财产增加。例如，甲、乙的鱼池相邻，因大雨，甲鱼池里的鱼随水流进入了乙的鱼池，乙的财产增加了，甲的财产减少了，两者有因果关系。乙虽无过错，但仍构成不当得利。

（四）没有法律根据

没有法律根据，是指利益的取得没有合法的原因，即没有法律的直接规定或者没有当事人给相对人增加财产的意思。没有法律根据分为自始没有法律根据和嗣后丧失法律根据。如误替别人交了电费，收电费者自始没有法律根据；出卖人依据合同收取了货款是有法律根据的，合同被解除后自始失去了效力，收取的货款因嗣后丧失了法律根据而变成了不当得利。

三、不当得利的基本类型

不当得利可分为给付型不当得利和非给付型不当得利。

（一）给付型不当得利

一方向相对人提供财产或者提供劳务，是给付行为。欠缺给付目的而增加相对人财产的行为，使相对人构成不当得利。例如，甲向乙交货款时，多交了一元钱，乙构成给付型不当得利。

非债清偿，可以构成不当得利。非债清偿，是无债务而清偿，是给付型不当得利的一种表现。非故意的非债清偿，可以请求返还。诉讼时效届满后的债务清偿，不为非债清偿，受偿人不构成不当得利。

（二）非给付型不当得利

非给付型不当得利，是因给付以外的原因所产生的不当得利。非给付型不当得利，包括因侵权产生的不当得利和因事件产生的不当得利。例如，甲在食堂买了二两米饭，放在桌子上去窗口买炒菜，乙误以为是自己购买的米饭，取而食之。乙构成过失侵权，同时构成不当得利。此为侵权责任与不当得利责任的竞合。

四、不当得利之债的内容

不当得利之债的内容，从得利人的角度观之，是返还义务。

（一）法定不得请求返还的情形

法定不得请求返还的不当得利，称为特殊不当得利。“得利人没有法律根据取得不当利益的，受损失的人可以请求得利人返还取得的利益，但是有下列情形之一的除外：（一）为履行道德义务进行的给付；（二）债务到期之前的清偿；（三）明知无给付义务而进行的债务清偿”（第 985 条）。

（1）为履行道德义务进行的给付，即给付具有履行道德义务的性质。例如，张甲的父亲去世后，张甲误以为自己对虽成年但残疾的弟弟张乙有法定的扶养义务，就按月给张乙送粮、送钱，送了三个月后得知自己并无法定扶养义务①。欲请求返还。张甲对张乙虽无法定给付义务，但其三个月的给付具有道德义务的性质，故不得请求返还。履行道德义务

① 《民法典》第 1075 条第 1 款规定：“有负担能力的兄、姐，对于父母已经死亡或者父母无力抚养的未成年弟、妹，有扶养的义务。”

的给付与赠与不同，前者的给付无法律根据，后者的给付有法律根据。

（2）债务到期之前的清偿，不管是明知未到期而清偿，还是因过失误以为到期而清偿，都不能请求返还不当利益。不能请求返还者有二：其一，已交付的款项或者其他财产不能请求返还。例如，甲公司欠乙公司 100 万元货款，按照约定应在 12 月 1 日至 10 日交付，甲公司 2 月 1 日就将款项转入乙公司的账户，后甲公司需要一笔周转资金，欲以乙公司构成不当得利为由把 100 万元要回来，到 12 月 1 日再归还。显然，甲无权请求返还该笔货款。其二，中间利息不能请求返还。例如，甲公司提前 10 个月偿还 100 万元货款，乙公司得到相当于 10 个月利息（中间利息）的利益，对此甲无权请求返还。

（3）明知无给付义务而进行的债务清偿，是故意的非债清偿。“明知”是故意，过失的清偿可以不当得利为由请求返还。非债清偿是没有对价的清偿。例如，在制作口罩的原料熔喷布供应紧张期间，甲公司尚未与乙公司订立买卖合同时，就将货款打入乙公司的账户，但乙公司拒绝与甲公司订立合同（拒绝了甲公司的订单）。甲公司打款是希望获得对价的，不为非债清偿，乙公司对货款构成不当得利，应当予以返还。

（二）善意得利人的返还义务

善意得利人，是指不知无法律根据而取得利益的得利人。“得利人不知道且不应当知道取得的利益没有法律根据，取得的利益已经不存在的，不承担返还该利益的义务”（第 986 条）。增加财产的得利人为善意时，仅于现存的利益范围内负返还义务，获得的利益已经不存在的，就不存在返还的问题。现存的利益包括原所受利益和原所受利益的变形，包括物的变形（扩张物、代价物）和利益形态的转化。原形虽不存在，而得利人的财产总额增加时，说明现存利益仍然存在。善意得利人在返还时，并不附加利息。通说认为，现存利益的确定应以受损失人请求返还之时为准。

（三）恶意得利人的返还义务及赔偿责任

恶意得利人，是指明知或应知无法律根据而取得利益的得利人。这种恶意，可以发生在受领财产时，也可以发生在受领财产之后，即恶意分为自始恶意和嗣后恶意。“得利人知道或者应当知道取得的利益没有法律根据的，受损失的人可以请求得利人返还其取得的利益并依法赔偿损失”（第 987 条）。恶意受领人，应将现存利益附加利息一并偿还，如有损害，应当予以赔偿。

恶意得利人与善意得利人的返还义务和责任不同：前者返还现存利益＋损害赔偿；后者返还现存利益。

（四）受损失人对第三人的返还请求权

“得利人已经将取得的利益无偿转让给第三人的，受损失的人可以请求第三人在相应范围内承担返还义务”（第 988 条）。适用本条应注意两点：第一，第三人须是无偿受让，第三人若是有偿受让的，自不得请求其返还，否则就危害了交易安全。第二，要考察第三人为善意还是恶意，以确定其返还的范围和承担的责任。

参考案例 28－1

张甲的一个旧手提包不慎丢失，李乙以为是有人当废品丢掉的，捡到后送给了王丙。张甲在超市与王丙不期而遇，认出了自己的包，包的夹层里有张甲绣的记号。张甲向王丙索要该包。王丙的抗辩理由是，包是李乙送给我的，我与你没有关系。

——李乙是善意的相对人，按照《民法典》第986条的规定，张甲无权向其请求返还，但按照第988条的规定，张甲有权向王丙请求返还，张甲与王丙之间成立不当得利之债的法律关系。

【引例分析】

1. 张甲实施了无因管理行为，与李乙形成了无因管理之债的法律关系。

2. 加固费用1万元为必要费用，李乙应当支付给张甲。出卖废料的150元是管理事务所得财产，张甲应当交付给李乙，也可以通知李乙抵销。

3. 无因管理是无偿行为，张甲无权请求李乙支付报酬。

4. 房屋未被龙卷风毁损，避免了损失，避免了损失也就是获得了利益，但李乙不构成不当得利，其获得的利益有法律根据（法律对无因管理的规定）。

【本章小结】

本章对准合同（无因管理和不当得利）的基本制度作了介绍。无因管理和不当得利都是法定之债，可以适用《民法典》“合同编”通则的有关规定。应注意掌握无因管理和不当得利的成立要件。

即测即评

图书在版编目（CIP）数据

合同法/隋彭生著. --9版. --北京：中国人民大学出版社，2020.8
高职高专法律系列教材
ISBN 978-7-300-11663-1

Ⅰ.①合… Ⅱ.①隋… Ⅲ.①合同法-中国-高等职业教育-教材 Ⅳ.①D923.6

中国版本图书馆 CIP 数据核字（2020）第 150732 号

“十三五”职业教育国家规划教材
“十二五”职业教育国家规划教材
经全国职业教育教材审定委员会审定
普通高等教育“十一五”国家级规划教材
教育部高职高专规划教材
全国普通高等学校优秀教材
高职高专法律系列教材

合同法（第九版）

隋彭生 著

Hetongfa

出版发行	中国人民大学出版社		
社　　址	北京中关村大街 31 号	**邮政编码**	100080
电　　话	010－62511242（总编室）		010－62511770（质管部）
	010－82501766（邮购部）		010－62514148（门市部）
	010－62515195（发行公司）		010－62515275（盗版举报）
网　　址	http://www.crup.com.cn		
经　　销	新华书店		
印　　刷	北京昌联印刷有限公司	**版　　次**	2000 年 8 月第 1 版
规　　格	185 mm×260 mm　16 开本		2020 年 8 月第 9 版
印　　张	18.25	**印　　次**	2022 年 6 月第 7 次印刷
字　　数	428 000	**定　　价**	43.00 元